中国政法大学
优秀博士学位论文丛书

宋振策 / 著

刑事诉讼权利放弃研究

RESEARCH ON WAIVERS OF CRIMINAL PROCEDURAL RIGHTS

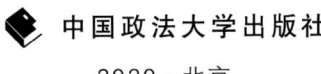

中国政法大学出版社

2020·北京

声　明　1. 版权所有，侵权必究。
　　　　2. 如有缺页、倒装问题，由出版社负责退换。

图书在版编目（ＣＩＰ）数据

刑事诉讼权利放弃研究/宋振策著. —北京:中国政法大学出版社, 2020.6
SBN 978-7-5620-7690-2

Ⅰ.①刑…　Ⅱ.①宋…　Ⅲ.①刑事诉讼—研究　Ⅳ.①D915.304

中国版本图书馆 CIP 数据核字(2020)第 112461 号

出　版　者	中国政法大学出版社
地　　　址	北京市海淀区西土城路 25 号
邮寄地址	北京 100088 信箱 8034 分箱　邮编 100088
网　　　址	http://www.cuplpress.com（网络实名：中国政法大学出版社）
电　　　话	010-58908586(编辑部) 58908334(邮购部)
编辑邮箱	zhengfadch@126.com
承　　印	固安华明印业有限公司
开　　本	880mm×1230mm　1/32
印　　张	9.25
字　　数	220 千字
版　　次	2020 年 6 月第 1 版
印　　次	2020 年 6 月第 1 次印刷
定　　价	49.00 元

总 序

博士研究生教育是我国国民教育的顶端，肩负着培养高层次人才的重要使命，在国民教育体系中具有非常重要的地位。相应地，博士学位是我国学位制度中的最高学位。根据《中华人民共和国学位条例》，在我国，要获得博士学位需要完成相应学科博士研究生教育阶段的各项学习任务和培养环节，特别是要完成一篇高水平的博士学位论文并通过博士学位论文答辩。

博士学位论文是高层次人才培养质量的集中体现。要写出好的博士论文，需要作者高端定位，富有思想；需要作者畅游书海，博览群书；需要作者术业专攻，精深阅读；需要作者缜密思考，敏于创新。一位优秀的博士生应该在具备宽广的学术视野和扎实的本学科知识的基础上，聚焦选题，开阔眼界，深耕细作，孜孜以求，提出自己独到深刻创新的系统见解。

为提高法大博士学位论文的整体质量，鼓励广大博士研究生锐意创新，多出成果，法大研究生院设立校级优秀博士学位论文奖，每年通过严格的审评程序，从当年授予的200多篇博士学位论文中择优评选出10篇博士论文作为学校优秀博士学位论文，并对论文作者和其指导教师予以表彰。

优秀博士学位论文凝聚着作者多年研究思考的智慧和指导教师的思想，是学校博士研究生教育质量的主要载体，是衡量一所大学学术研究和创新能力的重要指标。好的哲学社会科学博士论文，选题上要聚焦国内外学术前沿问题，聚焦国家经济社会发展基础命题和重大问题，形式上要符合学术规范，内容上要富有创新，敢于提出新的思想观点，言而有物，论而有据，文字流畅。法大评出的优秀博士学位论文都体现了这些特点。将法大优秀博士学位论文结集，冠名"中国政法大学优秀博士学位论文丛书"连续出版，是展示法大博士学术风采，累积法学原创成果，促进我国法学学术交流和繁荣法学研究的重要举措。

青年学子最具创造热情和学术活力。从法大优秀博士学位论文丛书上可以看到法大博士理性睿智，沉着坚定，矢志精进的理想追求；可以看到法大博士关注前沿，锐意进取，不断创新的学术勇气；可以看到法大博士心系家国，热血担当，拼搏奋进的壮志豪情。

愿法大优秀博士学位论文丛书成为法学英才脱颖而出的培育平台，成为繁荣法学学术的厚重沃土，成为全面推进依法治国的一块思想园地。

李曙光
中国政法大学研究生院院长、教授、博士生导师

摘 要

刑事诉讼权利放弃是一个长期被忽视的研究领域,我国正在推进的认罪认罚从宽改革使得权利放弃问题凸显出来。以权利放弃为视角研究被追诉人的诉讼权利和刑事诉讼程序,有助于促使立法机关和司法机关更好地维护被追诉人的诉讼主体地位,尊重被追诉人的意志和选择,同时更加谨慎地对待诉讼权利的放弃,保障被追诉人的合法权益。

从被追诉人的角度,诉讼权利放弃是他对已知晓和理解的诉讼权利有意识地让渡或抛弃。被追诉人放弃诉讼权利的前提是他的诉讼权利得到全面的保障,而且他能够知晓、理解和有效行使诉讼权利。个人为了满足自己的需求,可以在自由意志的支配下放弃某种利益而换取另一种利益,因此,被追诉人可以自愿地、明知地和理智地放弃诉讼权利。被追诉人经过权衡利弊作出放弃诉讼权利的决定,是他对冲突利益的衡量和取舍,应当得到尊重。刑事诉讼权利放弃有助于平衡惩罚犯罪和保障人权、诉讼公正与诉讼效率、程序公正与实体公正之间的关系,也有助于满足法官、检察官和警察的实践需求。

在美国,被追诉人放弃诉讼权利的现象比较普遍。美国宪法前十条修正案以及第十四修正案的正当程序条款赋予被追诉人诸多基本的诉讼权利,这些诉讼权利都可以被自愿放弃,美国联邦最高法院的一系列宪法判例确立了丰富的权利放弃规则。其中，被追诉人放弃沉默权和讯问时律师在场权这两项"米兰达权利"、放弃《宪法第六修正案》规定的律师帮助权、放弃不得强迫自证其罪特权以及通过有罪答辩一揽子放弃接受陪审团审判等基本诉讼权利，在美国法学界最具争议，也最值得深入探讨。我们应当辩证地分析美国的刑事诉讼权利放弃，既要看到对抗式诉讼制度对被追诉人的自治性和选择权的尊重，又要认识到权利放弃的过度化和任意化最终会损害被追诉人的利益。因此，权利放弃应该有一定的限度和底线。

我国同样存在刑事诉讼权利放弃的现象，被告人认罪认罚构成对接受普通程序审判以及举证、质证、辩论、申请排除非法证据、申请证人出庭作证等重要诉讼权利的放弃。被告人认罪认罚的前提是他享有不得强迫自证其罪的权利并且该权利得到有效保障以及存在一个完备精密的正当审判程序可供被告人选择。法庭必须谨慎地审查被告人认罪认罚的自愿性、明知性和真实性，保证被告人获得律师辩护，防止发生强迫认罪和错误认罪的情况。被追诉人享有自我辩护的权利，原则上应当允许被追诉人自愿地、明知地和理智地放弃律师辩护权，但是为了守住司法公正的底线，有必要对律师辩护权的放弃作出合理限制，并且为被告人在审判中自我辩护作出特别的安排。我国应当逐步赋予犯罪嫌疑人沉默权和讯问时律师在场权，同时允许被追诉人放弃这两项诉讼权利，通过调整权利放弃有效性标准的宽严，避免过度削弱侦查人员依法获取供述和其他证据的能力，促进打击犯罪和保障人权的有机统一。

目 录

总　序 / 001
摘　要 / 003

引　论 / 001
一、研究刑事诉讼权利放弃的根据 / 001
二、对美国的比较法考察 / 003
三、以被追诉人为研究视角 / 005

第一编
刑事诉讼权利放弃的基本原理

第一章　刑事诉讼权利放弃的概念与前提 / 009
第一节　刑事诉讼权利放弃的概念 / 009
第二节　被追诉人的诉讼权利得到全面保障 / 012
第三节　被追诉人知晓和有效行使诉讼权利 / 018

第二章　刑事诉讼权利放弃的正当根据 / 023
第一节　刑事诉讼权利放弃的理论基础 / 023
第二节　刑事诉讼权利放弃的实践需求 / 035

第二编
美国的刑事诉讼权利放弃

第三章　美国刑事司法制度与诉讼权利放弃概述 / 045

第一节　美国刑事诉讼的特点与主要程序 / 045

第二节　美国联邦最高法院的宪法判例 / 050

第三节　美国刑事诉讼权利放弃的普遍化 / 054

第四章　米兰达权利的放弃 / 058

第一节　米兰达权利的由来与放弃规则 / 058

第二节　米兰达权利的推定放弃和部分放弃 / 085

第三节　援引米兰达权利后的再放弃 / 103

第四节　警察讯问策略与米兰达权利放弃的有效性 / 121

第五章　《宪法第六修正案》律师帮助权的放弃 / 140

第一节　审前程序中律师帮助权的放弃 / 140

第二节　审判程序中律师帮助权的放弃 / 168

第六章　反对自我归罪特权的放弃 / 179

第一节　审前程序中反对自我归罪特权的放弃 / 179

第二节　审判程序中反对自我归罪特权的放弃 / 196

第七章　被告人有罪答辩对诉讼权利的放弃 / 204

第一节　有罪答辩产生诉讼权利放弃的效果 / 204

第二节　有罪答辩产生诉讼权利放弃效果的要件 / 216

第三节　有罪答辩有效性的程序保障 / 227

第三编
中国的刑事诉讼权利放弃

第八章　我国被追诉人放弃诉讼权利的问题 / 239

第一节　亟待重视的刑事诉讼权利放弃 / 239

第二节　被追诉人认罪认罚放弃诉讼权利的问题 / 243

第三节　被追诉人放弃律师辩护权的问题 / 251

第九章　被追诉人放弃诉讼权利的保障与规制 / 256

第一节　强化对认罪认罚有效性的程序保障 / 256

第二节　律师辩护权放弃的规制与保障 / 262

第三节　沉默权的赋予与权利放弃规则 / 269

参考文献 / 275

引 论

一、研究刑事诉讼权利放弃的根据

权利放弃是权利理论的重要组成部分,研究刑事诉讼权利放弃,就是要从权利放弃的角度研究犯罪嫌疑人、被告人的诉讼权利以及刑事诉讼程序。在我国,我们通常关注的是如何主张、行使和救济权利,对"权利放弃"这个概念还比较陌生,更不用说刑事诉讼权利放弃了。以前,我国刑事诉讼法学界通常从被追诉人应当享有哪些诉讼权利、如何行使这些诉讼权利以及公安司法机关如何保障被追诉人行使诉讼权利的角度研究刑事诉讼程序和刑事司法制度。实践的发展推动着理论的创新,我国当下正在试点的认罪认罚从宽程序改革实际上给我们带来了一个新的研究视角,即被追诉人对诉讼权利的放弃。犯罪嫌疑人、被告人认罪不仅仅导致在诉讼程序的宏观层面上对其适用效率更高的简易化处理程序;更为重要的是,在个人权利的微观层面上,认罪意味着被追诉人在自愿、明知和理智的前提下放弃了接受正当程序审判的权利以及与审判相关的不得强迫自证其罪(沉默权)、与不利于己的证人对质、申请排除非法证据、获得有利于己的证据等诸多重要的诉讼权利,诉讼权利放弃才是认罪的实质效果。

认罪认罚从宽程序比较集中地体现了我国被追诉人放弃诉

讼权利的问题。除此之外，不认罪的被追诉人也可以在权衡利弊的基础上放弃重要的诉讼权利。例如，犯罪嫌疑人在侦查程序中可以放弃律师辩护权、沉默权（如果有的话）等诉讼权利；被告人在审判程序中可以个别地放弃申请排除非法证据、申请证人和鉴定人出庭作证、获得律师辩护等重要诉讼权利；一审判决作出之后，被告人还可以放弃上诉权；等等。因此，诉讼权利放弃现象在我国刑事诉讼中是现实存在的，只是没有引起我们足够的关注和研究。

　　刑事诉讼权利放弃的背后隐藏着一个理论问题：被追诉人为什么可以放弃诉讼权利，尤其是可能对诉讼结果产生实质影响的关键诉讼权利。这个问题又可以提炼为一个法哲学的一般问题：人为什么可以放弃其所享有的权利？我们往往站在客观的立场上，推断被追诉人放弃诉讼权利会损害其利益，事实真的是这样吗？从被追诉人的立场考虑，主张和行使某项诉讼权利并不一定是有利的，否则就无法解释为什么美国联邦和各州平均有90%以上的被告人选择作出有罪答辩，有罪答辩构成对接受陪审团审判、不得强迫自证其罪、与不利于己的证人对质等诸多重要诉讼权利的放弃。实际上，诉讼权利的主张和行使必然附带着成本，可能导致诉讼期限的延长和诉讼结果的长期不确定，被置于刑事诉讼之中本身就会给被追诉人造成身体上和精神上的痛苦，还会导致收入的损失、家庭的破裂等附带后果。

　　研究刑事诉讼权利放弃的目的不是盲目地鼓励、支持被追诉人放弃诉讼权利，相反，是为了推动理论界和实务界更加谨慎地对待被追诉人放弃诉讼权利的现象，归根结底是要服务于保障被追诉人的权利和利益。比如，可以从权利放弃有效性的角度研究如何确保被追诉人认罪认罚的自愿性和明知性，研究满足哪些实质条件、经过哪些审查程序才能接受被追诉人的认罪认罚，从源头上严格设置认罪认罚有效性的标准，防止被追诉人在遭受暴力、威胁、引诱、欺骗或者不知道、不理解所享有的诉讼权利和认罪认罚后果的情况下，放弃接受正当程序审判的权利，防止错误地将无辜者定罪。

二、对美国的比较法考察

本书有一个比较法上的研究对象，即美国被追诉人对美国宪法规定的基本诉讼权利的放弃。为了保障个人的生命、自由和财产不受公权力的侵害，美国宪法及其第五、第六和第十四修正案赋予了被追诉人不被强迫自证其罪特权、获得律师帮助的权利、接受陪审团审判的权利、与不利于己的证人当面对质的权利、通过强制程序提出有利于己的证人的权利、正当程序权利等。这种以国家根本法的形式规定被追诉人的基本诉讼权利的做法，被称为刑事诉讼权利的宪法化。被追诉人放弃宪法赋予的基本诉讼权利在当下美国刑事诉讼中比较普遍，美国联邦最高法院和下级法院通过一系列重要判例确立了一些宪法权利放弃的标准与程序。由于宪法权利对保障个人自由具有极端重要性，被追诉人放弃宪法赋予的诉讼权利在美国理论界和实务界也一直颇具争议。

20世纪60年代，以首席大法官厄尔·沃伦为首的美国联邦最高法院掀起的所谓"正当程序革命"大幅度加强了对被追诉人的诉讼权利保障，但也存在矫枉过正的问题。被追诉人诉讼权利的强化给警察侦破犯罪设置了很大的障碍，尤其是由"米兰达案"确立的米兰达规则给警察获取犯罪嫌疑人的供述造成了很大的负面影响。但是，厄尔·沃伦退休之后，美国联邦最高法院愈加趋于保守，强调适度地加强警察的权力，以更加有效地控制犯罪的泛滥。美国联邦最高法院的一系列判例开始对米兰达规则予以纠偏，对嫌疑人行使沉默权和讯问时律师在场权这两项"米兰达权利"作出限制，允许警察合法地促使嫌疑人放弃沉默权和律师帮助权以有效地获取嫌疑人的供述。围绕米兰达权利的放弃产生了一系列重要的判例，形成了米兰达判例群。美国的权威学者对这些判例多有研究和探讨，引发了许多理论上的深入思考。此外，美国理论界和实务界对被告人在正式被起诉后放弃《宪法第六修正案》赋予的律师帮助权也有比较大的争议，有很多重要判例和学术成果值得我们进行梳理和研究。还有一个重要的研究对象，即被告人作出有罪答辩对接受陪审团审判等宪法规定的诉讼权利的放弃，美国的辩诉交易和认罪答辩制度与我国正在试点的认罪认罚从宽制度有相似之处。在美国联邦和各州的初审法院，平均90%以上的刑事被告人都会作出有罪答辩，甚至包括可能判处死刑的被告人。这就不得不引发我们的深思，为什么被告人通过认罪放弃接受陪审团审判的宪法权利在美国那么普遍，背后有哪些深层次的原因。研究美国如何保障被告人有罪答辩的有效性，如何保障被告人有效地放弃基本诉讼权利，对我国有重要的借鉴意义。

当然，中美两国的刑事诉讼制度是存在差异的。陪审团审判和对抗式诉讼是美国刑事司法制度的两大主要特征，也是英美法系的法律传统。陪审团审判与对抗式诉讼是紧密结合在一起的，共同体现了英美法系诉讼程序的核心和精髓。陪审团审判以精密的程序规则与复杂的证据规则而著称，对抗式诉讼则以法官消极听证、控审分离、控辩平等、被追诉人拥有一系列正当程序权利为特色。我国虽然不具备对抗式诉讼的传统，而且刑事诉讼程序带有一些审问式诉讼的特征，但是我国的刑事审判程序改革一直在吸收英美对抗式的合理因素,以审判为中心的诉讼制度改革实际上是以英美的"审判中心主义"为法律移植对象的。因此,中美两国刑事诉讼制度的不同不妨碍我们对共同存在的被追诉人放弃诉讼权利的现象进行比较研究,得出一些共通的规律,也可以让我们认识到我国对被追诉人诉讼权利的保障与美国相比还有哪些差距,从而进一步完善被追诉人的诉讼权利。

三、以被追诉人为研究视角

刑事诉讼权利是个人享有的具体权利的一种,包括被追诉人、被害人、证人以及律师等在内的刑事诉讼参与人都享有相应的诉讼权利,被追诉人作为国家刑罚权的行使对象,在刑事诉讼中面临着自由、财产甚至生命被依法剥夺的危险。事实上无辜的被追诉人还面临着被错误定罪判刑的危险。因此,被追诉人应当享有更加完备、更加丰富的诉讼权利。被追诉人通过行使诉讼权利与行使国家刑罚权的追诉力量形成对抗,防止国家追诉力量侵害被追诉人的合法权利,避免被错误地定罪判刑。由于被追诉人是刑事诉讼中最为重要的主体,享有最为丰富的诉讼权利,对被追诉人诉讼权利的配置从根本上反映着立法者和司法者对刑事诉讼价值追求的调整与平衡,所以从被追诉人的视角研究刑事诉讼权利的放弃就更具理论和现实意义,也更有利于将研究推入纵深。

被追诉人放弃诉讼权利的问题在我国刑事诉讼法学界的受关注度并不高,还没有引起应有的重视。在"中国知网"上检索可以发现,以被追诉人放弃诉讼权利作为研究视角的学术论文仅有2篇。因此,有必要着重从被追诉人的视角研究诉讼权利的放弃,从行使权利到放弃权利的研究思路转变,有助于挖掘被追诉人放弃诉讼权利背后的法理基础，深化我们对被追诉人享有的重要诉讼权利的认识和理解，在比较法研究上也可以取得一定的成果。

第一编

刑事诉讼权利放弃的基本原理

第一章
刑事诉讼权利放弃的概念与前提

第一节 刑事诉讼权利放弃的概念

一、个人放弃权利的主观意图

要深入研究刑事诉讼权利放弃的规则与程序,就必须首先厘清刑事诉讼权利放弃的概念。从一般权利的角度,一个人要放弃自己享有的某项权利,必然要在主观上具有放弃或让渡该权利的意图,也就是说,个人必须"想要"放弃自己的权利。权利具备主体性,具体的权利是赋予个人的,个人要行使自己的权利,必须在自主意志和自主意识的支配下进行,同样,个人要放弃自己的权利,也必须在自主意志和自主意识的支配下进行,换言之,权利放弃是一种有意识、有目的的行为。个人在主观上产生了放弃权利的意图,通常会以外化的言词或行为表现出来,使外界的其他人能够知道他想要放弃自己的权利。

因此,个人主观上存在放弃权利的意图是构成权利放弃的核心要件,那么被追诉人要放弃依法享有的诉讼权利也必须满足主观意图的要求。如果被追诉人主观上并没有放弃诉讼权利的意图,就不存在所谓的诉讼权利放弃。即使在客观上产生了诉讼权利放弃的效果,也是由于被追诉人受到了强迫或者违反了法律规定而丧失了行使诉讼权利的机会。除了放弃权利的主观意图,权利放弃还必须有外在的表现形式,让他人知晓自己的意图,这种外在的表现就是言词或行为。言词能够直接准确地表达个人的主观意图。当然,言词也具备模糊性和多义性,可能使他人产生误解。相较于言词,行为或肢体动作对主观意图的表达更加含蓄。例如,点头或摇头在不同语境下可能具有不同的含义,有时难以向外界准确地传达主观意图。当警察就涉嫌的犯罪事实向嫌疑人提问时,嫌疑人仅点了点头,此时可以认定嫌疑人放弃了沉默权吗?这个问题恐怕难以回答,嫌疑人点头可能仅表示对警察提出问题的肯定回答,但嫌疑人可能并不想放弃沉默权,当然也不排除嫌疑人主观上产生了放弃沉默权的意图。司法实践中被追诉人是否放弃了某项诉讼权利还需要结合案件的具体情况做出具体的判断,不能一概而论。

二、权利的放弃与权利的丧失

既然个人放弃权利的主观意图是权利放弃的核心要件,那么个人主观上不存在放弃或让渡权利的意图,但是客观上产生了放弃权利的效果,就属于权利的丧失,而不是权利的放弃。权利的丧失与权利的放弃是存在差别的,不能将两者混淆,权利的丧失不具备主观意图,仅产生不能行使权利的客观效果。举例而言:甲欠乙10万元长期不归还,乙多次向甲讨要无果,便将此事抛诸脑后。5年后,乙遇到经济困难想要讨回欠款,遂将甲起诉至法院,但是法院以超出诉讼时效为由驳回了乙的诉讼请求。这实际上就是一种权利丧失,乙由于在法律规定的诉讼时效内未提起诉讼而丧失了自己的胜诉权。

在刑事诉讼中,诉讼权利丧失的现象也并不鲜见。比如,对抗式审判往往要求控辩双方在审前准备程序中集中提出证据排除、证据开示、管辖权异议等各种申请,如果被告人在审前准备程序中没有申请法庭排除他在接受警察讯问时不自愿的供

第一章 刑事诉讼权利放弃的概念与前提

述,那么在庭审中他就很可能丧失申请排除非法供述的权利,但此时被告人主观上并没有放弃该诉讼权利的意图。再比如,被告人在法定上诉期限内没有提出上诉,就会产生放弃上诉权的效果,被告人不能再申请启动上诉救济程序,但是被告人主观上可能并没有放弃上诉权的明确意图,只是由于疏忽、遗忘等原因而错过了上诉期限。权利丧失的存在更加凸显了放弃权利的主观意图对于成立权利放弃的重要性。值得注意的是,权利丧失与权利放弃在客观上都会产生权利无法得到行使和实现的效果。

三、明示与默示的权利放弃

一般而言,个人会通过积极、明确的言词或行动向外界传达他想要放弃权利的意图,作出清楚的意思表示,这是一种明示的权利放弃。以明示的方式放弃权利有两种基本的形式:一是通过口头表达自己放弃权利的意图;二是以书面的方式确认放弃权利。口头表达存在多变性,相比而言,书面的方式更加具有确定性和稳定性。在刑事诉讼中,由于国家追诉机关的介入,被追诉人处于弱势地位,为了避免在之后的正式审判中产生争议,警察或检察官通常会要求意图放弃诉讼权利(特别是沉默权、律师帮助权等重要诉讼权利)的被追诉人作出书面的权利放弃声明或者签署格式化的文件。

除了明示的权利放弃,也存在默示的权利放弃,个人可以通过作出一定的行为或肢体动作向外界传达放弃权利的意图。但是,与言词相比,以客观行为或肢体动作传达主观意图很可能存在偏差,不同的人在不同的场合可能产生不同的理解。为了解决这个问题,法律上可以推定作出一定行为或肢体动作的人放弃了权利。比如,犯罪嫌疑人在知晓自己享有沉默权的前提下连续回答了警察提出的多个关于犯罪事实的问题，就可以推定嫌疑人放弃了沉默权。推定并不一定是客观事实，即使嫌疑人事实上并没有放弃沉默权的主观意图，出于获取供述、打击犯罪等刑事司法政策的考虑，也允许根据个案的情况进行合理的推定。

第二节 被追诉人的诉讼权利得到全面保障

一、刑事诉讼权利从应然到实然的嬗变

被追诉人放弃诉讼权利的前提是其依法享有诉讼权利，如果被追诉人的诉讼权利得不到全面的保障，被追诉人应当享有的诉讼权利没有得到法律的确认，那么根本就谈不上权利的放弃。犯罪嫌疑人、被告人是受到刑事追诉的对象，为了保证他们的基本权利不受国家公权力的侵害以及构建公正的诉讼程序与诉讼规则，犯罪嫌疑人、被告人应当享有以辩护权为核心的一系列诉讼权利，这是应然层面上的诉讼权利。应然的诉讼权利要转变为实实在在可以行使的诉讼权利，就必须经过法律的确认，立法机关必须以法律的形式赋予被追诉人相应的诉讼权利，为被追诉人行使诉讼权利提供明确的法律依据，这也是刑事诉讼程序法定的当然要求。

如果法律没有赋予被追诉人某些重要的诉讼权利，其就无法通过行使这些重要的诉讼权利与国家追诉力量相抗衡，也就无法维护自己的合法权益，被追诉人的诉讼处遇会更加恶化，被迫成为帮助国家追诉机关证明自己有罪的工具，甚至被错误地定罪判刑。只有全面保障被追诉人应当享有的诉讼权利，才能够使被追诉人具备与控方平等对抗的能力，才能改善被追诉人的诉讼处遇。当诉讼权利的立法保障达到一定水平，被追诉

人依法享有以基本诉讼权利为基础的丰富完备的诉讼权利体系时，被追诉人可能会感觉行使某些诉讼权利会带来更大的成本和诉累，而且不一定达到预期的功效，此时被追诉人在权衡利弊之后才有可能作出放弃诉讼权利的决定，以实现自身利益的最大化。比如，只有全部被告人都依法享有获得律师辩护的权利，即被告人有权聘请律师担任辩护人，经济困难、无力聘请律师的被告人有权免费获得政府指派的律师提供辩护，才谈得上被告人放弃律师辩护权而自我辩护。倘若不是全部被告人都有权获得律师辩护，那么有些被告人特别是经济困难的被告人就只能被动地自我辩护，根本不享有行使或是放弃律师辩护权的选择权。

通过完善立法使被追诉人应当享有的诉讼权利实然化和法定化是一个渐进的过程，这个漫长的过程伴随着被追诉人诉讼地位的提高、刑事诉讼模式的嬗变以及司法文明程度的增强。在刑事程序法治相对成熟的国家，被追诉人依法享有的诉讼权利会更加完备和丰富，在处于社会转型时期的法治后进国家，被追诉人的诉讼权利保障难免会存在一些不足之处。在古代神明裁判以及欧洲中世纪和中国封建社会的纠问式诉讼模式下，被追诉人处于诉讼客体的地位，是被刑讯的对象，毫无人格尊严可言，受司法官员任意摆布的被追诉人不可能被赋予完备的诉讼权利。随着刑事程序法治的产生与发展，以人权保障和程序公正为核心的现代刑事诉讼理念逐渐普及，被追诉人成为享有基本人权和人格尊严的诉讼主体，无论是大陆法系国家还是英美法系国家都在大力完善被追诉人的诉讼权利体系，特别是在英美对抗式诉讼中，被追诉人的自治权和选择权更加受到重视，被追诉人在自愿的前提下理智地放弃某些诉讼权利得到了司法机关的允许和尊重。

二、美国被追诉人诉讼权利的宪法化

美国宪法的一个显著特点是将公民成为刑事指控的对象时应当享有的一些基本诉讼权利予以明确规定，使之上升为宪法权利。这样做的根本原因是美国的制宪者们根深蒂固地对国家权力以及行使国家权力的公职人员的不信任。他们试图通过赋予公民个人一些基本的诉讼权利，使遭受刑事指控的公民能够与专门的追诉机关对抗，防止他们的基本权利受到国家公权力的恣意侵犯。美国宪法的前十条修正案通常被称为"权利法案"，集中规定了被追诉人应当享有的基本诉讼权利。其中，《宪法第四修正案》规定，公民享有使自己的人身、住宅、文件和财产免受不合理的搜查和扣押的权利；《宪法第五修正案》规定，任何人非经大陪审团正式起诉，不得被交付重罪或死刑的审判，任何人不得因同一罪行两次遭受身体或生命的危险，任何人在任何刑事案件中不得被强迫成为不利于己的证人；《宪法第六修正案》规定，在所有刑事指控中，被告人均享有获得一个公正的陪审团审判的权利，享有获得快速且公开的审判的权利，享有知悉指控的罪名及其本质的权利，享有与不利于己的证人对质的权利，享有获得律师帮助为其辩护的权利；《宪法第八修正案》规定，公民不被处于过多的保释金和罚金以及残酷和极端的刑罚；美国于南北战争之后制定的《宪法第十四修正案》规定，各州非经法律的正当程序不得剥夺公民的生命、自由或财产，这就是所谓的正当程序权利。上述这些美国宪法规定的刑事诉讼权利对于被追诉人而言是基本的、至关重要的，相比于国会制定的联邦法律以及各州议会制定的法律赋予被追诉人的其他诉讼权利，上述宪法性诉讼权利的效力位阶更高，国会和各州不得通过立法限制或剥夺宪法性诉讼权利。

第一章 刑事诉讼权利放弃的概念与前提

现代美国刑事诉讼程序深受 20 世纪 60 年代以联邦最高法院首席大法官厄尔·沃伦为首的自由派大法官掀起的旨在扩张被追诉人诉讼权利的"正当程序革命"的影响,沃伦法院[1]对个人在刑事诉讼中享有的宪法性诉讼权利的扩张性解释在很大程度上重塑了传统普通法所确立的刑事诉讼程序。而且,沃伦法院通过对《宪法第十四修正案》正当程序条款的解释,将美国宪法及其修正案规定的大多数诉讼权利合并适用于各州的刑事被告人。美国联邦最高法院在个案裁判中对被告人享有的宪法性诉讼权利的解释具有宪法的效力,联邦下级法院以及各州法院系统必须遵守,不能作出限制性解释或矛盾的解释,更不能推翻。

美国宪法规定的刑事诉讼权利还有一个显著的特点,即很多诉讼权利都有与其配套的证据排除规则保证其实现。为了震慑警察,防止他们在刑事诉讼中侵犯被追诉人的宪法性诉讼权利,美国联邦最高法院用解释宪法文本的逻辑和含义或者发挥司法创设规则的功能,发展了丰富的证据排除规则。比如,《宪法第五修正案》规定任何人不得被强迫成为不利于己的证人,即不得强迫自证其罪特权。根据联邦最高法院的解释,这一宪法规定本身就内含着证据排除规则。如果警察采用暴力、威胁、欺骗、心理压制等强迫手段获取了嫌疑人的供述,检察官在审判中又将该供述作为指控证据使用,那么相当于强迫嫌疑人成为不利于己的证人,这种不自愿的供述应当被排除。[2]再比如,《宪法第四修正案》规定公民有权反对不合理的搜查和扣押,联

---

[1] 美国法学界通常以首席大法官的名字指代某一时期的联邦最高法院,厄尔·沃伦于 1953 年至 1969 年担任美国联邦最高法院首席大法官。

[2] See Joshua Dressler & Alan C. Michaels, *Understanding Criminal Procedure: Investigation*, 6th edition, Carolina Academic Press, 2016, pp. 430~431.

邦最高法院以此为依据创设了相应的证据排除规则；《宪法第六修正案》规定被告人有权获得律师帮助，联邦最高法院据此认为，如果嫌疑人明确援引了律师在场权，警察于律师不在场时讯问嫌疑人获取的供述应当排除。[1]

三、我国被追诉人诉讼权利的保障情况

我国宪法规定的公民享有的基本权利也包括一些重要的刑事诉讼权利。比如，任何公民非经人民检察院批准或决定或者人民法院决定，并由公安机关执行，不受逮捕；禁止非法拘禁和非法搜查公民的身体；被告人有权获得辩护；等等。从法律位阶上看，这些宪法权利比刑事诉讼法规定的诉讼权利的地位要高。由于我国宪法目前并不具有司法适用性，人民法院也不享有法律解释权，因此，宪法规定的这些刑事诉讼权利并没有在司法实践中发展出丰富的内涵。毋庸置疑的是，上述宪法规定仍然是刑事诉讼法赋予犯罪嫌疑人、被告人诉讼权利的根本依据。

我国现行《刑事诉讼法》是于1979年制定的，经过1996年、2012年以及2018年的部分修改，《刑事诉讼法》已经构建起以辩护权为核心的被追诉人诉讼权利体系。1979年《刑事诉讼法》规定的犯罪嫌疑人、被告人诉讼权利较为粗糙，有不少疏漏；1996年《刑事诉讼法》引入了英美对抗式诉讼的合理因素，提高了犯罪嫌疑人、被告人的诉讼地位，完善了犯罪嫌疑人、被告人的诉讼权利，但是在司法实践中，刑事诉讼法规定的一些重要诉讼权利并未真正得到保障和实现，过度强调打击犯罪和刑事诉讼的职权性以及一些司法体制和机制方面的弊端

---

[1] See Joshua Dressler & Alan C. Michaels, *Understanding Criminal Procedure: Investigation*, 6th edition, Carolina Academic Press, 2016, pp. 513~514.

制约了犯罪嫌疑人、被告人依法行使诉讼权利,特别是律师在辩护过程中遇到的会见难、阅卷难、取证难、质证难、辩论难等辩护难题,阻碍了犯罪嫌疑人、被告人辩护权的实现;2012年《刑事诉讼法》着力解决了辩护律师会见难、阅卷难等长期困扰刑事辩护的难题,扩展了法律援助辩护的范围,强化了律师在侦查阶段的介入和作用,引入了非法证据排除规则,为犯罪嫌疑人、被告人免受刑讯逼供、暴力、威胁等非法取证手段的侵犯提供了有力保障。在 2012 年修改《刑事诉讼法》之后,我国又启动了新一轮的司法改革,在刑事司法领域平反了一批冤案,推动了非法证据排除规则的落实,推进了以审判为中心的诉讼制度改革,加强了人权司法保障,试点了刑事速裁程序和认罪认罚从宽制度改革,犯罪嫌疑人、被告人的诉讼权利保障程度进一步提高。2018 年修改《刑事诉讼法》明确规定了犯罪嫌疑人、被告人认罪认罚的诉讼程序以及对犯罪嫌疑人、被告人诉讼权利的保障,正式确立了值班律师制度。

应当承认,我国刑事诉讼法对犯罪嫌疑人、被告人诉讼权利的保障仍然存在不足,被追诉人享有的诉讼权利体系仍然不完备。一方面,辩护权特别是律师辩护权的保障存在诸多问题。刑事诉讼法规定的强制法律援助辩护的范围仍然非常窄,公安司法机关必须通知法律援助机构指派律师提供辩护的对象仅限于可能被判处无期徒刑和死刑、盲聋哑、未成年的犯罪嫌疑人和被告人以及尚未完全丧失辨认或控制自己行为能力的精神病人。符合上述条件的犯罪嫌疑人、被告人仅占总数的很小一部分,相当大比例的犯罪嫌疑人、被告人无力自行聘请律师,也无法免费获得指派的法律援助律师,只能自己为自己辩护。2017 年 10 月 11 日,最高人民法院、司法部联合发布《关于开展刑事案件律师辩护全覆盖试点工作的办法》,要求为所有适用普通程序审理的一审案件、二审案件、按照审判监督程序审理的案件的被告人指派法律援助律师提供辩护。但是，辩护全覆盖并没有延伸到审前阶段。实际上，侦查程序中的嫌疑人更加需要律师的帮助和辩护。此外，被告人在死刑复核程序中仍然不能一律获得法律援助律师的辩护。值得注意的是，在实行速裁程序和认罪认罚从宽制度改革之后，大多数轻微刑事案件不再适用普通程序审理，适用速裁程序、简易程序的认罪认罚被告人仍然不能一律获得法律援助律师的辩护。虽然刑事诉讼法确立了值班律师制度，但是值班律师主要负责提供法律咨询和建议，与辩护律师的职能有很大差距。另一方面，对犯罪嫌疑人在侦查程序特别是羁押讯问中的诉讼权利保障得还不够，辩护律师在侦查程序中发挥的作用还相当有限。犯罪嫌疑人在接受讯问时仍然不享有沉默权，必须如实供述；辩护律师虽然在侦查期间可以为犯罪嫌疑人提供法律帮助，但是不能在犯罪嫌疑人接受讯问时在场，犯罪嫌疑人也无权要求律师在场。因此，认识到我国对被追诉人诉讼权利保障的不足之处，在构建和完善我国的刑事诉讼权利放弃规则之前，我们首先要进一步丰富被追诉人的诉讼权利体系，根据刑事司法实践的发展，赋予被追诉人应当享有还没有享有的诉讼权利。

第三节 被追诉人知晓和有效行使诉讼权利

一、知晓和理解权利是放弃权利的前提

（一）被追诉人知晓和理解诉讼权利的重要性

如果被追诉人都不知道自己享有某项诉讼权利，又怎么能理智地放弃该诉讼权利呢？即使被追诉人作出了放弃诉讼权利的意思表示，也很可能是受到误导或欺骗的结果，并不是被追

诉人在权衡利弊后的理智决定。被追诉人不仅要知晓享有的诉讼权利，还应当理解诉讼权利的本质，理解比知晓的要求更高。首先，被追诉人应当知晓其享有的诉讼权利是什么，即诉讼权利的内容或者法律是怎样规定的。比如，对于律师辩护权，犯罪嫌疑人、被告人应当知晓自己有权聘请律师辩护以及在经济困难的情况下申请法律援助机构为其指派律师提供辩护。其次，被追诉人应当知晓如何行使自己依法享有的诉讼权利，是否需要在法定期限内行使。如果被追诉人不知道如何行使诉讼权利，那么诉讼权利对他而言是没有任何意义的，只是法律文本上的文字而已。比如，倘若犯罪嫌疑人在接受讯问时享有沉默权，那么他首先应当知道自己有权保持沉默，其次应当知道如何援引沉默权，是仅仅不说话就足以构成对沉默权的援引，还是要明确向侦查人员表示他要援引沉默权，这关系到沉默权能否有效发挥作用。再比如，上诉权的行使一般有法定期限的限制，超过法定期限就不能再行使上诉权，所以被告人应当知晓这一法定期限。最后，被追诉人应当理解行使诉讼权利有哪些好处以及放弃诉讼权利会产生哪些不利后果，以保证被追诉人能够理智地权衡行使或放弃诉讼权利的利弊。如果被追诉人仅仅知道自己享有某项诉讼权利，但不能理解行使该诉讼权利的益处和放弃该诉讼权利的后果，那么他放弃这项诉讼权利的决定就是草率的、盲目的，很可能损害自身的利益。比如，犯罪嫌疑人行使沉默权可以保护自己免于被国家追诉机关利用，成为证明自己有罪的工具，因为嫌疑人所说的任何话都有可能在审判中被用作不利于他的证据，如果嫌疑人理解了保持沉默的作用以及放弃沉默权作出供述的后果，仍然选择向侦查人员供述犯罪事实，那么足以证明嫌疑人供述的自愿性以及放弃沉默权的有效性。

（二）对被追诉人享有诉讼权利的告知

大多数公民都是法律的"门外汉"，一旦受到刑事追诉，也没有时间和精力主动阅读和了解刑事诉讼法的规定，这就需要司法工作人员履行一定的告知义务，告知被追诉人依法享有的诉讼权利。司法工作人员的权利告知义务必须主动履行，不需以被追诉人提出请求为条件。不同的诉讼环节或阶段涉及被追诉人不同的诉讼权利，这就需要司法工作人员在刑事诉讼的每一个主要环节或阶段开始之前都要履行权利告知的义务。比如，在对犯罪嫌疑人采取逮捕等强制措施或者对嫌疑人进行讯问时，侦查人员应当告知嫌疑人依法享有的与侦查相关的诉讼权利，在审查起诉程序和审判程序开始时，检察官和法官都有义务告知嫌疑人、被告人依法享有的诉讼权利，而且由于审判是定罪量刑的关键程序，法官履行权利告知义务的要求会更加严格，法官需要认真确认被告人知晓和理解享有的诉讼权利。

值得注意的是，辩护律师对于被追诉人知晓和理解自己的诉讼权利发挥着重要作用。辩护律师是犯罪嫌疑人、被告人利益的专门维护者，辩护律师不仅要为犯罪嫌疑人、被告人提供无罪、罪轻或减免刑事责任的辩护，而且要提供有效的辩护，要尽职尽责地履行辩护职责。这就要求辩护律师详细地向犯罪嫌疑人、被告人解释其依法享有的诉讼权利以及如何行使这些诉讼权利、行使或放弃诉讼权利对诉讼结果的影响，为被追诉人决定行使还是放弃诉讼权利提供专业的法律建议。如果被追诉人有律师提供辩护，那么通常可以推定他知晓和理解自己享有的诉讼权利，除非律师是不尽职的。美国刑事诉讼中存在无效辩护制度，被告人可以主张律师提供的辩护存在缺陷并且导致他遭受损害，律师没有告知被告人享有的重要诉讼权利或者放弃诉讼权利的后果可能被认定为辩护缺陷，如果无效辩护主张得到法官的支持，那么有罪判决就会被推翻。

二、权利的可行使性是放弃权利的前提

(一) 能否有效行使权利影响权利放弃的自愿性

权利的放弃必须是权利主体在自主意志的支配下自愿做出的理性选择,既然是一种选择,就至少有两种以上的选项。权利主体可以选择主张和行使权利,也可以选择放弃权利,至于权利主体究竟做出哪一种选择,需要对主张和行使权利的利与弊以及放弃权利的利与弊进行权衡,做出最符合权利主体利益的最佳选择。如果权利主体名义上享有权利,但实际上不能有效地主张和行使权利,换言之,权利得不到真正实现,那么就根本谈不上放弃权利,即使权利主体表示想要放弃权利,也是不能有效行使权利的被迫之举。因此,权利的可行使性是权利的可放弃性的逻辑前提。

在刑事诉讼中,要探讨被追诉人是否自愿地放弃了某项诉讼权利,首先要看被追诉人能否有效地主张和行使该诉讼权利,诉讼权利得不到有效行使会影响权利放弃的自愿性。被追诉人会有这样的想法:既然我不能实现自己的诉讼权利,还不如放弃它。如果被追诉人有上述心理,就很难认为诉讼权利的放弃是完全自愿的。举例而言,被告人依法享有获得法律援助律师为其辩护的权利,如果被告人向公安司法机关主张该权利,但是公安司法机关置之不理或明确回绝,没有为被告人指派法律援助律师,那么被告人就会对行使律师辩护权丧失期待和信心,被迫放弃律师辩护权。如果公安司法机关为被告人指派了一名业务能力不合格的律师,该律师没有及时与被告人会见和沟通,了解被告人诉求和辩护思路,也没有提出合理的辩护意见,那么被告人也很有可能放弃律师辩护权而自我辩护。但是这种权利放弃是无奈之举,被告人虽然名义享有律师辩护权,但在现

实中无法得到充分行使和有效实现。相比之下，至少在被告人看来，自我辩护可能更有利于维护他自己的利益，尽管被告人并不是法律专业人士。

(二) 制约被追诉人有效行使诉讼权利的因素

制约被追诉人有效行使诉讼权利的因素是多样的，这些制约因素主要来源于代表国家追诉犯罪的警察和检察官以及充当中立裁判者的法官。专门的国家追诉力量与被追诉人之间是天然对立的，国家追诉力量的主要任务就是通过法定的程序将事实上有罪的人绳之以法，使其受到刑罚的制裁，而涉嫌犯罪的被追诉人具有趋利避害的本性，通常不愿意束手就擒。事实上，无辜的人通常会想方设法主张自己的清白，而实施了犯罪的人也存在侥幸心理，试图逃脱刑罚的制裁，这就意味着刑事诉讼的两造——控方和辩方——必然会有法律技术上的争斗。由于国家追诉力量处于天然的优势地位，警察和检察官倾向于为被追诉人行使诉讼权利设置一些障碍，法官受到各种因素的影响也有可能倾向于支持检察官的控诉主张，因而被追诉人及其利益的专门维护者——辩护律师——行使诉讼权利就会面临一些困难，甚至受到来自国家追诉力量的各种阻挠。

在我国，由于刑事诉讼法的规定还不健全，以审判为中心的诉讼制度还没有真正建立起来，有些司法人员缺乏权利保障、程序公正、司法文明等现代司法理念，受过度强调打击犯罪的司法惯性等因素的影响，犯罪嫌疑人、被告人及其辩护律师行使诉讼权利受到公安司法机关及其工作人员阻挠的情况屡见不鲜。此外，我国尚缺少完备的程序性制裁规则，对故意阻挠被追诉人及其辩护律师行使诉讼权利的惩戒力度不够，刑事诉讼法已经明确规定的非法证据排除规则在司法实践中贯彻效果不佳，不能真正起到震慑违法取证行为、维护司法公正的作用。

第二章
刑事诉讼权利放弃的正当根据

第一节 刑事诉讼权利放弃的理论基础

一、个人为什么可以放弃权利

(一) 对权利本质学说的分析和推演

本章要探讨的是被追诉人为什么要放弃诉讼权利？立法者和司法者为什么要允许被追诉人放弃诉讼权利？要想回答上述问题，我们必须从探讨个人为什么可以放弃权利这个法哲学的一般问题入手。对个人为什么可以放弃权利的探讨又必须以法哲学上关于权利本质的各种学说为分析和推演的理论基础，对于"权利是什么"这个基本问题，政治学和法哲学历史上有丰富多元的学说，由此也形成了不同的法哲学流派。

要回答权利是什么，就不得不提到古典自然法学派的代表人物洛克和卢梭。他们提出和发展了"天赋人权"的自然法思想。洛克在他的代表作《政府论》中将"自然法"作为分析个人权利的逻辑起点。他认为："自然法是所有人——不论是立法者还是其他人——的永恒规则。"[1]洛克指出："理性，也就是自然法，教导愿意遵从理性的全人类：每个人都是平等和独立

---

[1] [英]约翰·洛克：《政府论》(二)，杨思派译，九州出版社2007年版，第477页。

的，所以任何一个人都不得侵害他人的生命、健康、自由和财产。"[1]也就是说，洛克主张人们最初生活在"自然状态"之中，这种自然状态是一种人人平等的自由状态，任何人都不需要服从其他人的意志和权威，但是，任何人都应当尊重其他人的自然权利，不能侵犯其他人与生俱来的自然权利。按照洛克的观点，个人的自然权利是上天赋予的，因而具有绝对性，是不能被侵犯的，也是不能让渡和放弃的。然而，洛克又进一步论证，自然状态是存在缺陷的，在自然状态下，人们的权利得不到有效的保障，随时可能面临被他人侵犯的危险，权利受到侵犯的个人会采取以暴制暴的方式报复实施侵害行为的人。长此以往，自然状态就有崩溃的危险。为了保护自己的权利不被他人侵犯，人们缔结了一项契约，将实施自然法的权利让渡给一个共同体——政治国家，由国家（洛克重点强调的是国家立法机关）负责保护人们的自由和财产。[2]后来，卢梭进一步发展了洛克缔结政治契约的思想，明确提出了"社会契约论"。卢梭认为每个人通过缔结社会契约，毫无保留地把他的全部自然权利让渡给集体，置于"公意"的最高指导之下。[3]"每个人既然是向全体奉献出自己，他就并没有向任何人奉献出自己；而且既然从任何一个结合者那里，人们都可以获得自己本身所让渡给他的同样的权利，所以人们就得到了自己所丧失的一切东西的等价物以及更大的力量来保全自己的所有。"[4]因此，从

---

[1] [英]约翰·洛克:《政府论》（二），杨思派译，九州出版社2007年版，第307页。

[2] 参见[英]约翰·洛克:《政府论》（二），杨思派译，九州出版社2007年版，第309页。

[3] 参见[法]卢梭:《社会契约论》（修订第3版），何兆武译，商务印书馆2003年版，第19~20页。

[4] [法]卢梭:《社会契约论》（修订第3版），何兆武译，商务印书馆2003年版，第20页。

洛克和卢梭主张缔结社会契约的角度，人们享有的自然权利又是可以让渡和放弃的，只是让渡的对象是一种政治共同体，而不是某个人。总结起来，古典自然法学家的学说实际上是存在矛盾的，他们既主张自然权利的绝对性与不可让渡性，但是为了保护自然权利不被他人侵犯，又主张人们将自然权利让渡给国家，实际上是有意放弃了自然权利。

　　洛克、卢梭等古典自然法学家并没有明确厘清权利的概念，在他们之后，英国政治哲学家格林尝试在自由概念的基础上对个人权利作出界定。格林认为，权利包括两个要素：第一，权利是一个出于自我意识的本性对自己的行动自由的主张；第二，权利得到社会的普遍承认。[1]格林对权利的界定是世俗化的，脱离了自然权利的神圣性，权利的不可让渡性也会随之淡化。格林的权利本质学说是建立在德国哲学家康德和黑格尔的自由意志理论之上的。[2]康德强调"意志的自由行使"，主张理性的人是根据自己的意志做事的。[3]黑格尔则说："自由是意志的根本规定，正如重量是物体的根本规定一样。"[4]由此，我们可以推知，既然权利是一种行动自由，是意志的自由行使，那么个人完全可以在自己意志的支配下选择不行使自由，不采取行动，此时个人就放弃或让渡了自己的权利。

　　19世纪的德国法学家耶林推动了权利的概念从自由向利益的转变。他认为，权利就是受到法律保护的一种利益，并不是

---

〔1〕　参见程燎原、王人博：《权利论》，广西师范大学出版社2014年版，第11页。
〔2〕　参见程燎原、王人博：《权利论》，广西师范大学出版社2014年版，第10页。
〔3〕　[德]康德：《实践理性批判》，邓晓芒译，杨祖陶校，人民出版社2003年版，第15～17页。
〔4〕　[德]黑格尔：《法哲学原理》，范扬、张企泰译，商务印书馆1982年版，第11页。

所有的利益都能成为权利，利益必须被法律所确认才能成为权利。[1]耶林继承了边沁的功利主义法哲学，他强调"目的"的重要性。他认为法律是根据人们欲实现某些可欲的结果的意志而有意识地制定的。也就是说，权利是人们在自主意志的基础上有目的地对各种利益予以选择，将其需要的利益以法律的形式加以确认的结果。20世纪的美国社会法学家庞德进一步发展了权利背后的利益学说，他认为权利可以被解释为某一特定的主体认为或感到基于伦理的理由应当加以承认或保障的东西，也可解释为被承认的、被划定界限的和被保障的利益。[2]这种以利益为基础的权利概念被广泛接受和发展，以利益为基础的权利本质学说可以被概括为，人对权利的主张和追求实际上就是人基于意志对某种利益的主张和追求，利益既是权利主体的初始动机，也是权利的最终归宿。[3]值得注意的是，马克思和恩格斯进一步揭示了利益背后隐藏的人的需求，人们对利益的追求是为了满足生存和发展的需求，"任何人如果不同时为了自己的某种需要和为了这种需要的器官而做事，他就什么也不能做"。[4]因此，人们根据自主意志对利益的选择从根本上受制于自身的需求，而这种生存和发展的需求本质上是物质的，是由特定时期社会的生存关系决定的。

根据以利益为基础的权利概念，权利实际上是一种法律确

---

[1] [德] 鲁道夫·冯·耶林：《为权利而斗争》，郑永流译，法律出版社2007年版，第43页。

[2] 参见 [美] 罗·庞德：《通过法律的社会控制·法律的任务》，沈宗灵、董世忠译，杨昌裕、楼邦彦校，商务印书馆1984年版，第46页。

[3] 参见程燎原、王人博：《权利论》，广西师范大学出版社2014年版，第26、29页。

[4] 《马克思恩格斯全集》（第3卷），人民出版社1960年版，第286页，转引自程燎原、王人博：《权利论》，广西师范大学出版社2014年版，第30页。

认的利益,而这种利益从本质上反映了个人的需求。一个人往往不只有一种需求,当多种需求并存时,他就需要选择优先满足哪一种需求。既然权利主体是具备自由意志和主观意识的个人,个人就完全可以有意识地放弃一种利益来换取另一种利益,最终都是为了满足自己选择要满足的那一种需求。这种以牺牲一种利益获取另一种利益,压抑一种需求而满足另一种需求的自主选择构成了权利放弃的正当性基础。换言之,权利的放弃也是功利的,放弃一种利益的目的是获取另一种利益。

综上所述,当权利被界定为绝对的"自然权利"和"天赋权利"时,权利是不可让渡和放弃的,当权利变得世俗化,变得带有功利色彩之后,无论权利是以自由为基础,还是以利益为基础,都是可以让渡和放弃的,只要权利的让渡和放弃符合权利主体追求的利益即可。

(二)权利交易现象与权利放弃

在商品经济发展的早期,人们用以物易物的方式各取所需,虽然人们交换的是能够满足自己需要的物品,但是从法律的角度看,人们享有对自己占有的物品的所有权,以物易物的背后交换的是所有权,当商品经济发展为市场经济时,大规模的商品交易的背后隐藏的是所有权的交易。马克思认为,资本家之间的商品流通是通过和借助于转让和让渡而实行占有,其法律前提是任何人对自己产品的所有权和自由支配权。[1]随着市场经济的高度发展,有一些权利也成为商品,交易的对象直接变为权利,而不是隐藏着所有权的商品。比如,商标权、专利权等知识产权是可以直接交易的,土地使用权是可以直接交易的,

---

[1]《马克思恩格斯全集》(第46卷·上册),人民出版社1979年版,第145、454页,转引自程燎原、王人博:《权利论》,广西师范大学出版社2014年版,第249页。

股票、债券、银行存单等有价证券是可以直接交易的，而有价证券实际上是所有权、债权等权利的载体。"人们通过让与和取得的合法程序所买卖的不是物资，而是物资的所有权。因此，任何所有权都是一种'商品'。一种所有权是物质的东西的所有权——有形的财产。另一种是债务的所有权——无形的财产。两种所有权因此都是'商品'，因为两者都能让与和取得，一种在商品市场上，另一种在债务市场上。"[1]

这种非常普遍的权利交易现象从本质上体现了权利的可让渡性，权利的交易就是权利让渡。严格地讲，权利的让渡是双方行为，是在两个平等主体之间进行的，一个主体是权利的让渡方，另一个主体是权利的接受方。而权利的放弃是享有权利的主体单方面的行为。比如，某人将用旧的手机丢入垃圾箱，这意味着他对手机所有权的放弃，如果他将用旧的手机卖给回收电子产品的人，此时发生的是所有权的让渡。但是，如果仅从权利的让渡方来看，其对权利的让渡就是对权利的放弃，最终都产生了丧失权利的结果，而且权利主体主观上都存在不想继续保有权利的意图。因此，权利交易现象的普遍化也印证了权利是可以被放弃的。

值得注意的是，并不是所有的权利都可以交易，人的生命权、健康权、身体权、人身自由、人格尊严等是人之所以为人的基本权利，是人在社会上生存和发展的基础，为了维护人人平等的地位和人的基本尊严以及从人类社会道德伦理的角度考虑，附属于人身的基本权利是不能通过交易让渡的。但是，人身权利是否可以被放弃呢？通常而言，人身权利是不能被随意

---

[1] [美]康芒斯：《制度经济学》（上册），于树生译，商务印书馆1962年版，第86页，转引自程燎原、王人博：《权利论》，广西师范大学出版社2014年版，第250页。

放弃的。然而，有些国家已经将安乐死合法化。安乐死是个人对其生命权的放弃，当某人患有严重的疾病、遭受巨大的痛苦时，他为了摆脱疾病的折磨以及给家人带来的痛苦和负担，选择结束自己的生命又是具备合理性的。此时，对生命权的放弃同样满足了权利主体的需求，同样体现了权利主体对某种利益的追求。抛开放弃生命权这种极端的情况不谈，生活中我们经常为了向家人或朋友表达歉意或懊悔，而让他们"打自己几下"或者"骂自己几句"。这种意思表示是否构成对身体权或名誉权的部分放弃呢？这个问题值得深入思考。

二、刑事诉讼权利放弃的一般理论

（一）诉讼权利的放弃与实体权利的放弃

既然在法哲学的一般层面上权利是可以放弃的，那么在刑事诉讼的具体实践中，被追诉人当然也可以放弃自己享有的诉讼权利。放弃诉讼权利在本质上反映了被追诉人的一种需求，在这种需求的推动下，被追诉人根据自主意志对行使诉讼权利可能获得的利益与放弃诉讼权利可能获得的利益进行权衡，最终作出一种最佳利益选择。被追诉人对诉讼权利的放弃也是具有功利性的，是为了实现一定的目的，作为一个理性的人，至少在被追诉人看来，放弃某项诉讼权利可以获得某些更想要的利益，诉讼权利的放弃不过是一种利益的交换。

由于诉讼权利与实体权利存在差异，诉讼权利的放弃与实体权利的放弃也有所不同。诉讼权利的享有主体是诉讼的当事人和其他诉讼参与人。也就是说，大多数诉讼权利是附属于诉讼程序的，只有诉讼程序启动，诉讼权利才有行使的空间，民事诉讼和行政诉讼都是以原告向法院起诉为起点的，而刑事诉讼由于存在审前程序，所以当公民成为刑事侦查的对象时，刑事诉讼就启动了，相关的诉讼权利就会附着到被追诉人身上。但是，也有个别诉讼权利的产生并不以刑事诉讼启动为前提，比如英美法系国家高度重视的不得强迫自证其罪特权，证人在民事诉讼等具备强制性的程序中提供证言也可能涉及自我归罪的内容。一旦证人提供了证言，就可能在未来的刑事指控中被用作不利于他的证据。所以，此时证人有权援引不得强迫自证其罪特权拒绝回答问题，即使此时刑事追诉并未启动。

  一般而言，刑事诉讼权利的首要功能是保障被追诉人的生命权、自由权和财产权等实体权利不被非法剥夺，被追诉人以诉讼权利为"武器"对抗国家追诉机关的专断与恣意，从这个意义上讲，诉讼权利是服务于实体权利的。但是，某些刑事诉讼权利有它们自身的独立价值，这些诉讼权利本身是对程序正义、诉讼效率以及司法文明等独立价值的维护与追求。比如，嫌疑人遭受刑讯逼供时，其享有申请排除非法供述的权利，此时嫌疑人的人身权利已经受到了侵害，申请排除非法供述也无法弥补嫌疑人遭受的人身伤害，但是申请排除非法供述可以起到震慑警察、维护程序公正的效果，也可以间接作用于诉讼结果。

  通常来讲，实体权利特别是人身权利不需要积极的主张，个人不主张自己的人身权利并不代表他人可以随意侵犯个人的身体，也不代表个人放弃了自己的人身权利。相比之下，诉讼权利带有积极性，被追诉人需要积极的主张和行使诉讼权利，对于带有行使期限的诉讼权利，被追诉人要在法定期限内主张和行使，否则会导致诉讼权利的丧失。在某些情况下，出于提高诉讼效率、防止诉讼拖延以及平衡打击犯罪与保障人权等司法政策方面的考虑，被追诉人不行使诉讼权利可以被合理地推定为放弃了诉讼权利。

第二章 刑事诉讼权利放弃的正当根据

(二) 被追诉人的主体性与选择权

人是具体权利的主体,具体权利由人享有和行使,而每个人都是理性的动物,每个人从一出生就具有自主意志和主观意识,除非他的意志被他人控制和剥夺,人的自主意志和主观意识构成人的主体性,也是权利的主体性。"一个人选择什么样的权利,求得什么样的利益,首先须经过自由意志的选择和决定。一切权利都具有目的性,这种目的性不是由经济的物质关系直接赋予,而须经过人的自由意志的中介和规定,离开了目的,就无法谈权利。从这一意义上说,权利就是人的自由意志的外在形式,是人实现自己的一种手段。"[1]因此,理性的人为了满足自己的某种需求会根据自主意志选择某种利益而放弃另一种利益。在刑事诉讼中,犯罪嫌疑人、被告人基于趋利避害的本性会选择行使某种诉讼权利,也可能会选择放弃某种诉讼权利,无论作出哪一种选择,被追诉人的自由意志都会告诉其这种选择是符合自己利益的。

康德和黑格尔比较重视人的主体性,强调人的自由意志的支配作用,但是马克思批判了这种唯心主义的自由意志论。他认为,人的意识和意志是物质的,是由社会物质生产关系所决定的。[2]所以我们还应当认识到,在刑事诉讼中犯罪嫌疑人、被告人决定行使某项诉讼权利,还是放弃某项诉讼权利受制于案件的实际情况以及刑事诉讼进展的客观形势。比如,被告人认为控方的证据足以证明他有罪,那么他很可能作出认罪表态,放弃接受正当程序审判的权利,以换取从宽处罚的利益。

我们还要认识到,被追诉人不仅是诉讼权利的主体,而且是刑事诉讼的主体之一,被追诉人享有一系列诉讼权利恰好是

---

[1] 程燎原、王人博:《权利论》,广西师范大学出版社2014年版,第24页。
[2] 参见《马克思恩格斯全集》(第4卷),人民出版社1961年版,第173页。

其诉讼主体地位的体现。"在某种程度上,刑事诉讼法的发展史实际就是被告人人权保障不断得到加强的历史,也就是被告人诉讼地位不断得到提高的历史。"[1]现代刑事诉讼特别是英美的对抗式诉讼更加强调被追诉人的自治,强调尊重被告人的选择权,这实际上是对完全平等对抗的民事诉讼中的处分原则的引入,民事诉讼的处分原则允许原被告双方自主地处分自己的诉讼权利。英国法学者哈特曾经提出权利的选择说,他认为,权利意味着法律承认一个人的选择或意志优越于他人的选择或意志,权利的选择性允许主体既可以做某事,也可以不做某事,既可以得到某种东西,也可以放弃某种东西。[2]因此,在刑事诉讼中无论被追诉人选择行使诉讼权利还是放弃诉讼权利,都是他的自由意志的体现,都应当得到基本的尊重,这种尊重是被追诉人的诉讼主体地位的当然要求。值得注意的是,尽管随着现代刑事诉讼理念的进步,被追诉人的主体地位在不断得到提升,但他仍然是受到指控的对象,是国家刑罚权行使的对象,也是案件证据的重要来源,只不过法律规定不能采用刑讯、暴力、威胁等强迫手段从被追诉人身上获取证据。所以,被追诉人选择行使抑或放弃诉讼权利不能过分危害案件事实真相的发现,不能损害基本的正义观,不能逾越司法公正的底线。

(三)被追诉人放弃诉讼权利的成本与收益

功利主义法学大师边沁认为,自然把人类置于两个主宰——"苦与乐"——的统治之下,只有这两个主宰才能向人们指出应

---

[1] 陈光中主编:《刑事诉讼法》(第5版),北京大学出版社、高等教育出版社2013年版,第74页。

[2] 参见张文显:《法哲学范畴研究》(修订版),中国政法大学出版社2001年版,第305页。

当做什么和不应当做什么,应当根据某一行为本身所引起的苦与乐的大小程度来衡量该行为的善与恶。[1]因此,按照边沁的功利主义观,当做一件事的苦大于乐时,人们就会倾向于选择不做这件事;当做一件事的乐大于苦时,人们就会倾向于选择做这件事。实际上,边沁所说的"苦"就是经济学中的成本,"乐"就是经济学中的收益。作为一个理性的经济人,人们在选择做与不做某件事时,都会进行成本与收益的分析。

被追诉人也是理性的经济人,他在选择行使抑或放弃某项诉讼权利时同样会进行成本与收益的理性分析,成本与收益的差额是被追诉人作出选择的动力。当被追诉人认为放弃诉讼权利的收益大于行使诉讼权利的收益时,其就倾向于作出放弃诉讼权利的选择。在被追诉人看来,主张和行使诉讼权利并不一定是有利的,因为行使诉讼权利最终会不会得到期待的结果是不确定的。比如,提出非法证据排除的申请并不一定导致该证据被排除却拖延了诉讼,保持沉默可能不利于澄清案件事实,接受复杂的正当程序审判并不一定会被无罪释放。反而,有的时候,放弃诉讼权利可能会更有利于被追诉人,实现利益最大化是被追诉人决定行使还是放弃诉讼权利的主要考量因素。

事实上,被追诉人行使诉讼权利是附带着成本的,诉讼程序本身就是一种成本,公民成为被刑事追诉的对象,被迫进入刑事诉讼中就承受着很大的诉累:其人身自由和财产可能受到限制;其和家人会承受着精神上的焦虑与痛苦;如果被定罪,其很有可能丢失工作、失去朋友和家人,在社会交往中受到歧视,这些都是刑事诉讼程序给被追诉人施加的成本。越是重要的诉讼权利,行使该诉讼权利的成本就越大。比如,英美的陪

---

[1] 参见 [美] E. 博登海默:《法理学:法律哲学与法律方法》,邓正来译,中国政法大学出版社2004年版,第108~109页。

审团审判是一种典型的正当程序，陪审团审判程序的设计是复杂精密的。这意味着陪审团审判要耗费很长的时间和很多的资源，被告人面临着不确定的结果以及等待审判结果所要承担的诉累。有美国学者研究了被告人出庭的成本："在我的研究样本中，所有被告人出庭的平均次数是3.3次。算一算每次出庭导致工薪阶层误工4小时，每小时损失收入2.31美元（是我研究期间的最低工资），平均每个案件会造成被告人30.49美元的收入损失。"[1]上述出庭成本是美国20世纪70年代末80年代初的水平。所以，美国绝大多数被告人都会选择放弃接受陪审团审判的权利，作出认罪答辩以换取检察官承诺的指控或量刑上的好处，并且尽快终结诉讼程序。

再比如，被告人有权获得政府指派的法律援助律师为其辩护，但是，由于法律援助律师的案件压力较大以及办案补贴较少，他们的辩护更倾向于"走过场"，被告人自行委托的一些没有水平和能力的律师也无法有效辩护，很多被告人都知道这一点。美国一位检察官在比较和律师、被告人直接打交道的经历时说："在很多案件中，律师所做的不过是重复他们委托人的说法。律师不知道提出精致辩护理由的技术性法律规则。多数辩护理由不过是常识，所以如果被告人重新叙述一下他那一边的事实，经常也能提出我们要考虑的充分的辩护理由。"[2]所以，很多被告人不对辩护律师抱有很大希望，而是倾向于放弃律师辩护权，尤其对于那些曾经被定罪判刑的被告人，他们积累了一些应对警察、检察官和法官的经验，所以他们自认为不需要

---

[1] [美]马尔科姆·M.菲利：《程序即是惩罚——基层刑事法院的案件处理》，魏晓娜译，中国政法大学出版社2014年版，第229页。

[2] [美]马尔科姆·M.菲利：《程序即是惩罚——基层刑事法院的案件处理》，魏晓娜译，中国政法大学出版社2014年版，第173页。

律师，自认为自我辩护比律师辩护更符合他们的利益。

第二节 刑事诉讼权利放弃的实践需求

一、刑事诉讼权利放弃的价值平衡作用

惩罚犯罪与保障人权、诉讼公正与诉讼效率、实体公正与程序公正是刑事诉讼基本的价值追求，也是贯穿于刑事诉讼始终的三对对立统一的关系。处理好这三对关系既是立法者在制定和修改刑事诉讼法时的任务，也是司法者贯彻实施法律、制定司法政策的目标。这三对关系既有对立冲突的一面，也有协调统一的一面。在刑事司法实践中，需要通过个案的裁判和司法政策的调整，促使这三对关系保持大致的平衡，这样才是比较理想的刑事诉讼模式。但是由于受各种主客观因素的制约，这三对关系很难实现完全的平衡。刑事诉讼权利放弃就如同调控气流使飞机保持平衡的两翼，对上述三对关系的平衡具有重要的调控作用。

（一）权利放弃对惩罚犯罪与保障人权的平衡

惩罚犯罪是指刑事诉讼程序通过保证刑法的正确实施，由专门的国家追诉机关依照刑事诉讼法规定的程序收集、调取、保存和运用证据证明被告人有罪，使实施犯罪的人受到应有的刑罚制裁。惩罚犯罪的直接目的在于保护受到犯罪侵害的利益。如果公民个人的合法权益受到了犯罪的侵害，那么惩罚犯罪就帮助被害人实现了报复的诉求，同时也震慑了犯罪分子，防止他继续实施危害社会的行为，使其他具有犯罪意图的人不敢实施犯罪，维护了整个社会秩序的稳定，从而起到保护公民合法权益的作用。在这个意义上，惩罚犯罪服务于保障人权，两者是统一的。然而，过分强调惩罚犯罪极容易导致司法人员不择

手段地将涉嫌犯罪的人绳之以法,在这个过程中就极容易发生侵害被追诉人基本权利的情况,比如刑讯逼供和暴力取证,这就损害了保障人权的价值。另外,对保障人权的强调可能会影响对犯罪的有效追诉。比如,排除以非法手段获取的证据会导致审判中用于定罪的证据不足,导致放纵事实上有罪的人。在这个意义上,保障人权与惩罚犯罪又存在冲突之处。

被追诉人放弃某些诉讼权利可以起到平衡惩罚犯罪与保障人权的效果,因为有些诉讼权利的行使会对侦查和指控机关调查和收集有罪证据造成比较大的阻碍。举例而言,如果犯罪嫌疑人享有沉默权,其据此在接受警察讯问时保持了沉默,拒绝回答警察提出的案件事实问题,就会拖延警察对犯罪事实的调查;口供不仅可以揭示案件的来龙去脉,还可以为警察获取其他证据提供线索,由于嫌疑人保持沉默,警察只能另辟突破口。如果嫌疑人自愿地放弃了沉默权,主动表示愿意与警察谈话,那么案件的侦查自然会有实质性的进展。如果嫌疑人没有明确表示放弃沉默权,但是对警察提出的个别问题作出了回答,此时嫌疑人的回答是否可以在审判中作为供述使用呢?这就要看司法政策倾向于支持打击犯罪还是保障人权,如果支持打击犯罪,可以主张从嫌疑人回答问题推定其放弃了沉默权,维护已经作出的供述的证据资格;如果支持保障人权,沉默权的放弃就必须采用明示的方式,要求嫌疑人明确表达放弃沉默权的意图。

(二) 权利放弃对诉讼效率与诉讼公正的平衡

在刑事诉讼中,公正与效率的关系也是对立统一的。一方面,在公正的基础上追求一定的效率能够实现双赢,既能够保障被追诉人行使诉讼权利维护自己的利益,也能够合理配置司法资源。另一方面,公正与效率时常会发生冲突,要保证诉讼结果的公正性，首先要设计复杂精密的诉讼程序，遵守技术化的证据规则，还要赋予被追诉人能够与控方形成对抗的诉讼权利，这一切可以归结为法律的正当程序，但刑事正当程序的实现附带着巨大的成本，需要耗费很多的司法资源，适用正当程序审判被告人需要相当长的时间，导致诉讼效率十分低下。在司法资源有限甚至紧缺的情况下，也不可能对所有刑事被告人都适用正当程序审判。这种现实的无奈促成了各种以效率为追求的简易化诉讼程序的出现，适用简易化诉讼程序的前提通常是被告人承认自己有罪，诉讼程序的简易化不可避免地会牺牲掉一些被追诉人享有的正当程序权利，被告人草率地认罪很可能导致错案的发生。

美国的辩诉交易与认罪答辩程序就是在司法资源有限、检察官和法官案件压力巨大的情况下，立法者和司法者作出的追求效率的现实选择。被告人作出有罪答辩意味着对接受陪审团审判权利的放弃，与对抗式审判密切相关的其他诉讼权利也随之放弃，被告人通过认罪可以获得指控或量刑上的优惠，同时避免审判也可以节约司法资源并且提高诉讼效率。但是，当法官发现被告人作出有罪答辩是不自愿的或者被告人可能根本没有实施指控的犯罪，法官会拒绝接受有罪答辩，使案件进入正式的审判程序，保证司法公正不受到损害。因此，认罪导致的诉讼权利放弃起到了调节诉讼效率与诉讼公正之关系的作用。

（三）权利放弃对实体公正与程序公正的平衡

实体公正与程序公正的关系也是对立统一的。一方面，公正的程序一般会产生公正的结果，法律规定严密的诉讼程序的目的就是让行使国家追诉权的公职人员依法用权，防止滥用权力侵犯被追诉人的基本权利，保证实施犯罪的人能够受到刑罚的制裁，也保证清白无辜的人不会被错误地定罪判刑。在这个意义上，程序公正服务于实体公正的实现，两者是统一的。另一方面，如果不择手段地追求案件的事实真相，就会践踏公正的程序，损害程序正义的实现；如果过度强调程序公正，也会损害案件事实真相的发现。比如，规定违反法定程序收集的物证、书证一律排除，不得作为定罪的根据，物证、书证的客观性较强，侦查人员收集物证、书证违反法定程序并不一定会损害证据的真实性与证明力，如果不区分情况一律排除，显然会影响对案件事实的认定。

被追诉人放弃某项诉讼权利可以起到调节程序公正与实体公正之关系的作用。举例而言，如果规定被逮捕的犯罪嫌疑人在接受讯问时有权要求辩护律师在场，律师在场可以随时为嫌疑人提供法律建议，监督侦查人员是否有侵犯嫌疑人合法权利的行为，保证讯问程序的合法性，是程序公正的有力体现。但是，律师在场很可能阻碍侦查人员获取嫌疑人的供述，因为律师一般都会建议嫌疑人保持沉默，也可能使律师了解侦查人员的侦查思路，从而采取应对措施，妨碍侦查取得实质性进展。如果嫌疑人能够自愿地放弃律师在场权或者立法者和司法政策制定者能够视情况允许从嫌疑人的言词或行为推定他放弃了律师帮助权，就会有助于案件事实真相的发现，对个案的程序公正与实体公正起到调控作用。

二、国家专门机关对权利放弃的现实需求

刑事诉讼权利的行使还需要配套的程序作为保障，这就必然会带来司法资源的投入与司法成本的增加。司法经费和资源的有限性是难以回避的现实问题，从司法机关的角度来看，被追诉人放弃关键诉讼权利有利于节省司法资源，提高诉讼效率，减轻法官、检察官的案件负担；从侦查机关的角度来看，侦查

权的行使必须遵守法定的程序，必须尊重和保障被追诉人的诉讼权利，这在一定程度上会降低侦查效率，阻碍有力的归罪证据的获取。如果被追诉人自愿放弃某些诉讼权利，就可以帮助侦查人员绕开繁琐的程序规定，使侦查取得突破。例如，犯罪嫌疑人放弃沉默权，警察就可以获得供述；犯罪嫌疑人放弃律师辩护权，警察就可以更加高效地进行讯问和取证。毕竟，现代刑事诉讼的价值追求是多元化的，保障人权不是唯一目的，保障人权走向极端对社会稳定不是一件好事，刑事诉讼程序和制度的设计必须兼顾惩罚和控制犯罪以及提高诉讼效率。

（一）侦查权力受限与有效控制犯罪的需要

现代刑事诉讼理念强调司法对侦查程序的审查与控制，这是以审判为中心的诉讼制度的重要内涵。由于侦查具有秘密性和强制性，警察等侦查人员主导和掌控着侦查手段的实施，搜查、扣押、逮捕、羁押讯问等强制性侦查措施的施加通常会对被追诉人的人身自由、财产权、隐私权等造成很大的限制，在这个过程中很容易发生滥用侦查权力侵害被追诉人合法权利的问题。因此，法治先进国家往往对警察等侦查人员的权力进行严格规制，要求强制性侦查措施的采用必须获得中立的司法官员的批准，并且严格按照法定程序实施，而且嫌疑人在侦查程序中享有沉默权、律师帮助权等具有不同程度对抗性的诉讼权利，这些诉讼权利对侦查权力的行使有一定的制衡作用。英美法系国家实行司法令状制度，非常重视保障被追诉人享有的不得强迫自证其罪的特权，有着严格的供述自愿性保障规则以及不自愿供述的排除规则。大陆法系国家则实行预审法官制度，由预审法官控制侦查程序。总的来看，两大法系国家都对侦查权力的行使设置了比较严格的限制，这一方面防止了侦查权力滥用对被追诉人合法权利的侵害，另一方面也降低了侦查的效率，对警察侦破犯罪和有效收集有罪证据特别是嫌疑人的供述造成了不同程度的负面影响。

在刑事司法实践中，警察等侦查人员既承担着打击犯罪、维护社会秩序的任务，又要遵守法定的程序，尊重被追诉人行使诉讼权利，这两方面存在一定的不协调。特别是在侦破社会影响较大、舆论密切关注的重要刑事案件时，侦查机关的破案压力更大，如果此时嫌疑人能够自愿放弃沉默权、讯问时律师在场权等诉讼权利，那么肯定有助于侦查取得实质性进展。实践中，警察有促使嫌疑人放弃某些诉讼权利的强烈需求，如果这种需求得不到满足，警察就可能采取一些打法律"擦边球"的隐性违法手段。有人可能会提出，嫌疑人会自愿地放弃沉默权等诉讼权利吗？一方面，不排除有一部分嫌疑人愿意真诚地悔罪，求得良心上的安宁和被害人家属的谅解。他们放弃沉默权作出供述肯定是自愿的，实践中警察在不采取强制手段的前提下，征求嫌疑人的同意与之谈论案情的情况也不鲜见。另一方面，立法者和司法者会有一些政策上的考量，如果某个时期社会治安形势不好，犯罪率攀升，侦破犯罪的压力很大，警察就可能被允许采用一些讯问策略与技巧促使嫌疑人放弃沉默而作出供述。当然，前提是侦查权力已经得到了有效控制。有人可能会主张，讯问策略和技巧虽然不是明显的暴力与威胁，但也会对嫌疑人形成心理压力，应当一律禁止。这种观点未免过于极端，侦查需要应对的是嫌疑人趋利避害的本性，因此不可避免地会需要一些策略和技巧，否则侦查就很难推进。在所有刑事案件中都不依赖有罪供述而通过其他证据证明被告人有罪（所谓"零口供"）还不太现实。

（二）追求定罪判刑与起诉资源不足的需要

对于检察官而言，遵循法定程序使事实上实施了犯罪的人受到刑罚的制裁是其首要任务。当然检察官也承担着公正执行法律的任务，但是执行法律的公正性可能会受到检察官追诉犯罪立场的负面影响。随着社会经济的发展，新型犯罪不断出现，传统犯罪的发案率也没有明显的下降，需要检察官提起公诉的刑事案件堆积如山。检察官人数的有限性决定了人均办案量的增加，检察官能够用于起诉犯罪的人力、物力和财力总体上是有限的。这些因素客观上要求起诉资源得到合理的配置，大部分资源都应当被集中用于重大、疑难、复杂案件的起诉工作，能够分配给犯罪事实清楚的轻微刑事案件的起诉资源是十分有限的。从被追诉人的角度来看，被追诉人不认罪，检察官就要在审判中严格履行证明被告人有罪的责任，这当然需要消耗很多的起诉资源。如果被追诉人能够认罪，能够放弃接受正当程序审判的权利，同意适用简易化的处理程序，那么检察官既能够获得有罪判决，也能够节约起诉资源，这是检察官非常乐意看到的。

（三）提高诉讼效率与减轻审判压力的需要

刑事司法实践中，除了检察官承受着巨大的案件压力，等待法官审判的案件数量更是惊人。除了大量的刑事案件，还有日益暴增的民事纠纷等待法官处理，如果对如此多的刑事案件都适用正当程序进行审判，那么不仅法官不堪重负，法院系统也将面临瘫痪的危险。正当程序审判不仅时日漫长、效率低下，还需要耗费大量的司法资源。而司法资源本来就捉襟见肘，法官在正式审判中还需要解决一系列的法律问题，指挥和控制庭审的节奏，这些必然会耗费法官大量的时间和精力。为了缓解审判压力、提高诉讼效率，法官乐于接受被告人同意适用简易化处理程序的决定，如果被告人能够自愿认罪，就更加有助于提高诉讼的效率。因为询问证人和调查其他证据这些审判的关键程序几乎可以省略，进而直接进入量刑程序。被告人表示认罪并同意适用简易化的处理程序，必然会放弃一部分重要的诉讼权利，特别是需要在接受正当程序审判时行使的诉讼权利。比如，美国辩诉交易盛行的一个重要原因就是美国联邦最高法院对辩诉交易持容忍和提倡的态度，虽然法官作为中立的裁判者一般不直接参与检察官和被告人及其辩护律师之间的认罪协商，但是多数法官倾向于接受辩诉交易的结果——被告人作出有罪答辩。被告人作出有罪答辩构成对接受陪审团审判权利的放弃，法官是陪审团审判的组织者和主持者，省略陪审团审判自然会减轻法官的案件压力，法官经审查接受有罪答辩后，案件直接进入量刑程序，诉讼效率也可得到大幅度提高。

第二编

美国的刑事诉讼权利放弃

第三章
美国刑事司法制度与诉讼权利放弃概述

第一节 美国刑事诉讼的特点与主要程序

一、多元的刑事诉讼程序及其共性

美国刑事诉讼程序有其自身的特色,研究美国被追诉人放弃诉讼权利,首先要在宏观上了解和把握美国的刑事司法制度和刑事诉讼程序。美国是典型的联邦制国家,联邦和各州依据美国宪法"分权而治",联邦行使宪法列举的权力,各州拥有保留的权力。联邦和50个州以及哥伦比亚特区都有各自的刑事管辖权和司法程序,因而美国有52个司法管辖区。大多数刑事案件由各州法院管辖,联邦法院仅管辖国会制定的联邦法律规定的犯罪,这些犯罪与各州的制定法规定的犯罪存在交叉和重合,但它们一般都具有一个与国会的立法权紧密联系的构成要素,这个构成要素是联邦司法机构行使管辖权的根据。这个构成要素包括犯罪以邮寄信件或跨州通信为手段,被告人跨州实施犯罪,犯罪工具或违禁品与州际贸易有关,被害对象是联邦雇员、联邦机构以及享受联邦拨款资助的机构,等等。犯罪具备上述任何一个要素,联邦司法机构都可以管辖。例如,绑架案件中被告人使用的车辆、枪械是跨州运输、生产的,或者被告人通过邮寄信件、使用跨州移动网络通信的方式诈骗,那么联邦司法机构对绑架罪和诈骗罪享有管辖权。[1]

由于受联邦与州分权和普通法传统的深刻影响,美国缺少统一的刑事诉讼程序。虽然各个司法管辖区的刑事诉讼程序存在不少差异,但是它们也具备一些共性。一个共性是对被告人认罪和不认罪的案件适用不同的诉讼程序,通过辩诉交易,被告人作出有罪答辩,放弃陪审团审判的,法官可以直接对被告人定罪量刑;被告人作出无罪答辩的,则需要进行复杂漫长的陪审团审判。另一个共性是对"轻罪"(misdemeanor)和"重罪"(felony)适用不同的诉讼程序:轻罪案件的诉讼程序相对简易,通常不进行预审或大陪审团审查,由检察官直接向审判法院起诉,一般由法官(治安法官)主持审判;重罪案件的诉讼程序更加复杂和严密,被告人享有美国宪法及其修正案赋予的一系列重要诉讼权利,审判程序是典型的对抗式陪审团审判,最符合正当程序的要求。值得注意的是,"权利法案"[2]规定的基本诉讼权利最初并不适用于各州的刑事被告人,仅适用于联邦的刑事被告人,但是20世纪以来,美国联邦最高法院对《宪法第十四修正案》中规定的正当程序条款进行了扩张性解释,将"权利法案"赋予被告人的诉讼权利合并适用于各州,[3]这使得被告人的宪法性诉讼权利以及与之配套的程序成了联邦和各州刑事诉讼程序的共通之处。

---

[1] See Wayne R. LaFave et al., *Criminal Procedure*, 6th edition, West Academic Publishing, 2016, p.23.

[2] "权利法案"(the Bill of Rights)是指美国宪法前十条修正案。

[3] 唯一的例外是《宪法第五修正案》规定的"非经大陪审团起诉,任何人不得被以死刑和重罪罪名审判",这一权利并没有被合并适用于所有州,有些州的重罪被告人可以由检察官直接起诉,不需要经大陪审团审查。

二、联邦重罪案件的基本诉讼程序

在各个司法管辖区中,联邦重罪案件的诉讼程序具有典型性和代表性。其主要环节如下:[1]

(一)搜查和扣押

警察进行搜查和扣押的对象是公民的人身和财产,搜查和扣押活动受到《宪法第四修正案》禁止不合理的搜查和扣押的规制。《宪法第四修正案》要求警察原则上必须在"合理根据"(probable cause)的支持下持有法官签发的"令状"(warrant)才能实施搜查和扣押,但是令状要求日益被削弱,例外情况越来越多,现今美国警察进行搜查很少提前申请令状。

(二)讯问(询问)

警察有权对犯罪嫌疑人或者证人进行讯问和询问,警察在逮捕嫌疑人后对其进行的监禁性讯问受到《宪法第五修正案》和《宪法第十四修正案》的规制,涉及嫌疑人的"米兰达权利"保障问题,当然也涉及"米兰达权利"的放弃问题,"米兰达权利"的放弃是美国被追诉人放弃诉讼权利的一个重要方面。

(三)逮捕

如果警察有合理根据相信犯罪已经发生并且嫌疑人实施了犯罪,可以逮捕该嫌疑人。警察进入公民住宅实施逮捕原则上要持有法官签发的逮捕令,只有在极少数情况下可以临时实施无证逮捕,而警察在公共场所实施逮捕一般不需要申请令状。

(四)逮捕之合理根据听证

对于占很大比例的警察实施无证逮捕的案件,《宪法第四修正案》要求在逮捕后立即由中立的、公正的法官审查决定逮捕

---

[1] See Joshua Dressler & Alan C. Michaels, *Understanding Criminal Procedure: Adjudication*, 4th edition, Carolina Academic Press, 2015, pp. 5~13.

是否有合理根据，即犯罪是否已经发生以及是否由被逮捕人实施，从而决定是否对嫌疑人继续予以羁押。在很多司法管辖区，对逮捕之合理根据的听证往往与初次聆讯合并进行。

（五）逮捕后初次聆讯

被逮捕人必须被带至治安法官面前接受审讯，不受不合理的拖延，通常在逮捕后的24小时之内进行。初次聆讯的内容包括：法官正式告知嫌疑人受到指控的罪名以及享有的宪法权利，决定预审的日期；如果嫌疑人没有自行聘请律师，法官通常会指派律师提供辩护；如果之前没有进行逮捕的合理根据听证，则进行听证；最为重要的是，法官要决定对嫌疑人予以保释还是继续羁押。

（六）预审和大陪审团程序

预审和大陪审团[1]程序的共同目的是审查检察官提出的指控所依据证据的充分性。预审一般在初次聆讯后的两周内进行，由治安法官主持，是一种对抗式程序，检察官和辩护律师可以对证人进行交叉询问，如果治安法官认为起诉依据的证据不充分，则直接驳回起诉；如果治安法官认为起诉存在合理根据，则检察官可以据此签发正式的起诉书（information）。被告人可以放弃接受预审的权利。在实施大陪审团制度的司法管辖区（包括联邦和有些州），预审的功能在很大程度上被大陪审团所取代，如果大陪审团没有起诉被告人，其必须被释放，即使预审法官之前认定起诉存在合理根据；如果大陪审团认为证据充分，则可以签发正式的起诉书（indictment）。被告人同样可以放

---

[1]《美国宪法第五修正案》规定的大陪审团（grand jury）与《美国宪法第六修正案》规定的小陪审团（trial jury）都属于普通法传统上民众参与司法的一种形式。大陪审团负责审查刑事指控所依据事实的充分性，起到筛选过滤不当起诉的作用。联邦管辖的重罪案件必须由大陪审团起诉，但大陪审团制度没有被强制适用于各州，不适用大陪审团的州由检察官直接起诉，一般通过预审来剔除不当起诉。

弃接受大陪审团审查的权利。

（七）认罪答辩程序

正式的起诉书签发之后，被告人要在公开的法庭上对起诉书的指控予以答辩，被告人可以作出有罪答辩、无罪答辩和无异议答辩。这一程序实际上是认罪分流程序，如果被告人作出有罪答辩或无异议答辩，法官经审查接受的，可以直接对被告人定罪量刑；如果被告人作出无罪答辩，则择日进行陪审团审判。被告人作出有罪答辩实际上放弃了不得强迫自证其罪、陪审团审判、对质权等宪法权利。

（八）审前动议程序

被告人作出无罪答辩的，法官要启动陪审团审判，在审判前存在一个允许被告人集中提出相关动议（motion）的程序，被告人及其辩护律师可以提出证据排除的动议、要求控方开示证据的动议、管辖权异议等。如果被告人在此程序中放弃对证据提出相关动议，通常会丧失在审判中提出动议的权利；如果被告人提出了证据排除的动议，则法官一般会视情况安排单独听证，以决定是否排除有异议的证据，如果控方的关键证据被排除，则可能导致起诉被驳回。

（九）陪审团审判

美国刑事诉讼中的审判（trial）特指对被告人是否有罪问题的裁决，不包括量刑程序。根据《宪法第六修正案》的规定，被告人享有由一个公正的陪审团审判的权利，这里的陪审团是由12人组成的负责裁决被告人是否有罪的审判组织，与《宪法第五修正案》规定的负责审查起诉的大陪审团是不同的。被告人可以放弃接受陪审团审判的宪法权利，选择由法官审判（bench trial）。陪审团审判是对抗式诉讼的核心程序和集中体现，被告人享有获得律师辩护的宪法权利，无力聘请律师的被告人有权获得法庭指派的律师，被告人可以放弃律师帮助权，选择自我辩护；被告人还享有不得强迫自证其罪的特权，有权保持沉默，不被强制成为证人，当然，被告人也可以放弃沉默权，选择作证；审判中被告人还享有与对己不利的证人对质（交叉询问）的宪法权利，提出有利于己的证人的宪法权利，当然，这些宪法权利也是可以放弃的。

（十）量刑和救济程序

由于审判组织的二元化，陪审团负责确定被告人有罪与否，如果陪审团认定被告人有罪，则原则上由法官负责对被告人量刑，[1]这使得量刑程序独立化。量刑听证由审判法官主持，控辩双方可以提交相关证据，对量刑发表意见，量刑程序并不严格地适用证据规则，被告人在审判中享有的宪法权利也受到不同程度的限制。定罪后的救济程序包括上诉和附带救济程序，上诉又包括直接上诉和裁量性上诉，附带救济程序的典型代表是联邦人身保护令（writ of habeas corpus）程序。

第二节 美国联邦最高法院的宪法判例

一、联邦最高法院宪法判例的重要地位

美国联邦宪法及其前十四条修正案是美国刑事诉讼程序最为重要的法律渊源，联邦最高法院通过在个案裁判中对宪法及其修正案规定的基本刑事诉讼权利进行不断的解释，构建了庞大的宪法判例体系，涉及刑事诉讼权利的宪法判例体系构建了美国刑事诉讼程序的基本框架。可以说，如果没有联邦最高法

---

〔1〕 美国仍然有6个州对重罪案件被告人实行陪审团量刑，这6个州分别是阿肯色州、肯塔基州、密苏里州、俄赫拉荷马州、弗吉尼亚州和得克萨斯州。

第三章 美国刑事司法制度与诉讼权利放弃概述

院经年累月的个案解释以及"遵循先例"的普通法传统,就没有当今美国以正当程序为基础的刑事诉讼程序。由于渊源于宪法,一些学者也将美国的刑事诉讼程序称为宪法性刑事诉讼程序。[1]

《美国联邦宪法》是于1787年制定的,共有7条,至今已经有230多年的历史,虽然陆续制定了27条修正案,但是仍然难以完全适应经济社会的快速发展带来的新情况。美国宪法之所以至今仍然保持着强大的生命力,主要原因是联邦最高法院不断在个案裁判中解释宪法,赋予宪法新的活力,使美国宪法成了一部"活宪法",同时也使美国的刑事诉讼程序不断在打击犯罪与保障权利、诉讼公正与诉讼效率之间作出适时调整,及时解决了一些刑事司法实践中的新问题。相比于制定法,法官创制的判例法(普通法)具有一些优势。判例法能够及时针对司法实践中出现的新问题对宪法作出新的解释,能够适应案件事实的复杂性和多变性,显得更有弹性和张力。而制定法强调稳定性与确定性,很难及时更新与调整,显得有些僵化。当然,判例法的不断变化也会给执法人员准确实施法律带来很大的困惑,导致执法尺度不统一等问题。

随着普通法规则法典化在英美法系国家的兴起,成文法的优势受到了重视,美国国会和各州议会也逐步以制定法(statute)的形式将普通法院已经确立的基本诉讼程序或法庭规则予以汇编,当然也根据刑事诉讼实践的发展确立了一些新的程序与规则。但是,国会制定的成文法的效力低于联邦最高法院在个案裁判中对宪法及其修正案作出的解释。联邦最高法院以宪法为根据并且对宪法进行解释的判例被称为宪法性判例,宪法性判

---

[1] See Jerold H. Israel et al., *Criminal Procedure and the Constitution: Leading Supreme Court Cases and Introductory Text*, West Academic Publishing, 2015, pp.1~3.

例具有与宪法相同的效力，国会和各州立法不能与之相悖，更无权通过立法推翻它，宪法性判例只能由联邦最高法院自己推翻或者通过修改宪法的方式推翻。美国联邦宪法对各州是有约束力的，所以各州的法院系统也必须遵守联邦最高法院的宪法性判例。

除了对宪法的解释权，联邦最高法院还拥有对联邦下级法院的监督权。它可以对联邦下级法院的判决予以审查和改判，对国会通过的联邦法律作出解释，这种判例可能并不涉及对宪法的解释，被称为非宪法性判例。非宪法性判例对各州法院没有约束力，但是联邦法院系统必须遵守，而且国会可以通过立法推翻联邦最高法院的非宪法性判例。虽然宪法性判例是美国刑事诉讼程序最为重要的渊源，但是非宪法性判例的影响力和参考价值也不容忽视，有些重要的非宪法性判例会被联邦和各州的议会参考和采纳，成为规定刑事诉讼程序的制定法的来源和依据。

二、联邦最高法院大法官的司法立场之争

美国联邦最高法院在历史上曾长期坚持司法克制的立场，大法官被视为宪法的解释者而不是创制者，大法官要严格按照宪法文本的含义解释宪法，如果为了迎合社会发展、主流民意以及解决一些棘手问题而有意对宪法作出脱离文本的解释，那么大法官就相当于创制了新的宪法，这僭越了立法机关和人民的权力。但是，20世纪60年代的沃伦法院在很大程度上改变了司法克制的立场，对涉及嫌疑人、被告人享有的刑事诉讼权利的宪法规定进行了扩张性解释，引发了巨大的争议，有一部分保守派人士猛烈抨击了沃伦法院背离司法克制立场的做法。

美国联邦最高法院的9位大法官由总统提名，由国会参议

第三章 美国刑事司法制度与诉讼权利放弃概述

院确认,由于实行终身任职,大法官们特别是首席大法官的司法立场对美国司法具有深远的影响。很多大法官都是法学家,他们在长期的司法审判中形成了自成体系的司法哲学,大法官们的司法哲学与司法立场在他们撰写的判决意见中得到了淋漓尽致的体现。在刑事诉讼领域,由于所持司法立场的不同,大法官们主要分成两派,自由派大法官支持强化对被追诉人诉讼权利的保障,将人权保障的价值置于惩罚犯罪的价值之上,主张对警察的权力进行全面限制;保守派大法官则更加强调有效地打击犯罪,维护社会秩序的稳定,给予警察更多的执法灵活性,不能让事实上有罪的人逃脱刑事制裁。保守派(the conservative)和自由派(the liberty)的划分是相对的,此处的"保守"与"自由"是中性词,不带有褒贬的色彩,仅仅是对大法官司法立场的划分。自由派大法官也并不是完全置打击犯罪与维护秩序于不顾,保守派大法官也坚决维护宪法及其修正案赋予被追诉人的基本诉讼权利,只是反对偏离宪法文本对被追诉人的诉讼权利作出过于扩张的解释。联邦最高法院要形成具有先例约束效力的判决一般需要过半数的大法官(5人以上)形成多数意见。为了获得更多的票数支持,重要判决的产生往往是大法官内部妥协和最大限度凝聚共识的结果,因而也产生了所谓的中间派大法官。中间派大法官的司法立场更加中庸,在个案裁判中视情况决定加入保守派还是自由派的判决意见,他们往往是至关重要的第 5 票。[1]

不同大法官基于各自的司法立场对宪法文本的解释方法是不同的,单就涉及被追诉人诉讼权利的宪法第四、第五、第六、第八和第十四修正案而言,联邦最高法院在不同时期都作出过

---

[1] See Joshua Dressler & Alan C. Michaels, *Understanding Criminal Procedure: Investigation*, 6th edition, Carolina Academic Press, 2016, pp. 15~19.

不同甚至矛盾的解释，自己推翻之前判例的做法也并不鲜见。沃伦法院的自由派大法官站在限制警察权力、强化被追诉人诉讼权利的立场上，对宪法及其修正案作出了一些脱离宪法文本字面含义的扩张性解释，"米兰达判决"就是一个代表。但在保守派人士眼中，沃伦法院是在创制新的宪法规定，而不是单纯的解释宪法。这导致原本中立的法官成了积极的立法者，抛弃了司法克制和消极的立场。有些大法官主张回归宪法文本，探索制宪者的原本意图，严格解释宪法。沃伦法院之后，大法官们在刑事判决中的立场分化变得更加明显甚至尖锐，随着大法官席位的更替，保守派大法官开始占据联邦最高法院的多数席位，联邦最高法院整体上的司法立场也转向保守主义，开始对沃伦法院掀起的刑事正当程序变革进行纠偏并一直持续到今天。因此，对美国联邦最高法院不同时期判例的研究，必须关注每一位大法官的司法立场，关注保守派大法官和自由派大法官在刑事诉讼领域的核心争议。

第三节　美国刑事诉讼权利放弃的普遍化

一、被追诉人放弃诉讼权利的普遍化

美国联邦宪法及其修正案规定了被追诉人享有的基本诉讼权利，国会制定的联邦法律以及各州议会制定的州法律也赋予被追诉人一些其他的诉讼权利。虽然美国的被追诉人在刑事诉讼过程中享有一系列的诉讼权利，但是联邦最高法院一贯允许被追诉人在自愿的前提下放弃诉讼权利，只不过对于宪法性诉讼权利的放弃采取了更为严格的有效性标准，对于不同的宪法性诉讼权利也采取了不同的权利放弃标准。而且，在美国联邦最高法院历史上的不同时期，由于占多数席位的大法官司法立

场的不同，对被追诉人放弃宪法性诉讼权利设定了或宽或严的标准，以适应不同时期刑事司法的实际情况。

《宪法第五修正案》规定的不得强迫自证其罪特权及其衍生出的沉默权和讯问时律师在场权，《宪法第六修正案》规定的由公正的陪审团审判的权利、获得快速审判的权利、律师帮助权、与不利于己的证人对质的权利以及通过强制程序获取有利于己的证人的权利，《宪法第十四修正案》正当程序条款要求的排除合理怀疑地证明被告人有罪的权利等宪法规定的基本诉讼权利都是可以放弃的。此外，被追诉人还可以放弃接受预审和大陪审团审查的权利、出席法庭的权利、上诉和附带救济的权利以及申请证据排除、证据开示的权利等其他重要的诉讼权利。嫌疑人、被告人可以完全根据自己的意志或者在律师的建议下自愿地、明知地和理智地放弃这些权利。被追诉人可以单独表示放弃某一项基本诉讼权利，也可以通过作出有罪答辩概括地放弃多项基本的诉讼权利，可以通过明确声明的积极方式放弃诉讼权利。在某些特殊情况下，法官可以通过被追诉人的言词或行为推定他放弃了某一诉讼权利。从诉讼推进的角度看，嫌疑人在接受警察或检察官侦查讯问的过程中可以放弃沉默权、律师在场权等诉讼权利，在正式起诉后，被告人可以在认罪答辩程序、审前准备程序、审判程序以及上诉与附带救济程序中放弃诉讼权利。

二、如何看待美国的刑事诉讼权利放弃

被追诉人放弃诉讼权利在美国刑事诉讼中比较普遍，背后有其自身的现实基础与正当逻辑，我们应当辩证地看待美国刑事诉讼权利放弃普遍化的现象。

第一，联邦最高法院对于被追诉人放弃宪法性诉讼权利的

首要要求是自愿，这在本质上体现了对个人自治的尊重。个人在对抗式诉讼中享有自治权，被追诉人是对抗式诉讼的主体，可以在自主意志的支配下，在权衡利弊的基础上，作出最符合自身利益的选择。对抗式诉讼的基本前提是无罪推定和不得强迫自证其罪，被追诉人享有不得强迫自证其罪的权利，有权保持沉默，被追诉人不负有协助控方证明自己有罪的义务，控方不能强迫被追诉人提供供述等有罪证据。这种权利保障和程序设计进一步凸显了被追诉人的主体地位。无论被追诉人选择行使诉讼权利还是放弃诉讼权利，都应当得到尊重，被追诉人作为一个理性的人，其在自由意志的基础上作出的决定可以被推定为符合其利益。

第二，由于沃伦法院作出的一系列旨在强化被追诉人诉讼权利的判例，被追诉人的诉讼权利特别是嫌疑人在羁押性讯问中享有的诉讼权利得到了大幅度扩张，警察实施违反宪法规定的侦查行为导致的证据排除也在扩张。其带来的负面影响是警察的侦查权力受到了很大的限制，阻碍了警察有效获取供述这一定罪的关键证据。随着社会犯罪率的攀升，为了加强对犯罪的控制，保证社会秩序的稳定，联邦最高法院通过一些判例放宽了嫌疑人在侦查讯问中放弃沉默权和律师在场权等重要诉讼权利的限制，允许从嫌疑人的言词和行为推定其放弃了沉默权和律师在场权，这实际上是对不断变化的刑事司法实际以及警察有效打击犯罪需求的妥协。

第三，美国被追诉人的诉讼权利得到了宪法和联邦最高法院判例的全面保障。但是，被追诉人行使诉讼权利是带有成本的，这种成本既包括本身就有限的司法资源的消耗，还包括被追诉人自身要承担的诉累，被追诉人行使诉讼权利还会拖延诉讼效率，加剧司法系统"案多人少"的矛盾。越是重要的诉讼权利，其行使的成本就越高。比如，被告人选择接受陪审团审判，陪审团审判程序相当复杂且耗时漫长。出于合理配置司法资源、提高诉讼效率的考虑，允许被追诉人在自愿的前提下放弃诉讼权利是一种更为现实的选择。美国联邦最高法院还通过提倡辩诉交易使被告人认罪来避免复杂耗时的陪审团审判，这是一种立足于刑事司法实际情况的实用主义立场。

但是，我们应当看到，过度的权利放弃会对司法公正和人权保障造成损害。赋予被追诉人一系列诉讼权利的目的是保证被追诉人的基本权利不受侵犯，保证无辜的人不被错误地定罪。被追诉人行使诉讼权利可以使诉讼程序显得更加公正，诉讼程序越是公正，产生的诉讼结果也越有可能是公正的，被追诉人放弃基本的诉讼权利必然会产生不利的后果，甚至会导致自己被错误地定罪，从而损害司法的公正性和法律的准确实施。

第四章
米兰达权利的放弃

第一节 米兰达权利的由来与放弃规则

一、对米兰达判决的深入解读

研究"米兰达权利"的放弃,首先要了解和把握米兰达权利的由来及其演变。那么,我们就不得不详细研读"米兰达案"的判决书。美国联邦最高法院于1966年作出的"米兰达案"(Miranda v. Arizona)的判决在美国法律史上具有里程碑式的意义。它是以厄尔·沃伦为首的自由派大法官掀起的旨在扩张被追诉人诉讼权利的"正当程序革命"的巅峰之作。米兰达判决的划时代意义不仅在于它以《宪法第五修正案》的不得强迫自证其罪特权为依据赋予了受到羁押性讯问的嫌疑人两项至关重要的诉讼权利——沉默权和律师帮助权,而且确立了权利告知、权利放弃和供述排除等一系列规范警察进行羁押性讯问的人权保障规则。但是,米兰达判决"必然位列沃伦法院作出的受到最剧烈批评、最具争议以及被最多元化解读的刑事程序判决",[1]美国理论界和实务界对米兰达判决的争议不仅涉及它对警察权力的过度限制以及对犯罪的放任,还涉及它是否具备宪法基础(是否是宪法性判例)这一根本问题。我国刑事诉讼

---

[1] Henry J. Abraham, *Freedom and the Court*, 4th ed, 1982, p.125.

第四章 米兰达权利的放弃

法学界对米兰达判决及其所确立的米兰达规则的认识比较肤浅，存在很多想当然的误解，很少有学者逐字逐句地研读过米兰达判决的文本，因此有必要对米兰达判决进行深入解读，澄清一些误解。

（一）基本案情与米兰达规则的确立

米兰达判决实际上是4个案情基本相同的上诉案件的合并判决，[1]且4个案件的被告人都主张被用作定罪根据的供述是不自愿作出的，要求排除自己的供述。这4个案件都具有的一些重要事实包括：第一，嫌疑人都在逮捕后被羁押；第二，嫌疑人都在专门的讯问室接受讯问，并且作出了自我归罪的陈述；第三，讯问发生在警察主导的与外界隔绝的环境中，嫌疑人都独自一人面对警察，没有律师在场提供意见；[2]第四，嫌疑人从来没有被告知其享有《宪法第五修正案》赋予的不得强迫自证其罪特权。米兰达判决解决的核心问题是：受到警察羁押性讯问的个人作出的陈述的可采性以及保证个人享有不得强迫自证其罪特权的程序的必要性。

米兰达判决确立的核心规则被称为"米兰达规则"，即"除非检察官证明程序性保障的提供有效保证了被告人的不得强迫自证其罪特权，否则检察官不得使用任何来源于受到羁押性讯问的被告人的陈述，无论该陈述是归罪性的还是免罪性的"。[3]这里的羁押性讯问（custodial interrogation）是指，"一个人被羁

---

［1］ Miranda v. Arizona, Vignera v. New York, Westover v. United States, California v. Stewar. 这是米兰达判决统一解决的4个案件。由于美国联邦最高法院属于最高审级，每年受理的上诉案件非常少，大法官们往往对案情和主张基本相同的案件进行合并判决，确立可以普遍适用的程序规则。

［2］ 米兰达判决作出之前，嫌疑人在羁押性讯问中并不享有律师帮助权，即使嫌疑人早就有私人律师，警察也会以各种借口阻止律师会见自己的委托人。

［3］ Miranda v. Arizona, 384 U.S. 436, 444 (1966).

押或者以任何实质相同的方式剥夺人身自由之后，执法官员主动启动的讯问"。[1]需要注意的是，羁押性讯问是触发米兰达规则的前提条件，如果一个人没有受到羁押性讯问，警察也就没有义务从程序上保障其知晓宪法权利，也即没有义务进行权利告知，正是由于羁押性讯问的界定如此重要，米兰达判决之后，美国联邦最高法院在很多重要判例中都对警察的讯问活动是否构成羁押性讯问进行了界定，形成了一些规则。

米兰达规则本质上是一种证据的可采性和排除规则，不能将其片面理解为美国电影、电视剧中所展现的警察在实施逮捕时要向嫌疑人告知享有的权利。"米兰达警告"（你有权保持沉默，你所作出的任何陈述都可能被用作不利于你的证据，你有咨询律师和让律师在场的权利，如果你无力聘请律师，政府会免费为你指派律师）仅仅是米兰达规则要求的保证被告人享有不得强迫自证其罪特权的程序性保障的表现形式，不能将其等同于米兰达规则的全部。而且，米兰达判决并没有将"米兰达警告"设定为唯一有效的程序保障，只是由于警察执法统一性、方便性的需要以及米兰达警告本身的简明扼要，使其成了当今美国警察一致选择的权利告知方式。值得注意的是，米兰达规则对被告人在羁押性讯问中作出的任何陈述（statement）的可采性都进行了规制，不仅仅包括被告人的归罪性陈述（inculpatory statement），即供述（confession）或自认（admission），[2]还包括脱

---

[1] Miranda v. Arizona, 384 U.S. 436, 444 (1966).

[2] 在英美刑事证据法上，供述是指个人对其实施了指控犯罪这一事实的直接承认，而自认的对象不限于是否实施了犯罪以及怎样实施犯罪，还包括其他与指控的犯罪有间接关联的事实、陈述或心理状态等。比如，被告人承认其曾于谋杀发生的前一日与被害人发生过激烈争吵并扬言要杀了被害人，但他否认实施了谋杀，这属于自认而不是供述，对被告人有罪没有直接的证明作用。但是检察官可以向陪审团呈交该自认，意在向陪审团暗示被告人有犯罪动机，这对被告人而言也是非常不利的。

罪性陈述（exculpatory statement），即辩解。只不过，司法实践中检察官通常会向法庭提交被告人的供述作为不利于他的证据，[1]但是检察官也可能使用被告人的辩解攻击和质疑被告人当庭证言的可信性或者向陪审团暗示被告人有罪，这种情况也是不利于被告人的。还需要注意的是，美国检察官有权亲自讯问嫌疑人，当检察官实施讯问时，其作为执法官员（law enforcement officer）当然有义务给予被讯问人"米兰达警告"，由于警察[2]仍然是侦查讯问活动的主要实施者，因此为行文方便和简洁，统一使用"警察"一词指代实施讯问的刑事执法官员。

（二）多数意见与反对意见的论证逻辑

1. 多数意见

米兰达判决实际上仅获得了9位大法官中5位[3]的支持，这说明沃伦法院的大法官们内部存在激烈的争议。仅有5票支持的判决与全票通过的判决相比，其合法性存在欠缺，这也为米兰达判决之后的坎坷命运埋下了伏笔。首席大法官沃伦执笔的多数意见首先对羁押性讯问所具有的秘密隔绝的监禁环境及其对被讯问人心理和精神上的强制和压迫进行了分析。他指出，当时美国警察在羁押性讯问中获取供述的方式已经从明显的身

---

[1] 美国检察官在审判中将被告人的审前供述用作不利于他的证据，不仅包括将审前供述直接用作对被告人定罪的实质证据，还可以使用审前供述对被告人作为证人的可信性进行质疑和弹劾。

[2] 本书中的"警察"是一种统称，因为美国警察部门多且分散，名称各异，有各自的执法权限，各州有自己的地方警察，联邦政府也有各种警察部门。联邦刑事警察的分工更加专业，有管辖毒品犯罪的，也有管辖枪支弹药、爆炸物犯罪的，还有管辖伪造货币犯罪的。联邦调查局（FBI）也属于警察部门，其管辖的联邦犯罪种类比较广泛，往往是全国范围的重大案件。不管属于联邦或州的哪个警察部门，叫什么名称，只要有权实施侦查讯问活动，都要遵守米兰达判决确立的程序规则。

[3] 形成多数意见的5位大法官分别是首席大法官沃伦（Earl Warren）、大法官布莱克（Hugo Black）、道格拉斯（William Douglas）、布伦南（William Brennan）和福塔斯（Abe Fortas）。

体暴力转变为隐性的心理强制与欺骗,心理讯问策略成功获取供述的关键是保持讯问的秘密性,即将嫌疑人孤立地置于讯问室中,通过带有压迫感的羁押环境和警察的强势或欺骗击溃其心理防线。[1]多数意见的结论是羁押性讯问具有内在的强迫性,带有自身的威胁性标记,这种强迫性与心理诱导技巧相结合,足以使嫌疑人不自愿地作出供述,警察并不需要使用酷刑等身体暴力。紧接着,多数意见对《宪法第五修正案》规定的不得强迫自证其罪特权的历史进行了梳理和分析,认为该特权是美国对抗式诉讼制度的中流砥柱,政府对公民尊严和正直的尊重以及对抗式诉讼制度要求政府(检察官)承担证明被告人有罪的责任,通过自己独立的努力收集有罪证据,而不是强迫被告人作出供述自我归罪。[2]"只有保证个人享有保持沉默的权利才能保证不得强迫自证其罪特权的实现,除非个人在不受阻挠的自由意志下选择说话。"[3]多数意见将不得强迫自证其罪条款扩展适用于警察主导的羁押性讯问程序,不再局限于法官主导的裁判程序。因此,为了克服羁押性讯问的内在压力对被讯问人自由意志的削弱,驱散羁押性讯问的强迫氛围,为被讯问人提供自由行使不得强迫自证其罪特权的完整机会,警察必须充分和有效地告知被讯问人享有保持沉默的权利以及其他权利,并且充分尊重其行使权利,警察必须使用明确的、非模棱两可的语言进行权利告知。

接下来,多数意见又论证了讯问时律师在场权对于保障不得强迫自证其罪特权的重要意义。这里需要注意,《宪法第六修正案》在字面上将律师帮助权明确赋予被告人(the accused),

---

[1] See Miranda v. Arizona, 384 U.S. 436, 448~449, 457~458 (1966).

[2] See Miranda v. Arizona, 384 U.S. 436, 460 (1966).

[3] Miranda v. Arizona, 384 U.S. 436, 460 (1966).

第四章 米兰达权利的放弃

通常认为,大陪审团或检察官对一个人提出正式指控之后,他才能被称为被告人,而侦查程序中被羁押讯问的个人一般没有被正式起诉,所以严格从宪法语义上解释,《宪法第六修正案》规定的律师帮助权难以被扩展适用到接受羁押性讯问的个人。但是,被讯问人又需要律师在场提供法律帮助,这就产生了一个亟待解决的宪法解释难题。米兰达判决的多数意见认为,仅仅告知被讯问人享有沉默权还不足以保障不得强迫自证其罪特权,因为羁押性讯问内在的强迫性会很快压制被讯问人的自由意志,令其屈服于警察,这就需要律师提供法律帮助。但即使被讯问人在讯问开始前咨询了律师,羁押性讯问的孤立性和秘密性也会迫使其作出供述。[1]因此,"通过律师来保护不得强迫自证其罪特权的需求不仅包含讯问开始前咨询律师的权利,更包含在任何讯问中律师在场的权利"。[2]律师在场的首要目的是保证被讯问人自由地选择说话还是保持沉默的能力不受压制和妨害,律师在场还可以降低警察采用强迫手段的可能性,也可以使律师在法庭上证明讯问的合法性,还可以降低被告人供述不可信的风险,保证被告人作出全面、准确的供述以及该供述被原样提交法庭。多数意见还要求保证无力聘请律师的贫穷者获得政府指派律师的帮助,这一权利也是"米兰达警告"的内容之一。

除了确立权利告知规则、赋予被讯问人沉默权和律师在场权,米兰达判决还确立了讯问中止规则,即当被讯问人援引沉默权和要求律师在场时,警察应当中止讯问。"如果个人在讯问之前或讯问过程中的任何时间以任何方式表明他想要保持沉默,讯问必须中止。"[3]多数意见认为,被讯问人援引沉默权后如果

---

[1] See Miranda v. Arizona, 384 U.S. 436, 469~470 (1966).

[2] Miranda v. Arizona, 384 U.S. 436, 469 (1966).

[3] Miranda v. Arizona, 384 U.S. 436, 473~474 (1966).

不停止讯问，那么羁押性讯问的内在压力会使被讯问人屈服，由此获得的供述只能是强迫的或接近于强迫的。"如果个人表示他想要一名律师，那么讯问必须中止直到律师在场。"[1]这一规则在1981年的"爱德华兹案"的判决中得到了再次确认和进一步强化。笔者将在后文对"爱德华兹案"予以详细研读。

综上所述，多数意见论证的逻辑起点是羁押性讯问具有内在的强迫性，这种强迫性导致被讯问人不自愿地作出供述。要克服这种环境压力，保证被讯问人的自由意志，就必须保障被讯问人的沉默权和律师在场权。保障这两项权利实现的前提是让被讯问人知晓自己享有权利，这就需要警察在讯问前充分、明确地告知被讯问人享有的权利，这种权利告知方式被假定为有效的和便利的。米兰达判决采用了明确划定界限的方法，为警察确立了统一适用的标准，不需要根据具体案件中受到羁押性讯问的个人对自己所享有权利的认知情况来决定是否给予"米兰达警告"，而是一律给予"米兰达警告"。

2. 反对意见

克拉克大法官（Justice Clark）、汉兰大法官（Justice Harlan）、斯图尔特大法官（Justice Stewart）以及怀特大法官（Justice White）对多数意见持反对立场，他们各自发表了反对意见。汉兰大法官批评道，多数意见确立米兰达规则的意图是否定讯问带有的所有压力，而不仅仅否定警察采用的酷刑手段，最终是为了阻止任何供述的产生。这一目标朝向一种乌托邦式的"自愿性"，从另一个角度是一种带有报复性质的自愿性。[2]他认为，多数意见过分夸大了正常的警察讯问所带有的压力，和平的警察讯问并不是法律实施的最黑暗时刻，嫌疑人在接受讯问

---

[1] Miranda v. Arizona, 384 U.S. 436, 474 (1966).

[2] Miranda v. Arizona, 384 U.S. 436, 505 (1966).

或其他调查时承受一些压力和痛苦是打击犯罪、实施法律和维护秩序所必须付出的代价。虽然讯问对被追诉人而言是不便的和痛苦的,但是逮捕、搜查和出庭等程序同样会给被追诉人造成不便和痛苦,而且不比讯问带来的痛苦少。这些成本和代价是不可避免的,不可能被完全消除。[1]汉兰大法官对多数意见最根本的批评是,他认为多数意见背离了司法克制的立场,对宪法文本作出了没有根据的扩张性解释,多数派大法官过于能动的司法立场以及对宪法的解释方法是他所不能接受的。他认为,对于宪法文本和历史以及联邦最高法院的先例应当予以严格的、限制性的解释,应当忽略一些实用主义的关切。汉兰大法官的观点是有根据的,《宪法第五修正案》仅规定任何人不得被强迫成为不利于己的证人,单从字面意思上看,难以得出警察应当在羁押性讯问开始前向被讯问人宣读权利的结论。宪法文本更没有要求排除被告人在未被告知权利的情况下作出的陈述。应当承认,米兰达判决多数意见确实是从消除羁押性讯问固有的强迫性和反对警察的心理讯问技巧的现实目的出发,对相关宪法条款作出了扩张性解释,实用主义色彩非常浓厚。这种扩张性解释是否合理在美国一直饱受争议,但至少到今天,米兰达判决仍然没有被完全推翻。

怀特大法官一直是沃伦法院扩张性解释宪法的批评者,用他的话说,沃伦法院是在创制新的法律和公共政策,而不是解释法律。怀特大法官对"米兰达案"独立发表了反对意见。他首先重新梳理了不得强迫自证其罪特权在英国普通法和美国宪法上的历史,认为该特权最初仅适用于法官主持的庭审或裁判程序,禁止的是被告人作为证人被强迫提供不利于己的证言,后来联邦最高法院虽然逐步扩展了不得强迫自证其罪特权的规

---

[1] Miranda v. Arizona, 384 U.S. 436, 516~517 (1966).

制范围，这些扩展都是有普通法上的根据的，但是，无论如何也不能得出不得强迫自证其罪特权禁止所有未事先告知权利的羁押性讯问的结论。[1]怀特大法官认为，是否受到羁押性讯问以及羁押性讯问的孤立和压力只能作为判断被告人是否自愿供述的考量因素之一，不能作为自愿性判断的唯一标准。这才是联邦最高法院在"米兰达案"之前的一贯立场，而多数意见却完全背弃了这一立场。[2]怀特大法官进一步指出了多数意见的一个逻辑错误，即多数意见认为即使警察事先向被告人宣读了权利，被告人的供述也可能是被强迫作出的，但这是违背常识的，即使警察采用了诱导等手段，被告人的供述顶多是不自愿的，但不是被强迫的，"不自愿"（involuntary）与"强迫"（compelled）存在程度上的差别。[3]一方面，多数意见主张所有的羁押性讯问都具有内在强迫性，未经告知权利而获取的供述都是被迫的；另一方面，又允许被告人自愿地放弃米兰达权利，放弃权利后获取的供述是可采的，但是常识告诉我们，羁押性讯问的内在强迫性不会因为被告人放弃权利而自行消除，那么被告人放弃权利的声明又怎么能不受讯问强迫性的影响而具备自愿性呢？这明显是一处逻辑上的硬伤。怀特大法官一针见血地指出："多数意见明显认识到它的两难处境：既要阻止未经必要权利告知的讯问，同时又允许被告人坐在同一把椅子上、面对相同的警察，放弃获得律师帮助的权利。"[4]因为多数意见意识到《宪法第五修正案》禁止的仅仅是以强迫手段获取的供述，而不是所有的供述，它必须为自愿性供述的获取留下空间，所

---

[1] See Miranda v. Arizona, 384 U. S. 436, 526~528 (1966).
[2] See Miranda v. Arizona, 384 U. S. 436, 529~531 (1966).
[3] See Miranda v. Arizona, 384 U. S. 436, 533~534 (1966).
[4] Miranda v. Arizona, 384 U. S. 436, 536 (1966).

以才允许权利放弃的存在。但是,权利放弃声明仍然是被告人在监禁环境中独自面对警察作出的,很难证明它是摆脱讯问压力自愿作出的,此时控方的证明责任是相当沉重的。怀特大法官还认为,多数意见凭空创设了一种《宪法第五修正案》的律师帮助权,将律师设定为供述是否自愿的裁判者,如果没有律师在场,讯问就不能继续,这种解释是没有任何宪法根据的。[1]

除了对多数派大法官对宪法的扩张性解释提出批评,怀特大法官还明确表明了支持打击犯罪以维护社会公共安全的保守派立场。他相信被告人自愿作出的供述的可靠性,相信供述对于澄清案件真相、还无辜者以清白的重要价值。怀特大法官认为,不仅被告人的尊严应当受到尊重,其他社会成员的个性和安全以及整个社会的一般安全更应当得到保护。多数意见禁止警察通过羁押性讯问从被告人身上获取证据的立场将会严重削弱刑法惩罚和改造犯罪者以及预防和震慑犯罪等功能的实现,延缓侦查的效率,导致事实上有罪的被告人因缺少供述证明有罪而被释放,杀人犯、强奸犯等一批罪犯将重新回归街头和社区,再次实施犯罪,最终伤害的是公众的尊严和安全。[2]"真正的担心并不是本案裁决对包含一系列抽象的、空洞的禁止规范的刑法造成的不利后果,而是对依赖公权力机关寻求保护的人们的影响,没有公权力机关的保护,他们只能使用枪和刀进行暴力的自助。"[3]怀特大法官对米兰达判决的批评是比较中肯的,集中表达了保守派大法官们的司法立场。虽然在"米兰达案"中怀特大法官居于少数派,但是在"后米兰达时代"保守

---

[1] See Miranda v. Arizona, 384 U.S. 436, 536~537 (1966).
[2] See Miranda v. Arizona, 384 U.S. 436, 537~542 (1966).
[3] Miranda v. Arizona, 384 U.S. 436, 542 (1966).

派大法官占据联邦最高法院多数席位时，他的观点就成了多数意见。

（三）米兰达判决确立的权利放弃规则

嫌疑人主动放弃沉默权或律师帮助权会为警察获取有罪供述提供极大的机会和便利，抵消米兰达判决给侦查效率带来的负面影响；如果警察能够促使嫌疑人放弃米兰达权利，就相当于推倒了米兰达判决给羁押性讯问设置的"防火墙"。正如米兰达判决所言，必要的权利告知和权利放弃是被告人作出的任何陈述之可采性的前提条件，因此，米兰达权利的放弃是一个至关重要的问题。

1. 放弃米兰达权利的证明责任

米兰达判决并没有绝对禁止受到羁押性讯问的个人主动放弃米兰达权利，而是坚持了联邦最高法院一贯允许放弃宪法权利的立场，同时又为宪法权利的放弃设定了严格的条件和标准，给控方施加了沉重的证明责任。多数意见指出，警察向被讯问人宣读米兰达权利之后，"如果讯问在律师不在场的情况下继续进行并且被告人作出了陈述，那么控方要承担证明被告人明知地且理智地放弃了不得强迫自证其罪特权与获得聘请的或指派的律师的权利的沉重责任"。[1]这句判词存在一个前提假设，即被讯问人知晓自己的米兰达权利之后，基于理性人趋利避害的本性，一般会主张沉默权或律师帮助权，而不会轻易作出任何陈述。如果警察仍然获得了被告人的陈述，那么只有两种可能：要么被讯问人主动放弃了米兰达权利，要么其陈述是被强迫作出的。因此，如果控方将该陈述在审判中用作不利于被告人的证据，那么就有义务证明被告人合法、有效地放弃了米兰达权利。多数意见认为，之所以让控方承担证明权利放弃的责任，

---

[1] Miranda v. Arizona, 384 U. S. 436, 475 (1966).

是因为"控方对讯问发生的孤立环境负有责任，也只有控方具有在这种单独监禁环境中获取给予（被告人）米兰达警告的强有力证据的手段"。[1]值得注意的是，美国联邦最高法院在1986年作出的"康纳利案"（Colorado v. Connelly）判决中明确了控方证明米兰达权利放弃有效性需要达到的标准，即优势证据标准。[2]优势证据又被称为盖然性占优势，是美国民事诉讼中通常采用的证明标准，比认定被告人有罪需要满足的排除合理怀疑标准低很多。一般认为，证据所证明的事实存在或者不存在的可能性超过50%就可以满足优势证据标准。因此，采用优势证据标准对控方是有利的，在一定程度上减轻了控方的证明责任。

2. 放弃米兰达权利的方式

米兰达判决指出："这个人愿意作出陈述以及不需要一名律师的明确声明，而且明确声明之后紧接着作出陈述，可以构成权利放弃。"[3]这是米兰达判决对权利放弃方式的总体要求，即被告人必须以明确声明（express statement）的方式放弃沉默权和律师帮助权，而且明确声明之后必须紧接着（followed closely）对案件事实作出陈述，如果中间存在很长的时间间隔，那么会令人产生被告人想要改变放弃权利决定的猜测。因此，实践中，如果被告人在受到很长时间的羁押性讯问之后才表示想要说话，此时警察往往会再次向其宣读米兰达权利，让被告人作出放弃权利的声明，然后再让被告人陈述，以保证取得的供述具备可采性。

在要求明确声明的基础上，米兰达判决还反对两种推定：第一，不能仅仅从告知权利后被告人的沉默状态推定其放弃了

---

[1] Miranda v. Arizona, 384 U. S. 436, 475 (1966).

[2] See Colorado v. Connelly, 479 U. S. 157 (1966).

[3] Miranda v. Arizona, 384 U. S. 436, 475 (1966). An express statement that the individual is willing to make a statement and does not want an attorney followed closely by a statement could constitute a waiver.

米兰达权利;第二,不能仅仅从警察最终取得了供述这一事实推定被告人放弃了米兰达权利。[1]多数意见援引了联邦最高法院在1962年作出的"卡雷案"(Carnley v. Cochran)的判决意见,该案涉及《宪法第六修正案》赋予被告人的律师帮助权在审判中的放弃。该案判决认为:"从空白的庭审记录推定权利放弃是不被允许的。庭审记录必须显示或者必须有主张和证据显示,被告人被提供了律师但他理智地和明白地放弃了(律师帮助),任何不满足此项要求的都不成立权利放弃。"[2]米兰达判决认为"卡雷案"对推定被告人放弃《宪法第六修正案》律师帮助权的禁止同样也适用于羁押性讯问中米兰达权利的放弃。"米兰达案"多数意见进一步指出,在具有内在强迫性的羁押性讯问中,即使被讯问人在援引沉默权之前回答了一些问题或者提供了一些信息,也不能据此认为其放弃了沉默权(不得强迫自证其罪特权)。"无论控方提交的关于被告人放弃权利的证言是怎样的,被告人在作出陈述前受到长期讯问或单独监禁的事实是被告人未有效放弃权利的强有力证据。在上述情况下,被告人最终作出陈述的事实与讯问的压制性影响最终迫使他作出陈述的结论是相符的。它(被告人最终作出陈述的事实)与任何自愿放弃宪法特权的概念是不相符合的。"[3]换言之,多数意见认为只要被告人没有明确声明,就不能单纯从被告人回答了问题这一事实推定其放弃了沉默权。这种主张有一定道理,因为虽然警察向被告人宣读了宪法权利,但是其仍然单独一人在高压环境中面对警察,特别是对于不熟悉法律的初犯者,心理防线很容易被警察采用的各种心理策略所击溃。此时,其很可

---

[1] See Miranda v. Arizona, 384 U. S. 436, 475 (1966).
[2] Miranda v. Arizona, 384 U. S. 436, 475 (1966).
[3] Miranda v. Arizona, 384 U. S. 436, 476 (1966).

能无法理性地判断是否援引和行使宪法权利或者不知道该如何援引和行使权利，在高度压力下说了几句话或者回答了一些问题也是可以理解的，但被告人并不是真正愿意放弃保持沉默的权利。

综上所述，我们可以得出一个结论：米兰达判决是反对被告人暗示（默示）地放弃权利的。但是，这个结论在沃伦法院之后逐渐地被改变甚至完全颠覆，下文会对此予以详细论述。还需要说明的是，米兰达判决并没有回答一个问题：什么是明确的声明（express statement），即被告人到底要采用什么样的声明方式放弃权利才能构成明确的声明？在"米兰达案"中，警察获取的供述的最上端有一段打印的文字，内容大致是被告人自愿地作出供述，并且完全知晓其享有的法定权利以及任何陈述都可能被用作不利于他的证据，被告人在这段打印的声明上签了字。米兰达判决清楚地指出，这种打印的权利知晓声明不符合放弃宪法权利应当满足的明知性和理智性要求。

3. 放弃米兰达权利的有效性

米兰达判决明确使用了"自愿"（voluntarily）、"明知"（knowingly）和"理智"（intelligently）这三个副词对被告人放弃沉默权和律师帮助权予以限定。据此，自愿性、明知性和理智性是有效的权利放弃的三个条件。

首先，自愿性是有效的权利放弃的首要条件，如果被告人不能在自由意志的支配下做出是否放弃权利的选择，而是只能按照警察的意志被迫放弃权利，那么权利放弃自然是无效的。被告人自愿地放弃米兰达权利的一个重要前提是其能够自由地、自主地援引和行使权利，并且警察能够予以充分尊重，如果米兰达权利不能被自由地援引和行使，就根本谈不上自愿地放弃。那么如何判断权利放弃的自愿性呢？美国联邦最高法院对供述自愿性的判断方法在米兰达判决中出现了一个重大转变，由以前的"综合全部情况"（totality-of-circumstances）转变为"明确清晰的界限"（bright-line）。[1]在米兰达判决之前，联邦最高法院要求下级法院在个案中要考虑被告人的年龄、精神和智力情况、教育背景、成长经历等因素，还要考虑警察是否采用了暴力、威胁、欺骗和引诱等不当手段，综合全部因素作出判断。但米兰达判决摒弃了个案判断的方法，主张凡是事先未给予接受羁押性讯问的被告人"米兰达警告"而获取的供述都是非自愿的。这实际上为供述自愿性的判断划定了一条明确清晰的界限。虽然供述的自愿性与权利放弃的自愿性密切相关，被告人要自愿作出供述必须先自愿放弃权利，但是，沃伦法院之后的联邦最高法院将米兰达权利放弃的自愿性判断标准重新界定为"综合全部情况"，即米兰达判决之前的供述自愿性判断标准。"明显没有理由对米兰达权利放弃的判断方式作出比宪法第十四修正案的供述自愿性标准更高的要求。"[2]能够确定的是，被告人自愿放弃米兰达权利的前提是警察在讯问开始前给予其"米兰达警告"，但是，仅从给予"米兰达警告"的事实不能必然得出被告人自愿放弃权利的结论。换言之，"米兰达警告"是权利放弃自愿性的必要条件但不是充分条件。米兰达判决还指出："任何证明被告人被威胁、欺骗和劝诱放弃权利的证据显然可以表明被告人没有自愿地放弃权利。"[3]而且，仅仅从被告人最终作出供述的事实不能反向推出其自愿放弃了米兰达权利。除了上述要求，还有一个非常值得探讨的问题，即警察或检察官许

---

[1] See Joshua Dressler & Alan C. Michaels, *Understanding Criminal Procedure: Investigation*, 6th edition, Carolina Academic Press, 2016, p. 444.

[2] Colorado v. Connelly, 479 U.S. 157, 169~170 (1986).

[3] Miranda v. Arizona, 384 U.S. 436, 476 (1966).

诺给予被告人起诉上的让步或量刑上的优惠,此时被告人放弃沉默权并作出供述还是自愿的吗?换言之,辩诉交易是否会影响米兰达权利放弃的自愿性?严格地讲,控方的从轻许诺具有引诱的性质,为被告人放弃权利提供了可期待的好处和内在激励,在很大程度上决定了被告人会选择放弃权利,权利放弃的自愿性至少是被削弱了。由于美国联邦最高法院一贯对辩诉交易持支持的态度,因而不会认为辩诉交易削弱了被告人放弃宪法权利的自愿性。对于这个问题,笔者在下文对认罪自愿性的论述中还会再进行深入探讨。

其次,明知性是指受到羁押性讯问的被告人知晓自己享有沉默权和律师帮助权以及知晓放弃权利的不利后果。如果被告人连自己享有的宪法权利都不知道,就不能主张和行使权利,更谈不上有效地放弃权利。如果被告人并不知晓放弃米兰达权利的不利后果,就会任性为之,不会作出理性的判断和权衡,如果其之后承受了不利后果,就很可能后悔放弃权利。因此,米兰达判决要求警察提供权利告知的程序保障,而且格式化的"米兰达警告"必须包含放弃沉默权的不利后果,即"你做出的任何陈述都可能被用作不利于你的证据",这是为被告人明知地放弃米兰达权利提供的一种保障。

最后,理智性是指被告人在自由意志的支配下,在知晓宪法权利及放弃权利的不利后果的基础上,权衡利弊,理性地作出放弃权利的决定。明知性是理智性的前提之一,被告人只有知晓享有的宪法权利以及放弃权利的后果才能做出理智的判断。一个人能否作出理智的决定取决于其年龄、精神和智力情况,还取决于其教育背景、社会经验以及对决定所涉事务的熟悉程度等诸多因素,受到羁押性讯问的被告人能否理智地放弃权利还取决于其对刑事法律的熟悉程度,曾经受到刑事追诉或被判刑的人更懂得如何与警察和检察官"讨价还价",而第一次受到刑事追诉的人更容易受制于讯问压力和讯问策略,难以作出理智的决定。绝大多数被告人都不是法律专业人士,很难在高压下对法律问题做出理性判断,很容易被警察胁迫、欺骗或诱导,这就需要律师为其提供法律帮助。但是,放弃米兰达权利本身就包含对律师帮助权的放弃,米兰达判决并没有要求被告人在放弃权利前征求律师的意见或者要求律师在场。换言之,米兰达判决认为即使不熟悉法律,被告人也可以独立作出是否放弃米兰达权利的理智决定。

4. 放弃米兰达权利后再次援引权利

米兰达权利的放弃并不是永久性的,被告人放弃米兰达权利之后可以再次援引权利,此时同样适用讯问中止规则。米兰达判决明确指出被告人在讯问开始前和讯问过程中的"任何时间"都可以援引沉默权和律师帮助权,这当然包括放弃权利之后的讯问过程。被告人一旦再次援引沉默权,讯问便必须中止;被告人一旦再次要求律师帮助,除非律师在场,讯问不得再继续,如果警察违反讯问中止规则,获得的供述就会丧失可采性。这一规定全面保障了被告人援引和行使米兰达权利的机会,切实保障了被告人的自由选择权,同时,米兰达权利可多次援引的属性也使得权利放弃问题变得更加复杂。被告人放弃权利之后再次援引权利的方式是什么?是否可以施加特别的要求?这些问题在实践中存在很大争议。

5. 判断权利放弃有效与否的价值选择

对于受到羁押性讯问的个人是否合法有效地放弃米兰达权利的判断,首先要结合权利放弃发生的时间点和背景,被讯问人既可以在警察宣读"米兰达警告"之后,讯问刚开始时就放弃权利,也可以在讯问过程中的任何时间放弃权利,还可以在援引权利之后再放弃,也可以在放弃权利之后再援引。如果被讯问人在讯问刚开始时就放弃沉默权并作出供述,此时权利放弃的有效性相对容易判断,因为被讯问人受到羁押性讯问内在强迫性的影响很小;如果被讯问人在讯问开始后的一段时间内才表示放弃权利或者先援引权利之后再放弃,那么权利放弃有效性的判断就会变得复杂并且因个案情况而异,不同的观察者可能得出不同的结论。这是因为随着讯问的深入,孤立无援的高压环境对被讯问人精神和心理的负面作用会逐步加大。而且,警察会采用各种打法律"擦边球"的方式劝说和诱导被讯问人作出供述,这就导致很难判断权利放弃的有效性。

在错综复杂的情况下如何判断权利放弃的有效性,特别是在权利放弃介乎于有效和无效之间时该如何判断是一个难题。此时应当注意,对权利放弃有效性的判断是一种价值判断,拥有判断权的法官必然站在自己选择的价值立场上进行判断,法官需要对不同的价值进行取舍和权衡。米兰达判决确立的一系列规则背后实际上隐藏着一个根本的价值选择,以首席大法官沃伦为首的自由派大法官(多数意见的形成者)认为不得强迫自证其罪特权的价值优先于警察等执法官员获取被告人供述以有效实施法律的利益。他们认为不得强迫自证其罪特权是"保证个人在私人领地过着私人生活的权利,这项权利是我们民主的标志"。[1]这种人权保障价值的位阶高于获取供述给被告人定罪的价值。多数派大法官的价值选择也意味着被告人供述重要性的降低,他们认为,虽然在一些案件中供述对被告人有罪确实可以起到关键的证明作用,但是对于很多案件而言,供述的作用被高估了,这些案件中警察完全可以采用讯问之外的手段

---

〔1〕 Miranda v. Arizona, 384 U.S. 436, 460 (1966).

获取强有力的归罪证据。[1]大法官们遵循的价值选择当然适用于权利放弃有效性的判断，如果像"米兰达案"多数派大法官们那样选择优先维护不得强迫自证其罪特权的价值，就会倾向于认定权利放弃是无效的，控方对被告人放弃权利的证明会更加困难。如果大法官们优先维护侦查讯问程序获取供述以打击犯罪的价值，那么就会倾向于认定权利放弃是有效的，控方对被告人放弃权利的证明会更加容易。事实证明，沃伦法院之后，当保守派大法官占据联邦最高法院多数席位时，米兰达判决确立的诸多人权保障规则都在被逐步限缩，米兰达权利放弃规则变得更加有利于警察。

二、后米兰达时代的保守主义转向

（一）后米兰达时代联邦最高法院的保守立场

米兰达判决的作出在美国法律界以及社会各界引发了巨大的争议，此后数年间，美国社会和政治形势以及联邦最高法院的组成也发生了重大变化，这导致米兰达判决确立的诸多人权保障规则并没有被真正贯彻实施。至少对于联邦最高法院审理的涉及供述自愿性的案件而言是这样的。1968年夏天，米兰达判决的缔造者也是美国正当程序革命的主要发动者首席大法官厄尔·沃伦宣布退休，当时的民主党总统约翰逊提名在任大法官福塔斯为首席大法官，但是这一提名没有得到美国国会参议院的批准，这是因为1968年正好是美国的总统大选年，共和党人控制的国会期待共和党总统候选人当选以便实施本党的政治议程，所以千方百计地阻挠即将离任的民主党总统的人事提名。不出所料，共和党总统候选人理查德·尼克松（Richard Nixon）

---

[1] See Miranda v. Arizona, 384 U.S. 436, 478 (1966).

第四章　米兰达权利的放弃

在大选中胜出，他在竞选中就明确反对米兰达判决，表示如果当选就会提名支持警察打击犯罪的大法官改组联邦最高法院，推翻米兰达判决。1969年初尼克松正式就任总统后，便提名沃伦·伯格（Warren E. Burger）接替厄尔·沃伦继任首席大法官，在之后的4年任期中，尼克松又相继提名持有效控制犯罪立场的哈里·布莱克门（Harry Blackmun）和刘易斯·鲍威尔（Lewis Powell）继任了米兰达判决的两位支持者大法官福塔斯和布莱克的席位，还提名威廉·伦奎斯特（William Rehnquist）继任了大法官哈兰的席位。至此，形成米兰达判决多数意见的5位大法官离开了3位，保守派大法官开始占据联邦最高法院的多数席位。首席大法官伯格和伦奎斯特（伦奎斯特在伯格之后也成为首席大法官）是美国联邦最高法院历史上与警察最为友好、最支持打击犯罪的两位大法官，[1]他们两个在厄尔·沃伦之后相继主导联邦最高法院长达36年之久，米兰达判决在这段时期逐步被限缩和削弱，在某些方面甚至被隐性推翻，在很大程度上背离了它的初衷和本意，联邦最高法院整体上也在向支持警察有效控制犯罪的保守主义立场转变，因而美国法学界通常将沃伦退休、伯格继任首席大法官之后的时期称为"后米兰达时代"（post-Miranda era）。

美国权威学者曾指出，在米兰达判决作出后的最初十年间，联邦最高法院总共审理了11个关于米兰达判决适用范围的案件，其中有10个案件没有根据米兰达判决排除被争议的证据，只有一个案件排除了被争议的证据，但并不是依据米兰达判决，而是有其他根据。也就是说，米兰达判决在"出生"后的十年

---

[1] See Yale Kamisar, "The Miranda Case Fifty Years Later", 97 B. U. L. Rev., 1293, 1294 (2017).

间没有赢得一场胜利。[1]之所以出现这样的结果,根本原因是20世纪60年代晚期美国的社会和政治背景,越南战争导致数以千计的美国人死亡,反战游行引发了大规模暴乱,白人和有色人种以及少数族裔之间的矛盾愈演愈烈。1968年夏天,美国有一百多个城市爆发了种族骚乱,街头犯罪率大幅上升。[2]"对社会公共秩序崩溃的担忧弥漫全国,法律和秩序问题不可避免地在政治上被利用",[3]抨击米兰达判决成了总统竞选的重要议题,美国国会也于1968年通过了《犯罪控制和街道安全综合法案》,试图以立法的方式推翻米兰达判决,在这样的背景下,可以说,米兰达判决处于风雨飘摇之中。

(二)米兰达判决的核心争议

米兰达判决从作出至今已走过了半个多世纪,美国法律界对它批评和支持的声音从来没有停息过。核心争议有以下两点:

第一,没有受到"米兰达警告"的被告人作出的供述必然是不自愿的吗?换言之,讯问前告知被告人权利是自愿供述的必要条件吗?米兰达判决的逻辑起点是羁押性讯问都具备固有和内在的强迫性,根本不需要警察采取现实的暴力和威胁手段,孤立无援的高强度讯问环境就可以迫使被告人作出供述。"除非充分的保护性机制被运用来消除羁押环境的强迫性,否则没有任何来自被告人的陈述真正是他自由选择的结果。"[4]权利告知是一种有效的程序保障,因而是供述自愿性的必要条件。但是,

---

[1] See Yale Kamisar, "The Miranda Case Fifty Years Later", 97 B. U. L. Rev., 1293 (2017).

[2] See Joshua Dressler & George C. Thomas Ⅲ, *Criminal Procedure: Investigating Crime*, 6th edition, West Academic Publishing, 2016, p. 647.

[3] Francis A. Allen, "The Judicial Quest for Penal Justice: The Warren Court and the Criminal Cases", 1975 U. Ill. L. F., 518, 538 (1975).

[4] Miranda v. Arizona, 384 U. S. 436, 458 (1966).

包括很多保守派大法官在内的法律人士则主张，即使警察在讯问前没有告知被告人享有的权利，也并不妨碍被告人自愿地作出供述，除非警察采用了殴打、精神折磨、疲劳讯问等明显的强迫手段。权利告知仅仅是一种形式，而自愿性的判断是实质的，必须综合考量所有相关的因素。比如，怀特大法官在反对意见中就认为未提前告知被告人宪法权利的羁押性讯问并不必然导致由此获得的供述是不自愿的，羁押性讯问固有强迫性的假设是反直觉的，与普通人的第一感觉和判断不符。

第二，米兰达判决是否过度限制了警察的侦查权力，影响了对犯罪者的有效追诉以及米兰达判决是否切实保障了被告人的宪法权利。有一种观点认为，米兰达判决阻碍了警察有效地获取供述，还会导致很多供述被排除，而且根据"毒树之果"规则，违反米兰达规则获取的供述的衍生证据也要被排除，这会严重影响对被告人的定罪，进而放纵犯罪者，危害整个社会和公民个人的安全。有些学者通过实证研究得出了一些数据，证明米兰达判决导致被告人的供述率大幅度下降，重罪案件的定罪率也受到了明显影响。[1]另一种观点则认为，米兰达判决并没有完全禁止羁押性讯问，也没有完全禁止使用通过羁押性讯问获取的供述，而是肯定了律师在场时被告人供述的可采性，允许被告人在明确声明放弃米兰达权利之后作出供述。换言之，警察仍然有合法获取供述的方式和空间。[2]米兰达判决并没有

---

[1] See Paul G. Cassell, "Miranda's Social Costs: An Empirical Reassessment", 90 Northwestern. U. L. Rev., 387 (1996); Richard A. Leo, "The Impact of Miranda Revisited", 86 J. Crim. L. & Criminology, 621 (1996); Stephen J. Schulhofer, "Miranda's Practical Effect: Substantial Benefits and Vanishingly Small Social Costs", 90 Nw. U. L. Rev., 500 (1996).

[2] See Yale Kamisar, "The Miranda Case Fifty Years Later", 97 B. U. L. Rev., 1293, 1299~1301 (2017).

严重损害警察的执法效率。相反，它对控制犯罪的需求作出了很大的妥协，支撑供述率大幅下降的数据来源是不可靠的，相当多的被告人放弃了沉默权并且作出了供述。从这个角度讲，米兰达判决没有切实保障被告人的宪法权利，因而是失败的。[1]事实上，近些年，美国一些大城市的警察部门负责人都改变了态度，不愿意米兰达判决被推翻。[2]

(三) 米兰达判决的限缩与削弱

1. 宪法判例的性质受到挑战

首先，在1974年的"塔克案"（Michigan v. Tucker）判决中，伯格法院将米兰达规则界定为保护《宪法第五修正案》不得强迫自证其罪特权不受侵犯的"预防性规则"（prophylactic rule）。"塔克案"判决的主笔人是坚定的保守派大法官伦奎斯特。他明确指出，警察没有充分告知被告人宪法权利仅仅违反了不得强迫自证其罪特权的"预防性规则"，而没有侵犯不得强迫自证其罪特权本身。[3]"塔克案"判决实际上将米兰达规则与《宪法第五修正案》相区分，暗示米兰达规则是司法机关创制的，并非宪法本身所要求的，这就严重削弱了米兰达判决的宪法基础，使其宪法判例的性质遭受质疑。"塔克案"判决的最终目的是推翻米兰达判决，因为如果米兰达规则不是宪法规则，那么国会就有权通过立法推翻它，各州也没有义务遵守非宪法规则。其次，在1985年的"埃尔斯塔德案"（Oregon v. Elstad）

---

[1] See George C. Thomas Ⅲ, Is "Miranda a Real-world Failure? A Plea for More (and Better) Empirical Evidences", 43 UCLA L. Rev., 821 (1996); George C. Thomas Ⅲ, "Miranda's Illusion: Telling Stories in the Police Interrogation Room", 81 TEX. L. Rev., 1091 (2003).

[2] See Joshua Dressler & Alan C. Michaels, *Understanding Criminal Procedure: Investigation*, 6th edition, Carolina Academic Press, 2016, p. 435.

[3] See Michigan v. Tucker, 417 U.S. 433 (1974).

判决中，伯格法院进一步澄清和维护了"塔克案"提出的"预防性规则"界定。奥康纳大法官指出："米兰达排除规则服务于宪法第五修正案但其控制范围比第五修正案本身更广泛，即使在不违反第五修正案的情况下，它也可以被触发。"[1]换言之，违反米兰达规则并不必然违反《宪法第五修正案》。最后，在2000年作出的"迪克森案"（Dickerson v. United States）判决中，伦奎斯特法院明确承认米兰达判决是一个宪法判例，拒绝推翻它。首席大法官伦奎斯特指出："我们不认为有正当理由可以推翻米兰达判决，米兰达判决已经根植于警察的日常执法实践中，以至于它已经成为我们国家文化的一部分。"[2]但是，"迪克森案"判决并没有表示赞同米兰达判决的论证理由及其确立的供述排除规则，也没有推翻将米兰达规则界定为"预防性规则"的"塔克案"判决和"埃尔斯塔德案"判决。

2. 放弃权利愈加容易与援引权利愈加困难

米兰达判决允许沉默权和律师帮助权的放弃，而且被告人有效放弃权利并不需要律师在场见证或事先咨询律师，这说明沃伦法院向警察执法和惩罚犯罪的需求作出了妥协。对此，有学者分析得非常到位："如果联邦最高法院坚持其讯问'内在强迫性'的逻辑到最后，它本不会允许嫌疑人在缺少律师建议的情况下放弃米兰达权利。但是，在准予有效地放弃权利之前要求律师提供建议，将会严重损害警察成功地进行羁押性讯问的能力。为了避免这个警察执法的噩梦，联邦最高法院通过允许在咨询律师之前放弃米兰达权利，作出了妥协。"[3]客观地讲，

---

[1] Oregon v. Elstad, 470 U. S. 298, 306 (1985).

[2] Dickerson v. United States, 530 U. S. 428, 443 (2000).

[3] Peter Arenella, "Miranda Stories", 20 Harvard. J. L. & Public Policy, 375, 384 (1997).

这种妥协并不应当受到质疑和批判,因为它在很大程度上符合20世纪60年代美国刑事司法的现实情况(被告人供述对于定罪仍然起着重要作用),也试图在联邦最高法院内部最大限度地凝聚大法官们的共识。但是,允许权利放弃并没有获得持反对意见的大法官们的认同。例如,怀特大法官就认为被告人是不会轻易放弃权利的,被告人更倾向于援引沉默权和律师帮助权,即使有个别被告人声明放弃权利,控方需要承担的证明责任也是沉重的,甚至是不可能完成的。[1]

十分讽刺的是,米兰达判决作出后的警察讯问实践证明,有比例相当高的嫌疑人都放弃了米兰达权利。有学者统计,高达80%的受到羁押性讯问的嫌疑人放弃了米兰达权利。[2]犹他州盐湖城的米兰达权利放弃率是83.7%,[3]这个数字让人震惊。之所以会有这么多嫌疑人放弃权利,是因为警察采用了不正当的手段引诱或胁迫其放弃权利。"现今的讯问笔录表明警察通常以压倒性态势控制着讯问过程,掌控者讯问的节奏和讨论的话题,以至于嫌疑人在讯问最关键的部分根本没有实际机会来援引他的权利。"[4]支持警察打击犯罪的伯格法院和伦奎斯特法院专门通过一些判例降低了控方对被告人有效放弃米兰达权利的证明责任,使得警察更加容易获取权利放弃。例如,允许暗示的、推定的权利放弃,禁止部分放弃权利,放任警察采用不正当手段,等等。另外,伯格法院和伦奎斯特法院还为嫌疑人援

---

〔1〕 See Miranda v. Arizona, 384 U. S. 436, 536 (1966).

〔2〕 See Donald A. Dripps, "About Guilt and Innocence: the Origins, Development, and Future of Constitutional Criminal Procedure", Praeger, 2002, pp. 224~225.

〔3〕 See Paul G. Cassell & Bret S. Hayman, "Police Interrogation in the 1990s: An Empirical Study of the Effects of Miranda", 43 UCLA L. Rev. , 839, 860 (1996).

〔4〕 Welsh S. White, "Miranda's Failure to Restrain Pernicious Interrogation Practices", 99 Mich. L. Rev. , 1211, 1215 (2011).

引米兰达权利附加了额外要求，使得米兰达权利的援引变得愈加困难。比如，要求嫌疑人必须明确、清晰地援引沉默权和律师帮助权，不能使用模棱两可的语言。因此，现今美国侦查讯问实践的一个新特征是，米兰达权利的放弃愈加容易但援引愈加困难。这也是大多数警察部门现在愿意接受米兰达规则的重要原因，权利放弃规则可以帮助警察轻易地绕开米兰达规则的限制，获取供述和其他有罪证据，反过来还可以巩固和证明供述的自愿性。

3. 羁押性讯问的界限被收紧

米兰达判决规制的是羁押性讯问，对于没有被逮捕[1]或者剥夺人身自由的人，不需要给予"米兰达警告"，因此，羁押性讯问的外延大小决定着米兰达规则适用范围的大小。现今美国警察在执法实践中，在很多情况下都不需要给予被讯问人"米兰达警告"，从而回避了米兰达规则的适用。造成这种现象的原因是联邦最高法院在后米兰达时代逐步收缩了羁押性讯问的范围。联邦最高法院对"羁押"（custody）的概念进行了弹性界定，认为羁押是"一种正式的逮捕或者与逮捕程度相当的对人身自由的限制"，[2]后者是一个有很大弹性的概念，法官在个案中拥有很大的裁量空间。而且，联邦最高法院采用了综合各种客观因素的认定方法，即一个理性人在嫌疑人的立场上是否认为自己被羁押，执法的警察和嫌疑人本人的主观判断不属于客

---

[1] 美国的逮捕与中国的逮捕是不同的，美国的逮捕是一种带到性强制措施，仅短暂地剥夺人身自由，一般在逮捕后的24小时内（至迟不超过48小时），警察要将被逮捕人带至法官面前，由法官决定是否对被逮捕人予以保释，而且美国的保释率是非常高的，仅仅是逮捕后的24小时到48小时的剥夺人身自由也属于羁押；而中国的逮捕一般伴随着长达2个月到7个月的羁押期限，刑事拘留的羁押期限相比逮捕要短，但也长达10天到14天，甚至37天。

[2] California v. Beheler, 436 U. S. 1121, 1125（1983）.

观因素。[1]总结起来,在嫌疑人家中的讯问、在道路上截停后的讯问,甚至是在警察局或监狱的讯问都可能不构成羁押,特别是在警察明确告知被讯问人他没有被逮捕并且随时可以自由地离开的情况下。

4. 米兰达警告的诸多例外

联邦最高法院在后米兰达时代还通过一些判例确立了警察不需要在讯问前给予嫌疑人"米兰达警告"的例外,同样起到了限缩米兰达规则适用范围的作用。1984年的"夸尔斯案"(New York v. Quarles)判决确立了紧急情况下的公共安全例外。在该案中,警察在追捕被控告强奸的嫌疑人的过程中,嫌疑人逃入一家便利店,警察逮捕他后发现其持有的枪支不见了,警察立即询问嫌疑人枪在哪里,嫌疑人回答并指示了藏枪的位置,警察找到了枪。联邦最高法院认为,在这种紧急情况下,如果不立即讯问嫌疑人找到枪支就会对公共安全造成现实威胁,因此不需要事先给予嫌疑人"米兰达警告"。[2]之后,1990年的"珀金斯案"(Illinois v. Perkins)判决确立了便衣警察讯问的例外,即嫌疑人如果没有意识到自己与警察(便衣警察伪装成同监舍的狱友)谈话并且自愿作出供述,不需要事先给予嫌疑人"米兰达警告"。[3]同一年的"穆尼兹案"(Pennsylvania v. Muniz)判决确立了逮捕后例行登记的例外,即警察将被逮捕人送交羁押时例行询问其身份信息、体格特征等并予以登记,询问不以获取供述为目的,不需要给予嫌疑人"米兰达警告"。[4]

---

[1] See Berkemer v. McCarty, 468 U. S. 420 (1984).
[2] See New York v. Quarles, 467 U. S. 649 (1984).
[3] See Illinois v. Perkins, 496 U. S. 292 (1990).
[4] See Pennsylvania v. Muniz, 496 U. S. 582 (1990).

第二节 米兰达权利的推定放弃和部分放弃

一、"巴特勒案"确立的推定放弃规则

如果警察给予嫌疑人米兰达警告,并且其有效地放弃了沉默权和律师帮助权,那么被告人在审判中主张自己的不自愿供述是警察违反正当程序条款和不得强迫自证其罪特权获取的,一般不会得到法官的支持,这意味着供述得到了可采性的"通行证"。如果警察不能方便和容易地获取嫌疑人有效的权利放弃,就不能获得自愿的供述,从而可能导致实际上有罪的被告人因证据不足而被无罪释放。正是由于米兰达权利放弃如此重要,后米兰达时代的权利放弃规则才变得愈加复杂和更具争议,这可能是首席大法官沃伦本人都没有预料到的。整体而言,伯格法院和伦奎斯特法院将米兰达权利放弃变得更加容易,降低了控方的证明责任,一个重要表现就是允许嫌疑人通过言语和动作暗示性地放弃权利,或者说,允许从嫌疑人的言语和动作推定其放弃了权利。

(一) 基本案情

"巴特勒案"(North Carolina v. Butler)判决是伯格法院于1979年作出的。本案被告人巴特勒在美国北卡罗来纳州初审法院被认定构成绑架罪、持枪抢劫罪和严重袭击罪。FBI探员在逮捕被告人时向他宣读了米兰达权利,随后被告人被带到FBI探员的办公室。FBI探员给了被告人一张"权利告知书",被告人阅读了权利告知书,并且告诉FBI探员他理解自己享有的权利,但他拒绝在权利告知书底部签署放弃权利的声明。FBI探员告诉被告人他既不需要说话也不需要签字,但是FBI探员表示想和他谈话。被告人回答说:"我愿意和你谈话,但我不会签署任何

文件。"随后，被告人作出了归罪性陈述。FBI探员作证时说，被告人被告知享有律师帮助权时没有说任何话，在讯问过程中也没有要求律师在场或者表示想要中止讯问。被告人在审判中申请排除自己的归罪性陈述，理由是他在作出陈述时并没有放弃律师帮助权。但是，初审法官没有支持他的排除申请，理由是被告人在获知和理解自己享有的权利后自愿地作出了供述，他在阅读包含权利放弃条款的权利告知书后，表示愿意与警察谈话，成立对沉默权和律师帮助权的有效放弃。北卡罗来纳州最高法院推翻了初审法院的定罪，理由是米兰达判决要求被告人明确声明放弃权利，但本案被告人拒绝签署权利放弃书，也没有口头表示放弃律师帮助权。[1]

（二）多数意见

首席大法官伯格、大法官斯图尔特、怀特、布莱克门和伦奎斯特形成了5票的多数意见，推翻了北卡罗来纳州最高法院的裁判，维持了对被告人的定罪。大法官斯图尔特主笔的多数意见认为，虽然米兰达判决指出的权利放弃方式是明确声明，但并没有表示明确声明是必不可少的唯一方式，"一份明确的手写或口头的放弃沉默权或律师帮助权的声明通常是证明权利放弃有效性的强有力证据，但既不是确立权利放弃的必要条件也不是充分条件"。[2]换言之，缺少明确的声明并不一定不能成立权利放弃，存在明确的声明也不一定必然成立权利放弃。多数意见主张抛开米兰达权利放弃的形式要件，回归实质要件的判断，即被告人事实上是否自愿地和明知地放弃了权利。斯图尔特大法官指出，正如米兰达判决清楚地表明单纯的沉默不足以推定权利放弃。"但这并不意味着被告人的沉默，伴随着他对自

---

[1] See North Carolina v. Butler, 441 U.S. 369, 370~372 (1979).

[2] North Carolina v. Butler, 441 U.S. 369, 373 (1979).

己权利的理解以及一连串暗示放弃权利的行为,永远不能支持被告人放弃权利的结论。法庭必须假定被告人没有放弃权利,控方有很重的证明责任;但是至少在一些案件中,权利放弃可以从被讯问人的行为和言词中清楚地推断出来。"[1]多数意见援引了联邦最高法院在1938年作出的"约翰逊诉泽布斯特案"(Johnson v. Zerbst)的判词,认为被告人是否放弃了宪法权利必须根据案件的具体事实和情况(包括被告人的背景、经历和行为)灵活作出判断,在这个问题上设置僵化的判断规则是不恰当的。多数意见还指出,已经有10个联邦巡回上诉法院和17个州的法院主张明确的声明不是确立被告人放弃沉默权和律师帮助权的必要条件。[2]

值得关注的是,布莱克门大法官独立撰写的协同意见暗示了多数意见存在的一个矛盾。多数意见援引了"约翰逊诉泽布斯特案"的判词,但该案的核心观点是被告人放弃基本宪法权利必须符合"有意地放弃已知权利"的要求。[3]布莱克门大法官指出多数意见援引该案判词的意图并不是想将"有意地放弃已知权利"作为"巴特勒案"判断米兰达权利放弃的标准,理由是联邦最高法院已经在1974年的"塔克案"判决中将米兰达规则界定为"预防性规则",与纯粹的宪法规则相区分,这里暗含的意思是米兰达权利(特别是律师帮助权)也不是纯粹的基本宪法权利,而"有意地放弃已知权利"的要求仅适用于基本宪法权利的放弃,这个理由是牵强的,因为"塔克案"本身就意在推翻米兰达判决。从我们的角度分析,布莱克门大法官之所以要对多数意见予以澄清,是因为他意识到"有意地放弃已知权利"

---

[1] North Carolina v. Butler, 441 U. S. 369, 373 (1979).
[2] See North Carolina v. Butler, 441 U. S. 369, 374~376 (1979).
[3] Johnson v. Zerbst, 304 U. S. 458, 464 (1938).

含有作出明确的权利放弃声明的要求,"有意的"(intentional)一词是指行为人在主观上有放弃权利的意图或打算,行为人通常会将这种意图或打算以明示方式(明确声明的方式)向外界表达,而不会默不发声,不太可能让外界推测他的意图。这种解释可以支持米兰达权利的放弃必须作出明确声明的观点。所以,如果忽略布莱克门大法官对米兰达权利之宪法权利属性的否定,"巴特勒案"多数意见既支持推定的权利放弃,又援引了"约翰逊诉泽布斯特案"的判词,在一定程度上是自相矛盾的,并且违背了"遵循先例"的裁判原则。

(三) 反对意见

大法官布伦南(Justice Brennan)、大法官马歇尔(Justice Marshall)和大法官斯蒂文斯(Justice Stevens)三位自由派人士共同发表了反对意见。他们是沃伦法院判决的坚定支持者,反对占据多数优势的保守派大法官对米兰达判决的曲解与背离。反对意见首先援引了米兰达判决所援引的"卡雷案"的判词,认同"卡雷案"提出的放弃宪法权利要满足"积极性权利放弃"(affirmative waiver)的要求,主张积极性权利放弃的表现就是书面或口头的权利放弃声明。然而,本案被告人拒绝签署权利放弃书,在被告知享有律师帮助权时也没有明确援引该权利,因此不符合积极性权利放弃的要求,也就不成立权利放弃。[1]紧接着,反对意见批评了多数意见允许从被告人的言词和行为推定其放弃了权利,理由是米兰达判决的根本前提——羁押性讯问——所固有的强迫性,使得警察能够压制被讯问人的自由意志,如果被告人言词和行为的意图是模糊的,那么应当作出不利于警察的判断,只有最具明确性的权利放弃才是明知和自由作出的。本案中,被告人在作出供述时没有被口头告知权利,

---

[1] See North Carolina v. Butler, 441 U.S. 369, 377 (1979).

而是让他自己阅读权利告知书。但是，被告人是否具备相应的阅读理解能力是有争议的，如果被告人不能阅读并理解他的权利，那么权利放弃就不是明知的，即使他能够阅读和理解权利，他拒绝签署权利放弃声明的事实也说明他不愿意放弃权利。[1]

反对意见提出了一个建设性的主张，即当被告人的言词和行为的意图不确定或模糊时，警察应当承担澄清的责任。本案中，警察仅需要进一步询问"你是否放弃了你的律师帮助权"就可以解决争议。[2]值得注意的是，反对意见还提出了一个重要观点，即警察在被讯问人明确放弃律师帮助权之前不得继续进行讯问，这个观点会在之后的"爱德华兹案"判决中得到体现。

（四）分析和反思

1. 本案的争议焦点分析

本案被告人口头表示愿意与FBI探员谈话，单独来看，这构成对沉默权的明示放弃，对于律师帮助权，被告人既没有明确援引，也没有明示放弃。但是，被告人拒绝签署书面的权利放弃声明，这与他意图放弃米兰达权利的推断存在一定的冲突，这是本案的争议焦点。多数意见有意淡化了被告人拒绝签署书面声明这一事实对于判断权利放弃是否有效的影响，认为书面和口头的声明都不是确立权利放弃的必要条件。权利放弃只要满足明知性和理智性的实质要件就行，不需要在意形式问题，被告人同意与警察谈话，而且在理解权利的前提下没有援引律师帮助权，这些事实足以推定其放弃了权利。反对意见则重点强调了被告人拒绝签署书面声明的事实，这与被告人意图放弃权利的推断相矛盾，当被告人的言词和行为的意图不明确时，

---

[1] See North Carolina v. Butler, 441 U.S. 369, 377~378 (1979).

[2] See North Carolina v. Butler, 441 U.S. 369, 379 (1979).

应当得出不利于控方的结论。

笔者认为,本案有一个不能忽视的事实:在被告人拒绝在书面声明上签字时,FBI探员告诉被告人签字不是必需的,但他真心想和被告人谈话,这极有可能误导被告人。被告人拒绝签署书面声明,至少说明他已经意识到签字是不利于他的。但是,FBI探员的话有意降低了签字的重要性,同时引诱被告人开口说话,被告人很可能受到误导,认为只要不签字,开口说话便是无关紧要的,但他不知道一旦开口就意味着放弃了沉默权。上述推测可以解释为什么被告人既拒绝签字又表示愿意接受谈话,也说明FBI探员的话是不恰当的,具有误导性和引诱性,会削弱被告人放弃权利的自愿性。从这个角度讲,权利放弃是无效的。

此外,本案的多数意见和反对意见作出了两种截然不同的判断,也印证了前文的一个论断,即在案件事实复杂甚至存在矛盾和冲突的案件中,不同的法官会站在自己选择的价值立场上判断权利放弃的有效性。多数派大法官们优先支持警察打击犯罪,因而他们会选择可以支持权利放弃成立的事实而且允许进行推定,目的是维护供述的可采性。而少数派大法官们优先支持保障被告人的诉讼权利,所以会选择有利的事实认定权利放弃无效,而且将书面或口头声明作为权利放弃的必要条件。

2. 沉默权放弃是否产生附带效应

米兰达权利包含沉默权和律师帮助权两项权利,律师帮助权既包括私下咨询律师的权利,也包括要求律师讯问时在场的权利。根据米兰达判决的论证逻辑,沉默权与律师帮助权是紧密相连的,共同服务于保障不得强迫自证其罪特权的实现。如果被讯问人不享有律师帮助权,那么即使他援引了沉默权,他的心理防线也会被孤立无援的羁押性讯问所固有的强迫性逐渐击溃，最终很可能不自愿地作出供述。所以，律师帮助权的产生是为了保证沉默权的行使。从这个角度讲，律师帮助权有一定的从属性，但它也没有完全从属于沉默权，因为如果被讯问人单独援引律师帮助权，讯问也必须中止，这与援引沉默权的效果是一致的。因此，本案多数意见隐含的意思是不能孤立地看待沉默权的放弃，还要考虑沉默权的放弃是否会对律师帮助权产生一定的影响。按照这个逻辑，被告人放弃沉默权产生了附带效应——被告人同意与警察谈话成了推定其放弃律师帮助权的基础事实之一，起到了暗示其想放弃律师帮助权的作用。但是，笔者认为多数意见的逻辑是有问题的，律师帮助权有一定的从属性，当然也有相当程度的独立性。被告人同意回答警察的提问并不代表其一定不想寻求律师帮助，很多时候被告人想让律师在场见证自己向警察作出供述，此时错误地推定其放弃了律师帮助权，显然侵犯了其基本诉讼权利。

3. 从被告人不援引权利推定其放弃权利

如果不考虑被告人放弃沉默权对律师帮助权的影响，本案多数意见实际上允许从被告人未明确援引权利的状态推定其放弃了权利。这明显是违背人的直观感受的。因为一个人不行使自己的权利并不代表其放弃了自己的权利。米兰达判决明确反对单纯从被告人的沉默状态或者最终作出供述的事实反推其放弃了权利，但多数意见的辩解是本案被告人口头放弃了沉默权，仅仅没有明确表示是否援引律师帮助权，这是本案事实的特殊之处。虽然米兰达判决指出被告人要获得律师帮助必须明确援引权利，但并不能反向推出被告人不援引律师帮助权就意味着放弃了该权利，暂时不想行使权利并不代表放弃权利，即使被告人放弃了沉默权也不代表其同时放弃了律师帮助权。但是，此时的联邦最高法院为了限缩米兰达判决对供述可采性的负面影响，还是确立了这项不合理的推定规则，而且在之后的案件中还允许推定沉默权的放弃。

4. 从言词和行为推测嫌疑人主观意图的可行性

人的主观意图是很难猜测的，即使存在外化的言词和行为，在很多时候也无法准确地判断其所要表达的意图，这是因为言词本身具有多义性和模糊性，根据人的行为推断其主观意图就更加困难。然而，本案多数意见却要求法官从被告人的言词或行为推断其是否具有放弃米兰达权利的意图，这很容易导致司法实践的混乱，不同法官根据相同的言词或行为可能得出不同的推断。多数意见虽然给出了一个公式，即被告人口头同意与警察谈话，他阅读了包含权利放弃条款的权利告知书，理解其享有的权利并且没有明确援引律师帮助权，上述言词和行为综合起来可以推定被告人放弃了律师帮助权。然而，推定毕竟不是事实本身，推定可以通过反证予以推翻，允许推定是人为地降低了证明责任，如果事实上被告人并没有放弃律师帮助权的意图，那么推定其放弃了律师帮助权就严重侵害了被告人的正当程序权利。因此，笔者认为警察有义务在被告人表达的意图模棱两可时，主动询问其是否打算放弃权利，以澄清事实。

二、"汤姆普金斯案"允许沉默权的推定放弃

2010 年作出的"汤姆普金斯案"（Berghuish v. Thompkins）判决标志着美国联邦最高法院将米兰达权利放弃的认定程序变得轻松和容易的努力达到了顶点，[1]向警察的执法实践和控制犯罪的价值追求做出了更大的妥协和让步。本案判决是在原首席大法官伦奎斯特于 2005 年去世，罗伯茨继任首席大法官之后

---

[1] See Joshua Dressler & Alan C. Michaels, *Understanding Criminal Procedure: Investigation*, 6th edition, Carolina Academic Press, 2016, p. 471.

作出的，其他大法官的席位也发生了一些更迭。总体来看，保守派大法官在人数上仍然占据着微弱优势，本案的投票结果是5∶4，意味着判决意见极具争议。

（一）基本案情

被告人因涉嫌谋杀罪被逮捕，两名警察在狭小的房间里对他进行了约三个小时的讯问。讯问开始前，警察递给被告人一张载有"米兰达警告"的"宪法权利告知书"，要求被告人大声朗读第5项，即"你在讯问前或讯问过程中任何时间都有权行使沉默权和律师帮助权"，被告人照做了，之后警察向被告人宣读了前4项权利告知，并要求被告人签署这张权利告知书，但被告人拒绝了。关于被告人是否口头表示他理解自己享有的权利存在争议。在讯问过程中，被告人既没有明确表示想保持沉默或者不想和警察谈话，也没有表示他需要一名律师，大部分时间被告人都没有说话，仅有零星简短的口头回应。例如，"是""不是""我不知道"。被告人偶尔会点头，他还说不想要警察提供的薄荷糖以及他坐的椅子太硬。在讯问进行了2小时45分钟时，警察问被告人："你相信上帝吗？"被告人眼睛充满泪水回答："是的。"警察继续问："你向上帝祈祷吗？"被告人回答："是的。"警察又问道："你祈祷上帝原谅你枪杀了那个男孩吗？"被告人回答："是的。"被告人拒绝手写一份供述，讯问随后结束。在审判中，被告人主张自己援引了沉默权，并且没有放弃沉默权，供述应当被排除，他的主张没有得到初审法院的支持。联邦第六巡回上诉法院认为初审法院是错误的，被告人在讯问中沉默了2小时45分钟，这足以说明他不想放弃沉默权。本案最终上诉到联邦最高法院。[1]

---

〔1〕 See Berghuish v. Tompkins, 560 U.S. 370 (2010).

(二) 多数意见

首席大法官罗伯茨和大法官肯尼迪、斯卡利亚、托马斯、阿利托形成了多数意见。多数意见首先指出，被告人主张他长时间没说话构成对沉默权的援引因而讯问本应当中止，这是没有说服力的。多数意见援引了联邦最高法院于1994年作出的"戴维斯案"（Davis v. United States）判决。"戴维斯案"确立的规则是被讯问人必须清楚确定地援引律师帮助权，如果被讯问人使用了模糊或模棱两可的语言，警察不能确定他想要律师帮助，那么警察没有义务中止讯问，也没有义务进一步询问以澄清被讯问人是否要援引律师帮助权。多数意见认为"戴维斯案"确立的清楚确定地援引规则也应当适用于沉默权的援引，理由是清楚确定地援引米兰达权利有助于降低控方的证明责任，为警察在面对嫌疑人的模糊表达时如何处理提供指导。如果允许以模棱两可的语言或行为援引权利，那么会使警察猜测嫌疑人的意图作出是否中止讯问的决定，一旦猜测错误就会导致获取的供述被排除，进而阻碍对犯罪的追诉，危害社会公众的利益。本案中，被告人既没有说他想保持沉默，也没有表示不想与警察对话，因此被告人没有清楚确定地援引沉默权。[1]

根据米兰达判决，即使被告人没有援引沉默权，除非控方证明被告人放弃了米兰达权利，否则供述仍然不可采。多数意见首先重申了自愿性和明知性是有效放弃米兰达权利的实质要件，认为虽然米兰达判决要求以明确声明的方式放弃权利，但是后米兰达时代的判决以及警察落实"米兰达警告"的实践表明，即使缺少书面或口头的权利放弃声明，照样可以认定被告人放弃了米兰达权利。多数意见认为"巴特勒案"判决已经从米兰达判决的要求后退了，"巴特勒案"允许从嫌疑人的沉默以

---

[1] See Berghuish v. Tompkins, 560 U.S. 370 (2010).

及他理解自己的权利并且做出一些暗示放弃权利的行为,推定他放弃了米兰达权利,这一推定规则在本案中同样适用。多数意见结合证据作出了三点分析:第一,本案被告人自己朗读了权利告知书载明的援引权利即可中止讯问的条款,警察也向他宣读了米兰达权利,因而他应当理解自己享有的权利,但他没有明确援引沉默权;第二,当警察问他是否祈祷上帝原谅他杀害被害人时,被告人的肯定回答暗示了他放弃沉默权的意图,如果他不想放弃沉默权,他完全可以不回答问题,而且被告人也多次回应了警察之前提出的问题;第三,被告人没有受到强迫和威胁,供述是自愿作出的,被告人坐在硬的椅子上被讯问了三个小时也不构成疲劳审讯。综合以上事实足以推定被告人放弃了沉默权。[1]

(三) 反对意见

自由派大法官索托马约尔、斯蒂文斯、金斯伯格和布雷耶共同发表了反对意见。反对意见首先抨击多数意见实质上背离了米兰达判决,从本案事实无法得出被告人放弃沉默权的结论。反对意见认为,米兰达判决明确指出:"如果讯问在律师不在场的情况下继续进行并且被告人作出了陈述,那么控方要承担证明被告人明知地且理智地放弃了不得强迫自证其罪特权与获得聘请的或指派的律师的权利的沉重责任。"[2]而且明确禁止从被告人最终作出供述的事实推定其放弃了沉默权。但是,本案多数意见却通过被告人回答警察提出的归罪性问题这一事实认定他明知地放弃了权利,显然与米兰达判决的论证逻辑相矛盾。反对意见指出,未援引权利与放弃权利是完全不同的,即使本案被告人没有援引沉默权,但是他肯定没有放弃沉默权,因为

---

[1] See Berghuish v. Tompkins, 560 U.S. 370 (2010).

[2] Miranda v. Arizona, 384 U.S. 436, 475 (1966).

米兰达判决明确认为"供述作出前长时间的讯问或单独监禁的事实是被告人未有效地放弃米兰达权利的强有力证据"。[1] 本案被告人在接受警察讯问2小时45分钟之后才作出供述，而且所谓的供述仅仅是三个单词"是的"（Yes）。长时间的羁押性讯问足以排斥沉默权放弃的有效性。反对意见还提到，被告人在回答关于信仰上帝的问题之前，曾经有一些零星、简短的回应，但并不知道警察提出的问题是否与犯罪事实有关，也就无法从被告人的言词推定其放弃了沉默权，而且控方也承认在被告人回答关于信仰上帝的问题之前，不存在对沉默权的放弃。反对意见批评多数意见隐性推翻了米兰达判决的核心部分，稀释了控方的证明责任，偏离了宪法权利放弃应当遵循的高标准，即使允许推定沉默权的放弃，也不能仅凭借警察获取的供述，还应当有来自于被告人的其他言词或行为作为推定的依据。反对意见进一步作出论断，从长远来看，一个依赖于供述的刑事司法制度比起依赖于独立侦查的制度更加不可靠，也更加可能导致权力的滥用。[2]

（四）争议与反思

1. 保持沉默状态是否是援引沉默权的方式

本案多数意见认为沉默权的援引与律师帮助权一样，必须作出明确、清楚的声明，仅仅一直不说话不构成对沉默权的援引，嫌疑人通常应该明确向警察表达"我想保持沉默"或者"我不想说话"。正如反对意见指出的，"戴维斯案"要求清楚、确定地援引律师帮助权，前提是该案被告人之前已经口头或书面声明放弃了米兰达权利。那么当他想要律师时，当然要清楚、确定地向警察提出要求，这符合常识。但是，本案被告人一直

---

[1] Miranda v. Arizona, 384 U. S. 436, 476 (1966).

[2] See Berghuish v. Tompkins, 560 U. S. 370 (2010).

没有明确声明放弃沉默权,这两个案件在关键事实上存在差异。另外,沉默权本身是一种消极性的权利,行使权利的表现就是保持沉默、不回答询问。当警察告知嫌疑人"你有权保持沉默"时,嫌疑人的自然反应是不再说话,不太可能主动跟警察说"我不想跟你说话""我要保持沉默"。换言之,沉默权的告知传递给嫌疑人的信息是消极的不作为。律师帮助权的告知效果则不一样,传递给嫌疑人的信息是积极的作为,要主动向警察表达自己需要律师,所以,要求嫌疑人以明确的言词援引沉默权是反直觉的。

然而,我们不能忽略援引沉默权的效果,即讯问必须中止。想要警察中止讯问,就必须让警察明确领会嫌疑人的意图,就需要嫌疑人用明确的语言援引沉默权。如果允许嫌疑人以沉默的状态援引沉默权,那么究竟沉默多长时间才能构成对沉默权的援引,1个小时、2个小时还是3个小时?反对意见主张当嫌疑人保持沉默时,警察首先要"认真地予以尊重",如果警察感到嫌疑人想要继续倾听以决定是否供述,那么讯问可以暂时不中止,如果嫌疑人在足够长的时间内都保持沉默,那么警察必须中止讯问。这种主张不具有可操作性,只要缺少明确的标准,警察就会手足无措甚至陷入混乱,无法决定是否中止讯问。笔者认为,如果要求嫌疑人必须清楚确定地援引沉默权,警察有义务附带提示嫌疑人如何清楚地表达自己援引沉默权的意图,或者主动询问嫌疑人是否愿意回答问题。如果允许嫌疑人以沉默的状态援引沉默权,就必须对什么时间中止讯问设定统一的标准。比如,嫌疑人连续一个小时都不说话,不对警察的提问作出回应,那么警察应当中止讯问。

2. 能否从嫌疑人作出供述推定其放弃沉默权

多数意见引发极大争议的是它允许从嫌疑人作出供述推定

他放弃了沉默权。如果脱离本案事实，就一般情况而言，嫌疑人回答了警察的归罪性提问就是他放弃沉默权的表现。因为说话明显是与沉默权的要求相悖的，嫌疑人知道享有沉默权却仍然要回答问题，只能表明或暗示他不想保持沉默。当然，嫌疑人理解沉默权的本质以及放弃沉默权的后果是重要前提。但是，米兰达判决鲜明地反对仅仅从嫌疑人作出供述推定沉默权的放弃，原因还在于它的逻辑前提——羁押性讯问内在的强迫性，长时间讯问和孤立无援的高压环境足以导致嫌疑人不自愿地作出供述，既然供述是不自愿的，又怎么能从不自愿的供述推定嫌疑人放弃沉默权呢？所以，是否可以单独依据供述推定沉默权的放弃，关键在于供述是否是自愿作出的，如果嫌疑人自愿、主动地作出供述，即使仅仅是三个"Yes"，也足以推定他放弃了沉默权。

　　本案中，即使不考虑羁押性讯问内在的强迫性，被告人的供述也不是自愿的，因为警察关于上帝的三个提问明显属于诱导性提问，利用了被告人的宗教信仰带来的心理弱点。警察的第一个问题是"你相信上帝吗"，第二个问题是"你向上帝祈祷吗"，第三个问题是"你祈祷上帝原谅你枪杀了那个男孩吗"，这三个问题明显是经过精心设计的，一环套一环。而且第三个问题预设了被告人杀人的前提，只要被告人回答"是的"，讯问的任务就完成了。这种被诱导的供述难以符合自愿性标准，也就不能据此推定对沉默权的放弃。多数意见认为警察的提问方式不影响供述的自愿性，理由是宗教信仰不是米兰达判决所禁止的"来自警察的道德和心理压力"，这显然是狡辩，虽然宗教信仰是被告人具有的，但警察故意利用了被告人的宗教信仰，由此给被告人造成的心理压力当然要归咎于警察。

3. 嫌疑人未放弃米兰达权利能否阻止讯问

本案被告人在上诉中还提出了一项主张，即警察应当首先获取他对米兰达权利的放弃才能继续进行讯问，而不是通过讯问促使他放弃权利。多数意见驳斥了这种主张，理由是"巴特勒案"已经允许从嫌疑人的言词和行为作出推定，如果警察不能继续讯问，嫌疑人又怎么会有暗示放弃权利的言词和行为呢？允许警察在获取权利放弃前继续讯问可以为嫌疑人行使或放弃权利提供信息和机会，让他的决定更加理智。因此，"汤姆普金斯案"还确立了一项规则：如果嫌疑人既没有明确援引他享有的沉默权和律师帮助权，也没有明确声明放弃，那么警察可以继续进行讯问，不需要停止。这一规则的影响是巨大的，因为只要警察通过讯问最终获取了供述，就可以据此推定嫌疑人放弃了米兰达权利，供述的可采性就有了保障，在审判中很难被排除，这对控方而言是相当有利的。只要允许警察持续讯问，让嫌疑人开口说话并非难事，警察可以采用多种"打法律擦边球"的心理策略。比如，本案中警察利用"上帝"来诱导被告人。

三、部分放弃沉默权或律师在场权的效力

司法实践是错综复杂的，很多案件都存在互相矛盾的事实，嫌疑人的某些言词或某个行为单独来看构成对米兰达权利的放弃，但是配合其他言词或行为又可以得出相反的结论，甚至可以作出嫌疑人援引权利的判断。例如，"巴特勒案"的被告人既同意与警察对话又拒绝签署放弃权利的声明，"汤姆普金斯案"的被告人保持了接近三个小时的沉默后回答了三个"Yes"，但拒绝签署书面供述。那么，当嫌疑人表示愿意口头对话但不愿意将对话内容记录到纸面上时，能否认定其放弃了沉默权？当

案件出现矛盾的事实时，就需要设定统一的标准为警察执法提供明确的指引，支持警察有效执法的法官们倾向于将嫌疑人暗示放弃权利的事实放大，得出权利放弃的结论，即使还存在与之相冲突的事实。

（一）"巴雷特案"禁止部分放弃或援引米兰达权利

1. 案件事实与判决理由

在 1987 年的"巴雷特案"（Connecticut v. Barrett）判决中，联邦最高法院否定了被告人部分放弃沉默权和部分援引律师帮助权的主张。被告人巴雷特因涉嫌性侵犯被逮捕，在三次接受讯问时都被告知了米兰达权利，每次他都签署了证明他知晓权利的文件，而且每次都表示愿意与警察口头谈论涉嫌的犯罪，但拒绝亲笔书写供述。第二次和第三次讯问时他还表示，除非律师在场否则他不会亲笔书写供述，然后他口头承认参与了性侵犯。主持讯问的警察将谈话内容记录下来并作为证据提交法庭，被告人最终被定罪。康涅狄格州最高法院推翻了原审判决，认为被告人已经援引了律师在场权，但是警察并没有中止讯问，获取的供述不具有可采性。[1]

联邦最高法院认为被告人清楚地表明与警察对话的意图，而且被告人没有受到威胁、欺骗或引诱，足以证明他自愿地放弃了沉默权和律师帮助权（"巴特勒案"确立的推定规则）。[2] 据此可知，在理解自己权利的基础上，被告人只要口头表示同意与警察谈话就构成对沉默权的全部放弃，拒绝亲笔书写供述不能成立对一部分沉默权的保留。也就是说，被告人只要意图放弃沉默权就要全部放弃，不能仅仅放弃所谓"口头上的沉默权"，而保留"书面上的沉默权"。此外，联邦最高法院还认为，

---

〔1〕 See Connecticut v. Barrett, 479 U. S. 523, 524~526 (1987).

〔2〕 See Connecticut v. Barrett, 479 U. S. 523, 527~528 (1987).

本案被告人对律师帮助权的援引仅限于手写供述，并不包括所有与警察的口头谈论，但是律师帮助权的援引必须是宽泛的，必须使用能够让一般人理解的涵盖所有情况的一般化表述。[1] 被告人仅表示除非律师在场否则他不会手写供述，这至少意味着律师不在场时被告人也愿意与警察口头讨论案件，对律师帮助权的援引确实是不周延的，但是这可能受制于被告人本人的理解能力。

在"巴雷特案"之前，哥伦比亚特区巡回上诉法院曾经作出的"弗雷泽案"（United States v. Frazier）判决认为，即使被告人不同意书面记录他所说的话，他口头与警察讨论案件也构成对沉默权的全部放弃，被告人具备理解"米兰达警告"的能力，警察不需要向被告人进一步解释他所享有的权利。[2]其他联邦法院也作出过类似判例，认为被告人不允许对他的口头陈述录音或者拒绝在书面供述上签字等情况都不影响被告人口头放弃权利的有效性。[3]可见，联邦最高法院对"巴雷特案"的判决意见与很多下级法院的判例是一致的。

2. 具备理解能力不代表理解米兰达权利

理解米兰达权利的内容和本质以及放弃权利的不利后果是有效放弃米兰达权利的前提，影响着权利放弃的明知性和理智性。但是，嫌疑人具备理解能力并不代表其真正理解了米兰达权利。多数不熟悉诉讼程序或者受教育程度不高的嫌疑人可能会对米兰达权利的援引和放弃存在误解。正是因为存在误解，嫌疑人才会做出令人感到困惑的矛盾言行。有的嫌疑人认为自

---

[1] See Connecticut v. Barrett, 479 U. S. 523, 529~530 (1987).

[2] See United States v. Frazier, 476 F. 2d. 491 (D. C. Cir. 1973).

[3] See Wayne R. LaFave et al., *Criminal Procedure*, 6th edition, West Academic Publishing, 2016, p. 474.

己口头说的话只要不被同步记录下来就不会成为对其不利的证据；有的嫌疑人认为只有签字才能有效放弃权利，没有意识到只要其说话就很可能推定其放弃了权利。在"巴特勒案""汤姆普金斯案"以及"巴雷特案"中，联邦最高法院都认定被告人理解了米兰达权利，但实际上警察给予了被告人"米兰达警告"或者被告人能够自己阅读权利告知书，被告人仍然可能无法真正理解权利的本质并且理性地选择援引还是放弃权利。在孤立无援的高压环境下，被告人内心的紧张与无助更容易导致语言表达的混乱以及行为选择的非理性化。此时，警察应当承担澄清义务，向嫌疑人进一步解释如何援引和放弃权利。但客观地讲，这种澄清义务不利于警察实现获取供述的目的，可能会遭到警察的抵制。

（二）"菲尔德斯案"承认米兰达权利放弃的延续性

在1982年作出的"菲尔德斯案"（Wyrick v. Fields）判决中，联邦最高法院肯定了米兰达权利放弃的延续性。本案被告人因涉嫌强奸被逮捕，他在咨询律师之后要求进行测谎。在测谎开始前，被告人签署了一份米兰达权利告知书，主持测谎的警察也向他宣读和解释了米兰达权利，包括他可以在任何时间停止回答问题或者要求与律师会谈，被告人签署了书面权利放弃声明。在回答一个问题时，被告人明确表明他不想律师在场。当测谎结束的时候，警察告诉被告人他的回答有一些谎言，问他能否解释为什么他的回答令他的心理产生波动。随后，被告人承认与被害人发生过性关系，但声称获得了被害人的同意。警察问被告人是否愿意与当地警察局长进一步谈话，被告人同意了，警察局长在再次讯问被告人前又向他宣读了米兰达权利，被告人仍然表示被害人自愿与他发生性关系，被告人最终被定罪。联邦上诉法院通过人身保护令程序推翻了原定罪，理由是

第四章 米兰达权利的放弃

被告人虽然放弃了测谎过程中的律师在场权，但是控方并没有证明被告人明知地和理智地放弃了测谎结束后接受讯问的律师在场权，如果警察在测谎结束时暂停并再次告知被告人他的权利，那么获取的被告人陈述就是可采的。

联邦最高法院否定了上诉法院的观点，认为被告人要求进行测谎实际上主动启动了与警察的对话，如果被告人之前援引了律师在场权，主动开启与警察的对话也意味着被告人放弃了律师在场权，而且放弃律师在场权的效果不仅仅及于测谎的过程，也涵盖对测谎结果的询问（测谎后的讯问），除非客观情况发生了重大变化以至于被告人的回答不再是自愿的或者他没有自愿地和明知地放弃权利。仅仅因为测谎结束以及被告人被要求解释不利于自己的测谎结果而重新宣读米兰达权利，是不合理的，被告人也不会因为测谎结束而忘记之前已经理解的米兰达权利。测谎在本质上也是一种讯问，被告人及其律师应当预见到警察会要求被告人解释不利的结果。[1]本案的判决意见实际上肯定了米兰达权利放弃的延续性，放弃权利的效果及于整个讯问过程，不局限于讯问过程中的某个时间段。上述规定是有利于警察开展讯问的，警察只需要获得嫌疑人的一次权利放弃即可，只要嫌疑人在放弃权利后不再援引权利。

第三节　援引米兰达权利后的再放弃

米兰达权利的援引与放弃是"同一硬币的正反两面"，是密切相关和相互影响的。但是，不放弃权利不等于援引权利，援引权利需要满足更高的要求，不能将两者混为一谈。米兰达判决告诉我们，嫌疑人放弃沉默权或律师帮助权后在讯问过程中

---

〔1〕　See Wyrick v. Fields, 459 U.S. 42 (1982).

可以随时援引权利，无论援引哪一项权利，都应当被认真地尊重。另外，嫌疑人援引沉默权或律师帮助权之后，警察应当立即中止讯问，但问题是讯问的中止是否是无限期的、永久的，换言之，讯问中止一段时间之后警察可否再次接触和讯问嫌疑人促使其放弃权利或者嫌疑人可否主动提议与警察对话呢？此外，援引沉默权中止讯问的效果与援引律师帮助权中止讯问的效果相同吗？对警察的限制程度相同吗？与直接放弃权利不同，嫌疑人援引米兰达权利后再放弃权利会使案件事实变得复杂化，导致难以判断权利放弃的有效性。

一、"莫斯雷案"对讯问中止规则的松动

（一）基本案情

在米兰达判决作出之后，联邦最高法院首先面临的问题是，嫌疑人援引沉默权后警察是否要永久地停止讯问，在1975年的"莫斯雷案"（Michigan v. Mosley）判决中，伯格法院允许警察重新恢复对嫌疑人的讯问，但需要满足一些条件。本案被告人莫斯雷受到专门负责调查持枪抢劫案件的警察的讯问，警察向他宣读了米兰达权利，被告人告诉警察他不想回答关于抢劫的任何问题，讯问随即中止，被告人被送回监室关押。几个小时后，一名专门负责调查杀人案件的警察就另一起开枪杀人案件讯问被告人，这名警察再次向被告人宣读和解释了米兰达权利，被告人签署了权利放弃声明。在讯问中被告人开始否认他参与了谋杀，警察告诉他另一名已经作出供述的嫌疑人说他是开枪者，被告人之后作出了表明他参与谋杀的陈述。整个讯问持续了15分钟，被告人既没有要求咨询律师也没有表示不愿意继续回答问题，被告人也没有对杀人罪讯问程序的合法性提出异议。问题是警察对杀人罪的讯问是否违反了援引沉默权后的讯问中

止规则呢？

(二) 援引沉默权后恢复讯问的条件

本案判决认为，被告人拒绝与讯问持枪抢劫罪的警察谈话的效力不能扩展到来自另一个部门的警察就另一起犯罪进行的讯问。本案判决认为被告人在援引沉默权后，讯问必须立即中止，警察不能在短暂中止后又继续讯问，但也并不代表警察之后永远不能再接触和讯问被告人。本案判决认为，米兰达判决意在采取有效措施保障嫌疑人知晓自己享有沉默权，并且在行使沉默权时能够被认真地尊重，所谓的有效措施就是嫌疑人中断讯问的权利。通过行使中断讯问的权利，嫌疑人可以控制讯问开始的时间、涉及的主题以及持续的时间，警察必须尊重嫌疑人行使沉默权的要求可以抵消羁押性讯问的内在压力。因此，本案判决认为警察在被告人援引沉默权后获取供述的可采性取决于被告人享有的中断讯问的权利是否被"认真地尊重"（scrupulously honored）。本案判决根据以下事实得出了警察"认真地尊重"了被告人行使沉默权的结论：第一，被告人援引沉默权后，警察立即中断了关于持枪抢劫罪的讯问，没有继续试图寻求被告人放弃权利；第二，在中断讯问两个小时后，第二次讯问才开始；第三，来自另一个部门的警察实施了第二次讯问；第四，第二次讯问的主题是被告人涉嫌的另一桩杀人罪；第五，第二次讯问开始前警察重新宣读了"米兰达警告"，被告人签署了权利放弃声明。[1]

本案判决实际上授权警察在符合一定条件的前提下可以再次接触已经援引沉默权的嫌疑人获取其放弃权利的声明，从而继续进行讯问以获取供述。换言之，嫌疑人援引沉默权的中止讯问效果是暂时的。嫌疑人援引沉默权后，警察必须立即中止

---

[1] See Michigan v. Mosley, 423 U.S. 96 (1975).

讯问，而且中止持续时间要够长才能进行下一次讯问，否则就不符合"认真地尊重"的要求。至于下一次讯问涉及的罪名是否必须与前一次讯问不同，司法实践中存在争议。有些法院认为两次讯问涉及的罪名不同是"莫斯雷案"判决的核心要求，由此得出了沉默权的援引仅及于特定罪名的结论。有的法院则认为警察可以就同一罪名恢复讯问，还有一种观点认为如果嫌疑人在援引沉默权后主动寻求与警察对话，则不受罪名的限制，并且可以证明警察"认真地尊重"了嫌疑人行使中断讯问的权利。[1]

值得注意的是，怀特大法官单独撰写了协同意见，他认为当警察获得可能让嫌疑人开口的新信息时重新接触嫌疑人是恰当的。比如，警察可以告诉嫌疑人他有能力澄清某一归罪事实或者提供证明他在特定时间不在场的证人，从而使他立即被释放。警察还可以告诉嫌疑人证明他有罪的证据是强有力的，如果他转为污点证人指证其他嫌疑人，则可以获得从宽处理。但是这种发生在警察局的辩诉交易的合法性受到了质疑。有学者认为米兰达判决禁止警察作出从宽处理的承诺从而引诱嫌疑人供述。[2] 实际上，本案中警察第二次关于杀人罪的讯问就有欺骗和引诱的嫌疑。警察告诉被告人另一名同伙已经指证他是开枪的人，被告人想要澄清自己没有开枪就很可能作出证明他参与杀人（但没有开枪）的陈述。如果同伙的指证是警察为引诱嫌疑人说话而编造的，即使第二次讯问没有违反讯问中止规则，被告人供述的自愿性也会受到质疑。

---

〔1〕 See Wayne R. LaFave et al., *Criminal Procedure*, 6th edition, West Academic Publishing, 2016, pp. 476~477.

〔2〕 See Wayne R. LaFave, et al., *Criminal Procedure*, 6th edition, West Academic Publishing, 2016, p. 477.

二、爱德华兹规则对律师在场权的强化

1981年的"爱德华兹案"（Edwards v. Arizona）判决是联邦最高法院在后米兰达时代作出的为数不多的符合米兰达判决基本精神以及保障被追诉人诉讼权利的判例。本案判决确立了"爱德华兹规则"，受到羁押性讯问的嫌疑人一旦援引律师帮助权，除非他已经咨询了律师或律师在讯问时在场，警察不能继续讯问嫌疑人，也不能接触嫌疑人促使其放弃权利。

（一）基本案情

被告人爱德华兹被逮捕后，警察向他宣读了米兰达权利，他表示理解享有的权利并且愿意接受讯问，警察告诉他另一名嫌疑人已经供述他参与了犯罪，被告人否认参与犯罪，作出不在场的辩解。随后，被告人表示想要与警察达成认罪协议，警察表示没有权力与他协商认罪，但向被告人提供了检察官的电话，被告人拨通了电话，但很快又挂断了，之后向警察表示在达成认罪协议前他需要一名律师，讯问随即中止。次日上午，另外两名警察来到羁押场所会见被告人，被告人向狱警表示他不愿意与警察谈话，狱警表示他必须要谈话并将被告人带到了两名警察面前。这两名警察向被告人宣读了米兰达权利，表示想要和他谈话，被告人则要求先听一下供认他参与犯罪的另一名嫌疑人的供述录音，听完后被告人表示只要不录音就愿意作出陈述。警察告诉被告人是否录音没有关系，他们可以在法庭上作证被告人所说的话，之后被告人作出了供述。[1]

（二）爱德华兹规则的正当性

大法官怀特、布伦南、斯图尔特、马歇尔、布莱克门、斯

---

[1] See Edwards v. Arizona, 451 U. S. 477, 478~479 (1981).

蒂文斯形成了6票的多数意见,首席大法官伯格、大法官鲍威尔和伦奎斯特发表了协同意见,本案没有反对意见。大法官怀特主笔了多数意见,但他是米兰达判决的反对者(发表了反对意见),让人多少感到惊讶。实际上,怀特大法官早在"莫斯雷案"的协同意见中就认为嫌疑人援引沉默权与援引律师帮助权的中止讯问效果是不同的,这暗示了他在"爱德华兹案"中的立场。多数意见首先承认,根据米兰达判决,被告人享有《宪法第五修正案》和《宪法第十四修正案》赋予的接受羁押性讯问时要求律师在场的权利,而且被告人一旦援引该权利,除非律师已经在场,否则警察不能继续讯问。多数意见认为被告人在第一天的讯问中明确援引律师在场权后并未有效地放弃该权利,初审法院没有认定被告人明知地和理智地放弃了权利。紧接着,多数意见明确区分了两种权利放弃的情形:一是被告人在知晓自己的权利后就有效放弃了权利;二是被告人先援引了律师在场权,之后再放弃权利。多数意见认为在后一种情形中不能仅仅根据被告人回应了警察重新启动的讯问,就认定被告人有效放弃了律师在场权。换言之,"巴特勒案"确立的推定权利放弃规则并不适用于本案。"像爱德华兹这样的被告人,表达了他想仅仅通过律师与警察沟通的意愿,就不能受到进一步的讯问直至他获得一名律师,除非被告人自己提议与警察进行对话、沟通和交流。"[1]在律师未到场的情况下,本案警察在第二天主动讯问被告人显然违反了米兰达判决确立的讯问中止规则,所以获取的供述不可采。多数意见还明确提出,如果被告人援引律师在场权后主动提议与警察对话和交流,那么宪法并不禁止警察倾听被告人的陈述;如果警察第二天找被告人谈话不属于"讯问",那么也不受讯问中止规则的限制,因为米兰达规则

---

〔1〕 Edwards v. Arizona, 451 U. S. 477, 484~485 (1981).

针对的是羁押性讯问。但是，本案被告人并没有主动提议与警察交流，而且第二天的对话也明显属于对犯罪事实的讯问。[1]

(三) 爱德华兹规则的巩固

1. 律师帮助权的援引形成一道"隔离墙"

将"爱德华兹案"与之前的"莫斯雷案"比较可以发现，嫌疑人援引律师帮助权的效果要强于援引沉默权的效果，警察在符合一定条件时可以恢复对援引沉默权的嫌疑人的讯问，但警察必须为嫌疑人提供律师才能恢复对援引律师帮助权的嫌疑人的讯问。一般来说，除非嫌疑人自己聘请律师，否则律师都是由法官指定的，警察局并没有专门配备律师，因而警察恢复讯问的难度较大。我们可以看出，美国联邦最高法院更加重视律师在羁押性讯问中的作用，嫌疑人援引律师帮助权就相当于在他和警察之间建立了一道"隔离墙"。律师就是这道墙，律师充当了警察与嫌疑人之间沟通的媒介，没有律师在场见证，警察就不能与嫌疑人对话和交流，所以说爱德华兹规则对嫌疑人的保护作用是相当强的。当然，这道隔离墙的建立必须基于嫌疑人的自主选择，嫌疑人必须要求律师在场。值得注意的是，大法官斯卡利亚曾认为，爱德华兹规则的目的是保障米兰达规则确立的律师在场权的实现，而米兰达规则又是保障不得强迫自证其罪特权实现的预防性规则（保障性规则），所以爱德华兹规则具有双重预防性。但是《宪法第五修正案》仅仅禁止强迫任何人成为不利于他自己的证人，并没有要求将律师作为警察与嫌疑人对话的媒介，爱德华兹规则远远偏离了《宪法第五修正案》的本意，很容易为机智的犯罪者逃脱制裁提供条件。有学者也提出疑问：为什么援引律师在场权的效果要强于它所意图保障的沉默权呢？要么是"莫斯雷案"判决错了，要么是

---

[1] See Edwards v. Arizona, 451 U. S. 477, 486~487 (1981).

"爱德华兹案"判决错了。[1]

2. 爱德华兹规则适用于嫌疑人涉嫌的所有犯罪

在1988年作出的"罗宾逊案"（Arizona v. Roberson）判决中，联邦最高法院认为爱德华兹规则不是"罪行特定化"的，即被告人援引律师帮助权及于他涉嫌的所有犯罪，除非被告人实际获得律师帮助，警察不能就初次讯问涉及的罪行之外的其他犯罪再次讯问被告人。[2]本案被告人罗宾逊因盗窃罪被逮捕时援引了律师帮助权，他随后被送交羁押。三天之后，另一名警察不知道被告人已经援引了律师帮助权，向被告人宣读了米兰达权利，就另一起盗窃案讯问了被告人，被告人作出了供述。本案判决认为警察违反了爱德华兹规则。之所以确立爱德华兹规则，是因为一旦被告人援引律师帮助权，任何律师不在场的情况下的权利放弃都被推定为强迫。如果允许警察在被告人援引律师帮助权后就另一起犯罪进行讯问，就会向被告人传递一个信号：他援引权利是没有用的。而且，警察不知道被告人已经援引了律师帮助权不是他违反爱德华兹规则的理由，因为权利是否得到保障取决于被告人的主观感受，警察本可以通过阅读逮捕时的记录发现被告人已经援引律师帮助权。[3]因此，将"罗宾逊案"与"莫斯雷案"相比，沉默权的援引是"罪行特定化"的，其效果仅仅及于逮捕和初次讯问涉及的罪行，而援引律师帮助权的效果及于被告人可能涉嫌的所有罪行。

3. 讯问时律师在场是律师帮助权的核心

在1990年作出的"明尼克案"（Minnick v. Mississippi）判

---

[1] See Yale Kamisar, "The Edwards and Bradshaw Cases: The Court Giveth and the Court Taketh Away", 5 *The Supreme Court: Trends and Developments*, 153, 157 (1984).

[2] See Arizona v. Roberson, 486 U.S. 675 (1988).

[3] See Arizona v. Roberson, 486 U.S. 675 (1988).

决中，联邦最高法院再次重申了讯问时律师在场的重要性。本案被告人因谋杀罪被逮捕，他明确要求获得一名律师，讯问随即中止，在被告人与指派给他的律师私下商量了2次至3次之后，警察又恢复了对被告人的讯问并获得了供述。本案判决进一步解释与加强了爱德华兹规则，认为被告人援引律师帮助权后，讯问必须立即中止，除非律师在场，否则警察不能恢复讯问，即使被告人在接受讯问前已经私下咨询了律师也不行。多数意见认为被告人仅仅私下咨询律师并不能阻止警察持续劝说他放弃权利，也无法消除羁押性讯问所带来的压力，从米兰达判决到爱德华兹判决强调的都是律师讯问时在场，保障被告人自主选择让律师充当自己与警察沟通的媒介的权利。如果认为让被告人私下咨询律师就可以满足爱德华兹规则的话，那么就会产生一种担心：被告人越早咨询律师，警察就越早恢复讯问，爱德华兹规则的保护就越早消失。反之，被告人咨询律师越晚，律师配备越缓慢，爱德华兹规则的保护就会越持久。[1]

（四）爱德华兹规则的消解

爱德华兹规则不是"铁板一块"，多数意见明确承认了一个例外：如果嫌疑人自己主动提议与警察进一步谈话和交流，那么援引律师在场权的讯问中止效果消失了，即使律师不在场，警察也可以倾听并且将嫌疑人的陈述用作不利于他的证据。但是，多数意见同时指出嫌疑人主动提议进行的会谈应当是单方向的，即嫌疑人单方面陈述，警察只负责倾听。在这个过程中，如果警察进行了提问就有可能构成"讯问"，那么此时问题就变成了嫌疑人是否有效地放弃了律师在场权。对于这个问题的判断要结合案件的全部情况，包括嫌疑人主动提议与警察会谈的

---

[1] See Minnick v. Mississippi, 498 U. S. 146 (1990).

事实,确定嫌疑人是否自愿、明知和理智地放弃了权利。[1]大法官鲍威尔和伦奎斯特明确反对多数意见将谁提议进行谈话作为判断嫌疑人是否有效放弃律师在场权的必要条件甚至是唯一条件。他们认为,判断宪法权利放弃的实质要件一直是自愿性、明知性和理智性,方法是综合全部情况,不能再添加"主动提议"(initiation)这个内涵模糊的条件。[2]两位大法官暗示的意思是,即使在警察主动启动的对话中,嫌疑人也可能改变之前要求律师在场的意愿,有效放弃权利的空间是有的。

事实证明,"爱德华兹案"确立的"主动提议对话"例外被扩大解释后是有利于警察的,这也是持打击犯罪立场的大法官们乐于看到的。在1983年作出的"布拉德肖案"(Oregon v. Bradshaw)判决中,4名大法官(未形成5人以上的多数意见)认为,嫌疑人主动提议与警察对话的目的必须是进行与案件侦查直接或间接相关的一般化讨论,嫌疑人对与羁押性讯问有关的常规事件的评论或表态不构成"主动提议对话"。比如,要求喝水、吃东西或者使用电话等。那么,什么是与案件侦查相关的一般化讨论呢?本案被告人被逮捕后援引了律师帮助权,在被送交看守所的途中,被告人问警察:"现在会有什么事情发生在我身上呢?"警察告诉他有权保持沉默,被告人表示知道。接下来,被告人和警察讨论了他将被送往什么地方以及对他指控的罪名,警察建议被告人接受测谎,被告人同意了。在测谎前,警察再次向被告人宣读了米兰达权利,测谎后被告人作出了归罪性陈述。本案判决认定被告人主动询问警察会有什么事发生在他身上,构成向警察"主动提议进一步的对话",警察没

---

[1] See Edwards v. Arizona, 451 U. S. 477 (1981). Note 9 of majority opinion.

[2] See Edwards v. Arizona, 451 U. S. 477 (1981). Justice Powell's concurring opinion.

有违反爱德华兹规则。[1]

三、"戴维斯案"要求明确援引律师帮助权

由于爱德华兹规则对嫌疑人的保护效果相当强，几乎完全限制了警察再次接触嫌疑人促使其放弃权利，因此支持警察打击犯罪的大法官试图限制爱德华兹规则的适用，"戴维斯案"就是一个例子。在1994年作出的"戴维斯案"（Davis v. United States）判决中，联邦最高法院要求嫌疑人援引律师帮助权必须使用清楚、确定的语言，不能模棱两可。"戴维斯案"之后，嫌疑人模棱两可地援引律师帮助权就无法起到中止讯问的效果。2010年的"汤姆普金斯案"判决将清楚、确定地援引规则扩展适用到沉默权的援引上。此外，之前提到的"巴雷特案"也是对爱德华兹规则适用的一种限制，该案判决要求嫌疑人宽泛地援引律师帮助权，如果只要求在亲笔书写供述时律师在场，这种援引是无效的。

（一）基本案情

本案被告人因涉嫌杀人罪被警察讯问，警察向他宣读了米兰达权利，被告人作出了口头和书面的权利放弃声明。当讯问进行了一个半小时后，被告人说："我可能应该与律师探讨一下。"[2]警察告诉被告人他们无意侵犯他的权利，如果他确实需要一名律师，那么讯问会中止。随后，警察进一步询问被告人刚才说的话是要求律师帮助还是仅仅对律师的评论。被告人回答："我不是要求获得律师，我不想要律师。"短暂休息后，警察再次向被告人宣读了米兰达权利，讯问又进行了一个小时，

---

[1] See Oregon v. Bradshaw, 462 U.S. 1039 (1983).
[2] Maybe I should talk to a lawyer.

直到被告人明确表示："在我说任何话之前，我需要一名律师。"此时，警察中止了讯问。[1]

（二）判决意见

奥康纳大法官撰写的判决意见认为，如果嫌疑人模棱两可地谈及律师帮助权，一名理性的警察根据当时的情况会将被告人的话理解成他"可能"正在援引律师帮助权，那么警察不需要中止讯问，嫌疑人必须清楚确定地援引律师帮助权。奥康纳大法官指出，虽然嫌疑人不需要像牛津大学的大师那样清楚无误地表达，但是他必须十分清楚地表达他要求律师在场的意图，使理性的警察在这种情况下能够理解他援引了律师帮助权。如果嫌疑人不能满足这种清晰表达的要求，仅仅模棱两可地提及律师，爱德华兹规则就不适用。本案被告人说"我可能应该与律师探讨一下"，这仅仅表明存在被告人援引权利的可能性，但是警察无法确信被告人一定援引了权利。[2]本案判决认为，爱德华兹规则要求警察尊重嫌疑人援引律师在场权，但是当警察无法确定嫌疑人是否需要律师时，要求警察中止讯问会导致米兰达保障转变为警察实施合法侦查活动的完全不合理的障碍。因为，此时警察被禁止讯问嫌疑人，即使嫌疑人实际上并不想要律师在场。奥康纳大法官承认，清楚确定地援引律师帮助权的规则对于某些嫌疑人是不利的，这些嫌疑人由于恐惧、害怕、语言表达能力不强或者其他原因而难以清楚地表明他想要律师在场。但是为了保证规则的清晰性与易适用性，为了保证警察有效地实施法律，避免警察面对嫌疑人模糊的表达时，冒着供述被排除的风险作出艰难的判断，确立清楚、确定地援引律师

---

[1] See Davis v. United States, 512 U. S. 452, 454~455 (1994).

[2] See Davis v. United States, 512 U. S. 452, 458~459 (1994).

第四章 米兰达权利的放弃

帮助权的规则是十分有必要的。[1]

最后，奥康纳大法官表达了最根本的理由：米兰达判决赋予了受到羁押性讯问的嫌疑人律师帮助权，但是《宪法第五修正案》并没有明文规定这一权利（暗示米兰达规则是《宪法第五修正案》的保障性规则）；爱德华兹判决为了保证律师帮助权（核心是律师在场权）的实现，要求警察在嫌疑人援引律师帮助权后必须立即中止讯问，直到律师在场，这实际上是米兰达权利的保障性规则，是第二重保障性规则；本案判决如果要求警察在嫌疑人"可能"想援引律师帮助权时（嫌疑人的表达模棱两可）就立即中止讯问，那么将会为爱德华兹规则设立一种保障性规则（爱德华兹规则在嫌疑人模糊地援引权利时也能适用），奥康纳大法官明确拒绝设立这种第三重保障规则。[2]这里暗含的意思是，宪法保障性规则的设立就像滚雪球那样会越滚越大，结果是越来越偏离宪法文本的含义，越来越不利于警察通过侦查讯问活动合法地获取供述。

大法官苏特、布莱克门、斯蒂文斯和金斯伯格共同发表了协同意见，他们虽然同意维持被告人有罪的原判决，但是反对奥康纳大法官将援引律师帮助权的嫌疑人根据表达的清楚程度分为两类，区分适用爱德华兹规则的做法。苏特大法官认为，联邦最高法院之前的判例虽然反对从被告人的沉默状态推定他援引了律师帮助权，但是允许将被告人的一些言语表达合理地解释为他援引了律师帮助权。很多嫌疑人并不能自信地运用英语表达，甚至愚昧无知，很可能被羁押讯问程序的压力以及自身境况的不确定性所胁迫而丧失作出清楚积极表达的能力。社会科学的研究可以佐证受到恐吓或者处于弱势地位的个人更倾

---

[1] See Davis v. United States, 512 U. S. 452, 460~461 (1994).

[2] See Davis v. United States, 512 U. S. 452, 462 (1994).

向于使用模糊的、非标准的词语,要求这些人注意和提高言词的清晰度和确定性是不合理的。[1]而且,米兰达判决明确允许嫌疑人以任何方式在任何时间援引律师帮助权,当嫌疑人发现他援引权利遭到漠视,实际情况与警察告诉他应当享有的权利是冲突的,他会觉得反对是没有任何用的,结束讯问的唯一方式是作出供述。[2]

(三) 主要争议

1. 如何解释嫌疑人援引权利的模糊性

本案判决让我们产生一个疑问:当嫌疑人用模糊的语言表达援引沉默权或律师帮助权的意图时,应当作出有利于嫌疑人的解释,还是有利于警察的解释?本案判决显然主张作出有利于警察的解释,即嫌疑人没有援引律师帮助权,讯问不需要中止。一般来说,由嫌疑人承担证明其援引权利的责任是合理的,但是不需要证明到确定无疑的程度,如果控方认为嫌疑人没有援引权利,则由控方提出相反证据予以反驳,这样才符合证明责任公平分配的原则。常识告诉我们,人类的语言是千变万化的,个人可以使用不同的语言表达同一个意图,对于多数没有法律知识的嫌疑人而言,他们很难使用专门的法律术语准确地援引自己的权利,所以嫌疑人只需要证明自己的语言表达含有援引权利的意图就可以了。控方具备反驳嫌疑人主张援引权利的天然优势,因为警察是羁押性讯问的主导者和控制者,完全掌握嫌疑人在讯问中的一言一行,有能力提供证明嫌疑人不想寻求律师帮助的证据,也有能力主动向嫌疑人确认他是否要援引权利,如果得到否定回答,则可以作为反驳嫌疑人主张的证据。

---

[1] See Davis v. United States, 512 U. S. 452, 469~470 (1994).

[2] See Davis v. United States, 512 U. S. 452, 472~473 (1994).

2. 警察是否有义务向嫌疑人确认他的意图

本案中警察向被告人进一步确认了他是否要援引律师帮助权,得到了被告人的否定回答。奥康纳大法官承认警察的做法是好的,但是拒绝给警察施加澄清和确认的义务。换言之,当嫌疑人使用不清楚、不确定的语言援引律师帮助权时,警察不是必须向嫌疑人确认他的意图究竟是什么,允许警察忽略嫌疑人的话,继续进行讯问。但这正是苏特大法官所反对的,他认为如果警察不进行澄清和确认,就会伤害嫌疑人援引权利的积极性,破坏嫌疑人对司法制度的信任,被迫作出供述。苏特大法官认为,警察向嫌疑人澄清和确认他的意图,可能会得出援引律师帮助权的确定结论,从而导致无法获得供述,但这是为保护个人的基本诉讼权利而让社会应当承担的成本。[1]实际上,警察很可能利用澄清和确认的机会巧妙地让嫌疑人改变援引律师帮助权的意图,本案被告人明确说想要与律师谈话,只是加了"可能"(maybe)一词,使得他的表达具有不确定性,但是不妨碍推断出他想援引律师帮助权的意图,此时警察告诉被告人他们不想侵犯他的权利,这是在语言上安抚和拉近距离,处于弱势地位的被告人不愿意与警察直接对立,很有可能改变之前的意图,继续与警察对话,这就可以解释为什么被告人否认他想援引律师帮助权,后来又明确援引了律师帮助权。为了尽可能限制警察利用澄清和确认的机会促使嫌疑人改变想法,应当要求警察使用简洁明了的语言向嫌疑人确认和澄清。比如,"你的意思是想要获得律师的帮助吗",不能添加不相关的语言,也不能采用提高嗓门、严肃表情等恐吓方式。客观地讲,警察毕竟是羁押性讯问的主导者,只要没有律师在场,就可以用各

---

[1] See Davis v. United States, 512 U.S. 452 (1994). Justice Souter's concurring opinion.

种方式让嫌疑人屈服于自己的意志。

3. 要求嫌疑人明确清晰地援引权利是否合理

美国学者指出，社会语言学研究表明男性更倾向于使用直接的、肯定的语言，而女性则更倾向于使用间接的、顺从的表达方式，因此，要求使用直接和确定语言的法律规则是不利于女性。还有证据表明，一些使用少数语种的群体像女性一样也习惯采用间接的、含蓄的语言表达，对于一般群体而言，社会化的人和处于弱势地位的人也习惯采用含蓄的语言表达需求，而且，相比于女性和少数语言群体，语言表达更加间接和含蓄的特点在处于弱势地位的人身上表现得更为明显。嫌疑人在羁押性讯问中处于明显的弱势地位，他们与妇女、少数语言群体一样更容易采用含蓄的方式表达自己的诉求，使用的言词会让人感觉模棱两可，所以要求嫌疑人清楚、确定地援引律师帮助权是不合理的。[1]常识告诉我们，准确、严谨地使用法律术语进行表达是对法官、检察官、辩护律师的要求，而不是对非法律专业人士的要求。况且，嫌疑人援引权利的言词表达是否清楚、确定是由警察裁断的，警察当然倾向于认定嫌疑人对律师帮助权的援引是模糊的，这样就可以继续进行讯问。值得注意的是，美国有些州的最高法院通过解释本州宪法作出了与"戴维斯案"不一致的判决，要求警察在嫌疑人模棱两可地援引律师帮助权时中止讯问，然后向嫌疑人确认他的真实意图。例如，夏威夷州和明尼苏达州。[2]

---

[1] See Janet E. Ainsworth, "The Pragmatics of Powerlessness in Police Interrogation", 103 Yale. L. J., 259, 262~264 (1993).

[2] See Joshua Dressler & George C. Thomas Ⅲ, *Criminal Procedure: Investigating Crime*, 6th edition, West Academic Publishing, 2016, p. 719.

四、"沙特泽案"对爱德华兹规则的动摇

斯卡利亚大法官曾经在 1990 年的"明尼克案"反对意见中带有不满地指出，根据"爱德华兹案"和"明尼克案"确立的规则，嫌疑人援引律师帮助权后，在警察主动启动的讯问中不可能有效地放弃律师帮助权，即使警察多次宣读了"米兰达警告"或者嫌疑人已经私下咨询了律师也不行，警察在律师不在场时主动接触和讯问嫌疑人本身就违反了爱德华兹规则。[1]这一结论被联邦最高法院在 2010 年作出的"沙特泽案"（Maryland v. Shatzer）判决所改变，该判决的主笔人恰好是斯卡利亚大法官。

（一）基本案情

被告人沙特泽因犯性虐待儿童罪正在监狱中服刑。2003 年 8 月，警察在监狱中就被告人涉嫌的另一桩性虐待儿童犯罪讯问了被告人，讯问开始前警察向被告人宣读了米兰达权利，被告人作出了书面的放弃权利声明。当被告人弄清楚警察的来意是调查他性虐待儿童，便明确援引了律师帮助权，讯问随即中止，被告人返回监狱服刑，之后案件的侦查被停止。2006 年 3 月，根据被害人的控告以及新的证据，另一名警察（与之前那名警察来自同一部门）来到监狱再次会见和讯问被告人，此时被告人已经被换押到另一所监狱。这名警察向被告人宣读了米兰达权利，被告人作出了书面的放弃权利声明，在讯问过程中被告人作出了归罪性陈述，被告人随后被判决有罪。[2]

---

[1] See Minnick v. Mississippi, 498 U. S. 146 (1990). Justice Scalia's dissenting opinion.

[2] See Maryland v. Shatzer, 559 U. S. 98 (2010).

(二) 判决意见

斯卡利亚大法官首先指出，爱德华兹规则实际上假定嫌疑人援引律师帮助权后，警察在律师不在场时接触嫌疑人获取的权利放弃都是羁押性讯问内在强迫性的产物，是无效的。如果嫌疑人在宣读米兰达权利后直接放弃权利，那么只要符合"泽布斯特案"确立的放弃宪法权利的标准就行。如果嫌疑人援引律师帮助权后再放弃，那么"泽布斯特案"的标准不足以认定权利放弃的有效性。但是，爱德华兹规则适用的前提是嫌疑人受到孤立无援的羁押性讯问，脱离了这个前提，该规则的效力就会丧失。因此，如果嫌疑人的羁押状态被中断了足够长的时间，那么羁押性讯问的强迫性就不会再影响嫌疑人，因为其脱离了孤立无援的环境，能够从律师、家人和朋友那里获取建议，之前被讯问的经历也可以让其相信一旦其援引律师帮助权，讯问就会中止，此时嫌疑人改变心意而放弃米兰达权利并作出供述，不太可能是警察施加压力的结果。如果强行适用爱德华兹规则，供述会遭到排除，犯罪者不能受到惩罚，社会将承担更大的成本。斯卡利亚大法官进一步明确，羁押状态中断14天以上的，嫌疑人就失去了爱德华兹规则的保护，警察可以重新接触和讯问他，嫌疑人可以自愿地、明知地和理智地放弃米兰达权利。[1]

那么，什么是羁押状态的中断呢？嫌疑人被释放回家肯定属于羁押状态的中断。斯卡利亚大法官认为，本案被告人在讯问结束后被送回监狱继续服刑也属于羁押状态的中断。虽然监狱服刑仍然属于剥夺人身自由，但是这种剥夺人身自由不是服务于获取供述的侦查目的，不属于"米兰达式的羁押"。被告人在监狱服刑就是一种日常生活，他可以跟狱警、狱友交流，可以会见访客，可以写信、通电话，还可以学习、运动、娱乐和

---

[1] See Maryland v. Shatzer, 559 U.S. 98 (2010).

参加培训。而且,警察也没有权力延长已经判处的刑期,对被告人没有任何威胁。既然羁押状态已经中断,前后两次讯问的间隔时间为 2 年半,被告人完全可以脱离羁押性讯问压力的影响,自愿地放弃权利,自愿地作出供述。[1]

(三) 小结

综上所述,从"莫斯雷案"到"爱德华兹案"再到"戴维斯案",直到 2010 年的"沙特泽案"和"汤姆普金斯案",美国联邦最高法院一直在调整米兰达判决确立的讯问中止规则,这种调整既表现为爱德华兹规则的强化作用,也表现为其他案件的松动和限制。整体来看,现任首席大法官罗伯茨自 2005 年就任以来,联邦最高法院的司法立场愈加支持警察有效获取供述,无论嫌疑人援引沉默权还是律师帮助权。中止讯问的效果都不再是永久的,中止一段时间之后,在符合一定条件的前提下,警察可以重新接触和讯问嫌疑人,再次接触和讯问很容易促使嫌疑人改变心意,作出放弃米兰达权利的决定,从而为供述的可采性提供保证。

第四节　警察讯问策略与米兰达权利放弃的有效性

一、联邦最高法院对警察讯问策略的容忍态度

(一) 伯拜案

1. 基本案情

在 1986 年作出的"伯拜案"(Moran v. Burbine)判决中,联邦最高法院认为警察没有告知嫌疑人其家属已经为他委托了律师以及律师试图会见和帮助他,不影响嫌疑人自愿地、明知

---

[1] See Maryland v. Shatzer, 559 U. S. 98 (2010).

地和理智地放弃米兰达权利，特别是律师帮助权。本案被告人伯拜因涉嫌盗窃被逮捕，警察通过线人得知被告人还涉嫌一桩谋杀案，准备就谋杀案讯问被告人。同时，被告人的姐姐知道他被逮捕后，向当地公设辩护人办公室寻求法律援助。公设辩护人办公室的一名律师电话通知警察局，他将为被告人在即将接受的列队辨认和讯问中提供法律帮助，警察告诉这名律师当天晚上不会对被告人进行讯问或列队辨认。然而，事实上，警察在当晚就谋杀案讯问了被告人，每次讯问前都向被告人宣读了米兰达权利，被告人作出了口头和书面的放弃权利声明，但警察并未告知被告人他的姐姐已经帮他委托了律师而且律师已经与警察通电话的事实，经过讯问，被告人最终签署了书面供述。[1]

2. 多数意见与反对意见

大法官们的投票结果是6:3，首席大法官伯格、大法官奥康纳、怀特、布莱克门、鲍威尔和伦奎斯特形成了多数意见。多数意见首先分析了有效放弃宪法权利的两个要件——自愿性和明知性，认为被告人自愿放弃米兰达权利是没有争议的，被告人知晓自己的权利以及放弃权利的后果，警察没有告知被告人他的姐姐为他委托了律师以及律师联系了警察试图会见他，不影响权利放弃的明知性。多数意见的理由是，被告人不在场时外界发生的事情不会削弱他理解权利和明知地放弃权利的能力，也不会影响权利放弃的有效性，如果律师没有打电话向警察了解被告人的情况，被告人照样会明知地作出放弃权利的决定。多数意见也承认，额外的信息可能会有益于被告人，甚至影响他是否作出供述的决定。"但是，我们从来没有将宪法解读为要求警察为嫌疑人提供信息帮助他衡量自己的利益，以作出是否

---

[1] See Moran v. Burbine, 475 U.S. 412, 416~418 (1986).

行使权利的决定。"[1]多数意见进一步论证,无论警察是故意欺骗被告人还是疏忽,警察的主观状态都不影响被告人放弃权利的自愿性和明知性。"尽管十分不恰当,对律师的欺骗不可能影响嫌疑人放弃米兰达权利的决定,除非嫌疑人知道了这件事。"多数意见将本案与1964年的"埃斯科韦多案"(Escobedo v. Illinois)进行了区分。在"埃斯科韦多案"中警察欺骗被告人他的律师不想会见他,而本案的情况是警察欺骗律师不会在当晚讯问被告人。"假设故意或疏忽地隐瞒信息作为职业道德问题是可谴责的,这种行为仅当剥夺了与被告人理解权利以及放弃权利后果的能力密切相关的信息时,才会对权利放弃的宪法有效性产生影响。因为本案被告人作出说话的决定时已经知晓和理解了米兰达判决要求警察提供的所有信息,所以权利放弃是有效的。"[2]多数意见明确拒绝让警察承担告知嫌疑人他的律师试图接触和会见他的义务,如果给警察施加了这种告知义务,就会打破惩罚犯罪与保障人权之间的微妙平衡,影响警察有效地获取供述。

大法官斯蒂文斯、布伦南和马歇尔发表了反对意见,他们强烈批评多数意见允许警察提供错误消息给辩护律师以及向嫌疑人隐瞒律师为他提供辩护的消息,多数意见实际上在为警察的欺骗手段张目,错误解读甚至歪曲了联邦最高法院的一些先例。反对意见指出,本案中警察隐瞒信息恰好是米兰达判决所试图禁止的欺骗手段。这种欺骗是对律师与客户之间关系的粗暴干涉,损害了法律的正当程序所提倡的公正、公平等价值,不利于发挥律师在对抗式诉讼中的重要作用。反对意见对惩罚犯罪与保障人权的平衡作出了另一种解释:有时候对个人权利的程序保障导致无法获取供述是对抗式诉讼制度以及民主社会

---

[1] Moran v. Burbine, 475 U. S. 412, 422 (1986).

[2] Moran v. Burbine, 475 U. S. 412, 423~424 (1986).

应当承担的代价。[1]

3. 小结

本案判决实际上有意容忍了警察采用的欺骗手段,多数意见的理由明显站不住脚。如果被告人知道他的姐姐为他委托了律师,而且律师正试图接触他并为他提供法律帮助,很有可能不会放弃律师帮助权。关于律师的信息必然会影响被告人放弃权利的明知性与理智性,当被告人知道外界有律师可以为他提供帮助,他至少会再次权衡是否放弃权利,不会轻易相信警察的劝导。而且,本案中警察之所以既欺骗律师当晚不进行讯问,又向被告人隐瞒关于律师的信息,就是为了突击进行讯问,避开律师,利用在羁押性讯问中的主导地位压制被告人的意志和心理,促使被告人放弃米兰达权利并作出供述。上述目的是非常明显的,多数派大法官也非常清楚警察的目的,也认识到了警察的欺骗行为是违背法律职业道德的。但是他们所坚持的平衡打击犯罪和保障人权的司法立场,推动他们对米兰达判决进行"纠偏",为了保证获取供述对被告人定罪,他们最终选择容忍警察的欺骗行为。换言之,本案中,警察的欺骗行为没有超出保守派大法官的底线。值得注意的是,美国一些州的最高法院通过解释本州宪法作出了与"伯拜案"不一致的判决,认为警察不告知嫌疑人他的律师试图联系和会见他将会导致权利放弃无效。例如,特拉华州、马萨诸塞州、新泽西州和密歇根州。

(二)埃尔斯塔德案

在1985年作出的"埃尔斯塔德案"(Oregon v. Elstad)判决中,多数大法官选择容忍警察的不恰当行为,即初次讯问嫌疑人时不宣读米兰达权利,等嫌疑人作出供述后(供述应当排除)

---

[1] See Moran v. Burbine, 475 U.S. 412 (1986). Justice Stevens' dissenting opinion.

第四章 米兰达权利的放弃

再向其宣读米兰达权利,然后重复进行讯问,促使嫌疑人放弃米兰达权利后获得具备可采性的供述。而且,联邦最高法院认为警察在第二次讯问时没有义务告知嫌疑人他在警察未宣读米兰达权利的情况下作出的供述不可采。

被告人埃尔斯塔德(18岁)涉嫌一桩盗窃案。两名警察持有逮捕令状来到被告人家中,一名警察单独与被告人在客厅中谈话。警察问被告人是否认识他的邻居,被告人回答"是",而且告诉警察他听说邻居家发生了一起抢劫。警察说他们认为被告人参与了这起犯罪。被告人回答:"我当时在那里(邻居家)。"之后,警察将被告人带到警察局的办公室,第一次向他宣读了米兰达权利,被告人表示理解了自己的权利并且愿意与警察对话。紧接着,被告人详细地供述了他和同伙进入邻居家盗窃的事实,并且签署了打印的书面供述。在审判中,控方承认被告人在其家中作出"我当时在那里"的陈述时处于准羁押状态,警察本应当提前告知被告人米兰达权利,被告人在家中的陈述应因违反米兰达规则被排除。但是,控方认为被告人在警察局中的供述并没有受到之前应当排除的陈述的"污染",此时警察已经告知被告人米兰达权利,所以不应当排除警察局中获取的供述。[1]

多数意见首先拒绝适用"毒树之果"排除规则排除被告人在警察局的供述,理由是米兰达规则不是宪法性排除规则。被告人在警察未告知米兰达权利的情况下作出的供述不会"污染"告知米兰达权利后第二次作出的供述。事实上,前后两次供述都是被告人自愿作出的。被告人在上诉中主张,如果他当时知道自己在家中的供述应当被排除,他在警察局就不会放弃米兰达权利作出供述。换言之,被告人意识到他在家中承认案发时

---

[1] See Oregon v. Elstad, 470 U.S. 298 (1985).

他在现场泄露了他的犯罪事实,再抵赖也没有用,所以他在警察局中作出了第二次供述。多数意见认为,第一次讯问时未告知被告人米兰达权利不会影响第二次讯问时被告人放弃权利的自愿性和明知性,因为第二次讯问前警察已经充分告知了被告人米兰达权利,即使之前的讯问产生了"污染",米兰达警告也足以消除"污染",被告人可以自由地选择是否作出供述。多数意见拒绝让警察承担告知被告人他之前的供述不可采的义务,理由是这种额外的起澄清作用的告知既不是可行的,也不是必要的。警察毕竟不是法官,他没有能力认定供述是否是违反米兰达规则获取的而应当被排除。[1]

本案的核心争议是嫌疑人在第二次讯问中放弃米兰达权利的有效性是否受到之前未给予其米兰达警告的影响。具体而言,警察能否在第一次讯问时不宣读米兰达权利,促使嫌疑人作出供述,然后在第二次讯问前向嫌疑人宣读米兰达权利,促使嫌疑人放弃权利,然后获取具备可采性的供述。笔者认为,嫌疑人在不知晓其有权援引沉默权和律师帮助权中止讯问的情况下很有可能作出供述,即使嫌疑人事实上自愿作出供述,也会对其心理产生影响,嫌疑人会认为既然自己的秘密已经泄露,再说一次也无妨。因此,第二次讯问时告知嫌疑人米兰达权利已经没有多大作用,嫌疑人极有可能放弃权利而再次作出供述,警察正是利用了嫌疑人心理的微妙变化,虽然本案中没有确切的证据证明警察是故意不宣读米兰达警告的。

(三) 赛博特案

2004年的"赛博特案"(Missouri v. Seibert)与"埃尔斯塔德案"的核心争议是相同的,都涉及嫌疑人在初次讯问未被告知米兰达权利的前提下作出供述,是否影响告知权利后放弃权

---

〔1〕 See Oregon v. Elstad, 470 U. S. 298 (1985).

利的有效性问题。不同的是,"赛博特案"中警察承认故意不告知嫌疑人米兰达权利直到他作出供述,这已经是警察普遍采用的讯问策略,而且前后两次讯问都在警察局的讯问室进行。但"埃尔斯塔德案"的初次讯问是在嫌疑人家中,环境压力比专门的讯问室要小得多。

本案被告人赛博特被逮捕带至警察局接受了40分钟左右的讯问,警察故意没有向她宣读米兰达权利,讯问过程中警察有掐被告人胳膊的行为,被告人最终作出了供述。休息20分钟后,之前主持讯问的警察打开录音设备,向被告人宣读了米兰达权利,被告人签署了书面的放弃权利声明。紧接着,警察向被告人提到她之前作出的供述,然后将涉及的重要案件事实以提问的形式向被告人逐一确认,被告人作出了肯定性回答。在证据排除听证中,警察承认他故意诱导被告人重复她在知晓米兰达权利之前作出的供述。[1]

苏特大法官撰写的判决意见认为,基于警察故意规避米兰达规则的意图,警察在被告人作出供述后再向其宣读米兰达警告无法真正起到程序保障的作用,无法有效地使被告人知晓和理解其享有的宪法权利,无法保证被告人自由地选择是否放弃权利并作出供述。因此,"米兰达警告"是无效的,导致被告人不能明知地和理智地放弃米兰达权利,权利放弃也是无效的。苏特大法官还列举了判断介于两次讯问之间的米兰达警告有效性的因素。比如,前后两次讯问中警察的问题是否完全一样,被告人的供述是否高度相似,前后两次讯问的间隔时间是否足够长以及讯问环境是否相似,主持讯问的警察是否相同,等等。[2]

美国联邦最高法院在"埃尔斯塔德案"中容忍了警察(可

---

[1] See Missouri v. Seibert, 542 U.S. 600 (2004).
[2] See Missouri v. Seibert, 542 U.S. 600 (2004).

能由于疏忽）不向嫌疑人宣读米兰达权利的不恰当行为，这产生了不良的示范效应。一些警察部门指导和训练其警察故意不宣读米兰达警告直至嫌疑人作出供述，然后在宣读米兰达警告后，让嫌疑人重复之前的供述。"赛博特案"的判决就是为了制止这种恶意规避米兰达规则的做法，此时多数大法官已经无法容忍警察恶意架空米兰达判决的行为。"埃尔斯塔德案"和"赛博特案"的判决结果虽然不同，但我们从中可以看出，美国警察已经意识到嫌疑人一旦有一次作出供述，心理防线就会被击溃，重复之前的讯问让嫌疑人放弃米兰达权利作出与之前相同的供述就易如反掌。为了利用嫌疑人的这种心理弱点，警察宁愿初次讯问不告知嫌疑人米兰达权利，宁愿牺牲初次讯问获得的供述。

（四）斯普林案

美国联邦最高法院通过 1987 年的"斯普林案"（Colorado v. Spring）明确了嫌疑人放弃米兰达权利的效果及于他涉嫌的所有犯罪，不仅仅局限于他被逮捕时涉嫌的罪名。本案判决实际上还承认了警察采用的一种不太恰当的讯问策略：警察先以证据较为充分的罪名逮捕嫌疑人，利用嫌疑人放弃米兰达权利的机会，对嫌疑人涉嫌的另一起较为严重的犯罪（有罪证据比较薄弱）进行讯问并获取强有力的证据——供述。但警察并没有提前告知嫌疑人在他放弃米兰达权利后要就较为严重的罪名讯问他。

本案中，警察从线人处获知被告人跨州运输和贩卖失窃枪支的消息，就派出便衣警察与被告人进行了枪支交易。被告人于 1979 年 3 月 30 日被逮捕，警察向他宣读了"米兰达警告"，被告人签署了一份声明表示他理解自己享有的权利并且愿意放弃权利以及回答警察的问题。紧接着，警察讯问了被告人有关枪支交易的事实并且问被告人是否曾经用枪射杀过一个人，被告人承认确实射杀过一个人，但否认被害人的名字叫沃克。1979年5月26日，警察再次讯问被告人，被告人签署了放弃米兰达权利的声明，对杀人的事实作出了供述。随后，被告人被以一级谋杀罪起诉，在审判中，被告人申请排除警察在两次讯问中获取的供述，理由是他并不知道放弃米兰达权利后警察会就杀人罪讯问他，因而权利放弃是无效的。法官并没有支持被告人的排除理由，而是以其他根据排除了被告人的第一次供述，但采纳了被告人的第二次供述，被告人被定罪。科罗拉多州上诉法院推翻了初审判决，认为被告人在第一次接受讯问时放弃米兰达权利是无效的，第一次供述应当被排除，第二次供述根据"毒树之果"规则也应当被排除。[1]

联邦最高法院认为，警察没有提前告知被告人讯问将涉及的所有罪名或者被告人并没有完全了解放弃米兰达权利的所有后果，不影响他放弃米兰达权利的明知性。被告人已经理解他享有沉默权以及作出的任何陈述都可能被用作不利于他的证据，也没有证据表明他受到了暴力和胁迫。因此，被告人的权利放弃是有效的，宪法并没有要求被告人必须知晓他放弃权利的每一个可能的后果。[2]

虽然联邦最高法院否认警察的行为构成能够导致权利放弃无效的欺骗或诡计，但是本案中警察利用对轻罪的讯问获取重罪的关键证据的意图比较明显。警察利用便衣实施诱惑侦查，与被告人进行枪支交易诱捕被告人，被告人对违法枪支交易的事实无法抵赖，作出供述在意料之中。但是，警察"醉翁之意不在酒"，警察真正关心的是被告人涉嫌的谋杀罪，恰好可以利

---

[1] See Colorado v. Spring, 479 U. S. 564 (1987).
[2] See Colorado v. Spring, 479 U. S. 564, 573~577 (1987).

用被告人放弃米兰达权利的机会，获取被告人关于谋杀罪的供述，被告人最终被以一级谋杀罪起诉可以佐证警察的意图。本案中，警察的做法很有可能是提前策划好的讯问策略，带有欺骗的性质，如果警察之前已经发现被告人涉嫌谋杀罪，但是没有足够的证据逮捕并讯问被告人，故意利用对证据比较充分的非法买卖枪支罪进行讯问的机会，获取被告人对谋杀罪的供述，那么警察的做法显然是不恰当的，严重削弱了米兰达权利放弃的有效性。如果警察在逮捕被告人之后才发现他涉嫌谋杀罪或者在没有事先谋划的情况下顺带就谋杀罪讯问被告人（非法买卖枪支不是"借口"），那么警察的做法就是可以接受的。事实上，美国警察在侦查实践中经常以轻微的犯罪（比如交通违法）为借口逮捕涉嫌严重犯罪的嫌疑人，通过羁押性讯问获取供述并且以供述为线索再获取其他证人、物证和书证，最终以重罪起诉嫌疑人。对于警察的上述做法，联邦最高法院持默认态度，随着实践的发展，警察规避米兰达规则的讯问策略也在不断翻新，完全禁止这些讯问策略是不现实的，也是保守派大法官们不愿意看到的。

（五）伊宁斯案

美国联邦最高法院在1980年的"伊宁斯案"（Rhode Island v. Innis）判决中变相承认了警察利用嫌疑人的同情心（敏感心理）以间接对话的方式诱导嫌疑人作出不利于己的言词和行为的讯问策略。本案被告人伊宁斯因涉嫌多起抢劫杀人案件被逮捕，警察告知了他米兰达权利，被告人援引了律师帮助权，之后警察将被告人押入专门的警车送往警察局。三名负责押解的警察与被告人同乘一车。在押送途中，警察G主动对警察M谈起尚未找到的被告人实施犯罪的枪支，警察G说他经常在这附近巡逻，附近有一所残疾儿童学校，很多残疾儿童在周围玩耍，

第四章　米兰达权利的放弃

愿上帝不要让残疾儿童找到带有子弹的枪支，否则他们会伤到自己。警察 M 表达了同样的担心，他表示要继续寻找枪支。被告人听到两名警察的对话后，打断了他们的对话并让警察返回逮捕现场，被告人表示愿意指出隐藏枪支的位置。警察随后将被告人带回逮捕现场，再次告知了被告人米兰达权利，被告人表示他理解享有的权利，为了附近的残疾儿童不受伤害，他愿意找出隐藏的枪支。随后，被告人引领警察在附近路边的石头下面找到了枪支。在审判中，被告人申请排除找到的枪支以及他关于枪支位置的陈述，初审法院认为被告人告诉警察枪支的位置构成对沉默权的有效放弃，没有支持被告人的排除申请。[1]

联邦最高法院避开了米兰达权利放弃的有效性问题，采用了另一种论证思路，对"讯问"的概念作出了界定。根据米兰达判决，嫌疑人援引律师帮助权后，除非律师在场，否则警察不能继续进行讯问，如果本案中两名警察之间的对话构成对被告人的讯问，那么警察就违反了米兰达判决确立的讯问中止规则，获取的供述和枪支应当被排除。本案多数意见认为，米兰达判决所规制的讯问不仅限于警察向嫌疑人提出明确的问题，还包括警察作出的与明确提问功能相同的言词或行为。而且警察本应当知道这些言词或行为具备使嫌疑人作出归罪性回应的合理可能性。虽然多数意见比较宽泛地界定了讯问的概念，多数意见的最终结论是两名警察关于残疾儿童的对话不构成对被告人的讯问，警察的行为不违反米兰达判决，理由是两名警察的对话很简短，不是专门为了引起被告人的情感共鸣而设计的，也没有证据表明警察知道被告人的心理容易受到这类对话的影响。[2]

---

[1] See Rhode Island v. Innis, 446 U.S. 291 (1980).
[2] See Rhode Island v. Innis, 446 U.S. 291 (1980).

客观地讲,两名警察的对话应当构成多数意见所界定的讯问,这是警察采用的一种典型的利用嫌疑人同情心或良心的讯问技巧,目的是促使嫌疑人产生情感共鸣,比暴力、威胁等直接的讯问手段更容易诱导嫌疑人作出供述。从权利放弃的角度来看,被告人主动打断两名警察的对话并指引警察找到隐匿的枪支是否构成对已经援引的律师帮助权的有效放弃呢?笔者认为,如果没有警察关于担心残疾儿童受伤的对话,那么被告人的言词和行为成立对律师帮助权的有效放弃,但是警察的对话具有明显的诱导性,利用了被告人的心理弱点,目的就是引诱被告人放弃米兰达权利。这严重削弱了被告人放弃权利的自愿性和明知性,所以权利放弃是无效的。

二、警察如何促使嫌疑人放弃米兰达权利

(一)各种带有欺骗和引诱性质的讯问手段

在后米兰达时代,不仅美国联邦最高法院不断对米兰达判决作出限缩性解释,美国警察在执法实践中也不断发展出各种各样的讯问技巧,以应对米兰达判决给获取供述带来的挑战。总结起来,暴力、威胁等明显的强迫性手段已经被越来越多的警察部门所摒弃,警察的讯问技巧或多或少地带有欺骗和引诱的性质。警察往往利用嫌疑人对米兰达规则的无知以及心理上的弱点,欺骗和引诱嫌疑人放弃米兰达权利并作出供述。例如,"伯拜案"中警察故意对嫌疑人隐瞒家属为他委托律师以及律师试图会见他的信息;"埃尔斯塔德案"和"赛博特案"中警察不告知米兰达权利直至嫌疑人作出供述再告知并诱导他重复供述;"斯普林案"中警察利用就轻罪讯问嫌疑人的机会获取他对重罪的供述;"伊宁斯案"中警察利用嫌疑人对残疾儿童的同情心;等等。

第四章 米兰达权利的放弃

相比于暴力、威胁等明显的强迫性手段，欺骗和引诱手段能够更有效地促使嫌疑人放弃米兰达权利，在联邦最高法院的司法审查中也更容易得到容忍。后米兰达时代的联邦最高法院改变了米兰达判决假定羁押性讯问具有内在强迫性的逻辑，将权利放弃自愿性和供述自愿性的检验方法回归到传统的"综合全案情况"，主要考察警察事实上是否采用了明显的强迫手段。换言之，只要警察不采用刑讯逼供、胁迫等对身体和精神造成高度压力的手段，支持打击犯罪的大法官们倾向于承认权利放弃的有效性以及供述的可采性。

联邦最高法院的保守立场在一定程度上纵容了警察，警察采用的欺骗和引诱手段花样百出。美国学者总结了一些比较典型的手段：第一，警察尽可能地用简洁的语言宣读"米兰达警告"，向嫌疑人展示一种漠不关心是否放弃权利的中立态度；第二，警察没有首先询问嫌疑人是否愿意放弃权利，是否愿意与警察对话，就直接进行讯问；第三，警察告诉嫌疑人只有他放弃米兰达权利，才会告知对他的指控以及可能的处理结果；第四，警察直接告诉嫌疑人如果他不放弃米兰达权利，他的处境会更加危险，或者如果他放弃权利就会获得从轻处理；第五，警察告诉嫌疑人如果他放弃权利，就会改变对他的坏印象，比如，不再把他视为"冷酷无情的杀手"。[1]

警察最为常用的手段是在嫌疑人面前有意压低米兰达权利的重要性，让嫌疑人产生"米兰达警告"是一种可有可无的仪式的错觉，造成嫌疑人误解米兰达权利以及放弃权利的后果。警察会将米兰达权利告知融入与嫌疑人的对话中，快速地和简洁地说完标准化的"米兰达警告"，或者有意强调"米兰达警

---

[1] See Yale Kamisar, "The Miranda Case Fifty Years Later", 97 B. U. L. Rev., 1293, 1302 (2017).

告"的形式性，向嫌疑人暗示放弃权利无关紧要，或者将嫌疑人的注意力转移到讲述他自己的故事上，使其忽略米兰达权利。美国学者列举了一些实例[1]：

例1：

  警察：好，让我们继续，快速地完成这件事，不要让我说的话扰乱你的情绪，这仅仅是我们必须履行的仪式。这是一个"米兰达警告"，内容是你有权保持沉默，你所说的话都可能在法庭上用作不利于你的证据，你有权要求律师在讯问时在场帮助你，如果你无力聘请律师，你有权在接受讯问前获得一名指派的律师。你明白这些吗？

  嫌疑人：是的。

  警察：关于这些（权利告知）还有问题吗？

  嫌疑人：（摇头）

  警察：好。正如我已经说过的，我们的主要目的是获得一些关于我们所调查事情的答案，我们需要能够帮助我们、为我们指引（调查）方向的人，否则我们会漫无目的地与一些（对调查案件）没有意义的人谈话。我们相信你肯定有一些对我们有用的信息，这就是我们想要与你谈话的原因。你知道我们是什么意思吗？

  嫌疑人：是的。

  警察：你知道我们想跟你谈什么事情吗？

  嫌疑人：（点头）

---

[1] See Richard A. Leo & Welsh S. White, "Adapting to Miranda: Modern Interrogators' Strategies for Dealing with the Obstacles Posed by Miranda", 84 Minn. L. Rev., 397, 434~439 (1999).

第四章 米兰达权利的放弃

例2:

警察：在我们与任何人谈论任何事情之前，都有一件事情，就是（宣读）"米兰达警告"，我不知道你是否听说过或者在电视上看到过，它（"米兰达警告"）是为了保护我们以及保护你，我们必须告知你米兰达权利，我们必须知道你听到了它们（米兰达权利）并且理解它们，但是如果你想毫无保留地说出来，也是可以的，明白了吗？

嫌疑人：明白。

例3:

警察：我不知道你在多大程度上牵涉进这件事中，我想听到你对这件事的陈述。因为你处于羁押之中，我知道卢卡斯探员已经向你宣读了一次权利，对吧？在我听你讲任何话之前，我需要像他（卢卡斯探员）那样向你宣读权利，当他向你宣读时你明白它们（米兰达权利）吗？

嫌疑人：明白。

警察：好。它就像电视里一样，但是我不能跟你谈话直至我向你宣读了权利。

例4:

警察：我知道（真相）远非我知道的这些，我知道你当时在那里（犯罪现场），这不是问题，因为这没什么大不了的。但是我也需要知道真相，因为我不确定她（被害人）告诉我的是不是实情。

嫌疑人：她（被害人）告诉你什么了？

警察：她声称你拿枪指着她。

嫌疑人：(否认)

警察：我刚才说过真相远非她告诉我的那样，肯定有其他的事情。

嫌疑人：我甚至都不认识她，你知道我在说什么。

警察：(惊讶声) 我不能听取你的陈述直到我们解决了米兰达警告的问题。

嫌疑人：好吧。

例5：

警察甲：我把我自己当成你的朋友。

嫌疑人：是的，你是我的朋友。

(警察甲与嫌疑人谈论了一些案情)

警察甲：在我们进一步探讨这件事之前，现在我要告知你享有的权利，我认为你应当被告知这些权利。(对警察乙说) 你身上带着卡片 (记载标准化米兰达警告的卡片) 吗？

警察乙：是的 (我带着卡片)。

警察甲：我把我的卡片忘在家里了。你有权保持沉默……你理解这些权利吗？

嫌疑人：是的。

从上述实例中可以看出，美国警察利用各种方式向嫌疑人暗示米兰达权利无关紧要，宣读"米兰达警告"仅仅是例行公事，甚至还谎称与嫌疑人做朋友，一名警察扮"白脸"，另一名警察扮"黑脸"，最终都是为了引诱或误导嫌疑人放弃米兰达权利作出供述。警察采用的一些引诱手段介于合法与不合法、道德与不道德之间，让法官很难判断和定性，例如，警察告知嫌疑人指控他的证据存在问题，暗示嫌疑人可能无辜，引诱嫌疑人自证清白。一方面，告知对嫌疑人有利的证据与事实属于警察查清案件事实的责任；另一方面，嫌疑人在自证清白的过程中很可能将自己牵连进去，起到相反的效果。而且，在美国只有很少一部分刑事案件可以受到上诉法院的审查，能够被联邦最高法院审查的案件更是少之又少，这意味着警察采用的大多数带有欺骗和引诱性质的讯问技巧均会因得不到司法审查而在侦查讯问程序中大行其道。

（二）米兰达权利放弃率很高的现象

一些美国学者专门就嫌疑人放弃米兰达权利进行实证研究，他们得出的结论有两点：一是警察通过发展各种诱导嫌疑人放弃米兰达权利的讯问策略适应了米兰达判决带来的挑战；二是嫌疑人放弃米兰达权利的比例非常高，普遍在80%以上，而嫌疑人援引米兰达权利的比例却非常低。"警察在78%～96%的讯问中获取了嫌疑人的权利放弃。"[1]"证据表明只有20%的嫌疑人援引了米兰达权利。"[2]"在我们的调查中（对来自16个警察部门的631名警察的调查），讯问参与者的经历与这个发现高度相符，他们大致估计的权利放弃率是81%。"[3]

我们应当辩证地看待美国米兰达权利放弃率很高的现象。一方面，警察确实采用了欺骗、引诱等不恰当的讯问策略促使嫌疑人放弃米兰达权利，警察对羁押讯问活动的掌控力度非但没有被大幅度削弱，相反，警察通过获取权利放弃摆脱了米兰

---

[1] See Paul G. Cassell & Bret S. Hayman, "Police Interrogation in the 1990s: An Empirical Study of the Effects of Miranda", 43 UCLA L. Rev., 839, 859 (1996).

[2] See Paul G. Cassell & Bret S. Hayman, "Police Interrogation in the 1990s: An Empirical Study of the Effects of Miranda", 43 UCLA L. Rev., 839, 860 (1996).

[3] See Saul M. Kassin et al., "Police Interviewing and Interrogation: A Self-Report Survey of Police Practices and Beliefs", 31 law Hum. Behav., 381, 394 (2007).

达判决的束缚，在一定程度上获得了"解放"。美国联邦最高法院作出的一系列保守判决基本掏空了米兰达判决的核心和精华，几乎颠覆了米兰达判决以及爱德华兹规则关于权利放弃的高标准和严要求，米兰达判决只剩下一个华丽的外壳——"米兰达警告"。而"米兰达警告"对警察而言仅仅是一个必须履行的仪式而已。警察能够熟练地将"米兰达警告"融入讯问程序中，而且不损害获取具备可采性的供述的最终目的。[1]另一方面，也确实有一些嫌疑人能够真诚悔罪，自愿地放弃沉默权作出供述，我们不能否认这一点。对于一些初次犯罪的嫌疑人，警察并不需要采用带有欺骗和引诱性质的讯问手段，只需要晓之以理、动之以情，他们主动作出供述的可能性很高，初次犯罪的嫌疑人更倾向于认罪、悔罪，应当允许警察客观地向这类嫌疑人讲明利害，让嫌疑人自主地作出理性的选择。

米兰达判决作出后的半个世纪以来，美国联邦最高法院一直在个案的裁判中平衡着米兰达判决对惩罚犯罪和保障人权的影响，一个重要的平衡方法就是从宽或从严判断米兰达权利放弃的有效性，从宽判断有利于使供述具备可采性，从严判断则相反。在个案裁判中，联邦最高法院对于警察采用的不太恰当的讯问策略予以容忍，对于严重破坏米兰达规则的警察行为予以制止，虽然偏离了米兰达判决的初衷，但这种在考虑侦查需求的基础上进行个案平衡的方法是值得肯定的。在保守派大法官们看来，如果将警察采用的所有不太恰当的手段一律禁止，那么除非嫌疑人真心悔罪并主动供述，否则警察无法获取供述，这会导致很多事实上有罪的人逃脱刑罚制裁，最终危害的是社会公众的安全以及法律秩序的稳定。通过对米兰达权利放弃规

---

[1] See Eugene R. Milhizer, "Miranda's near Death Experience: Reflections on the Occasion of Miranda's Fiftieth Anniversary", 66 Cath. U. L. Rev., 557, 610 (2017).

则的确立和演变历史的考察，我们可以得出一个结论，即使在美国，现阶段要完全禁止刑事诉讼中的羁押性讯问是不可能的，在审判中完全不使用被告人供述作为定罪证据也是不可能的，一律禁止警察在实践中采用的各种欺骗引诱手段也是不可能的。

第五章
《宪法第六修正案》律师帮助权的放弃

第一节 审前程序中律师帮助权的放弃

一、《宪法第六修正案》律师帮助权向审前程序的延伸

（一）对抗式诉讼启动与律师帮助权附着

首先要澄清的是，本章探讨的律师帮助权是由《宪法第六修正案》明确规定的，与上一章探讨的米兰达权利之律师帮助权是不同的，不能将两者混淆。《宪法第六修正案》规定："在所有刑事指控中，被告人应当享有获得律师帮助为他辩护的权利。"这是美国刑事诉讼中传统意义上（米兰达判决之前）的律师帮助权，有宪法上的明文依据，虽然宪法文本使用的是"帮助"（assistance）一词，但此处的律师帮助权就是我们所理解的律师辩护权。律师的作用是为被告人提供辩护，在控方正式提起指控后，在被告人与控方（专业的检察官或警察）接触和会面的过程中保护被告人。律师既可以私下为被告人提供法律咨询，也可以在警察或检察官实施讯问时在场提供建议，还可以协助或代表被告人参与预审、证据开示等关键程序，以及与检察官进行辩诉交易，等等。

《宪法第六修正案》的律师帮助权最初主要适用于审判程序中的被告人，即被告人在接受审判时享有获取律师辩护的权利。随着联邦最高法院逐步加强对审前程序的控制和审查，律师成

第五章 《宪法第六修正案》律师帮助权的放弃

了联邦最高法院对警察实施的侦查讯问进行规制的媒介。联邦最高法院多次尝试对《宪法第六修正案》进行扩张解释，促使传统意义上的律师帮助权逐步向审前程序延伸。然而，沃伦法院为了专门规制极容易侵犯人权的羁押性讯问，保障《宪法第五修正案》规定的不得强迫自证其罪特权的实现，在1966年的米兰达判决中创设了新的律师帮助权。按照沃伦法院的解释，米兰达权利之律师帮助权来源于《宪法第五修正案》，是为了保障受到羁押性讯问的嫌疑人能够有效行使不得强迫自证特权（沉默权）而设置的，但是《宪法第五修正案》仅规定"任何人不得被强迫成为不利于己的证人"，并没有明文规定律师帮助权。因此，按照后米兰达时代联邦最高法院的解释，米兰达权利之律师帮助权缺少宪法上的明文依据，是一种司法创设的保障性权利，从而将它与《宪法第六修正案》的律师帮助权区分开来。

理解《宪法第六修正案》的律师帮助权要把握宪法文本的两个关键词：一是刑事指控（criminal prosecution），二是被告人（the accused）；根据联邦最高法院的解释，对涉嫌犯罪的人正式提出指控标志着对抗式刑事司法程序的启动，此时嫌疑人转化为被告人。也就是说，被告人是《宪法第六修正案》律师帮助权的享有者，该权利附着到被告人身上的时间点是对抗式刑事司法程序的启动，《宪法第六修正案》的律师帮助权并没有延伸到对抗式诉讼启动之前的嫌疑人身上。由于美国刑事诉讼程序多元化的特点，对抗式刑事司法程序的启动表现为多个具体的程序。例如，逮捕后法官主持的初次聆讯（first appearance）、具有对抗性质的预审、大陪审团签发正式的起诉书（indictment）、检察官签发正式的起诉书（information）、被告人对起诉书予以答辩的程序（arraignment）。[1]这些程序的一个共同特点是涉嫌

---

[1] 对这些程序的详细介绍参见美国刑事诉讼程序概述部分。

犯罪的人被正式告知针对他的刑事指控。

对抗式刑事司法程序的特征是三方诉讼结构，法官居中主持程序，检察官与辩护律师参与进来并形成对抗，双方就被告人是否有罪的问题展开指控和准备辩护，与对抗式诉讼开始前警察主导的调查收集证据的程序有明显的差异。在联邦重罪案件的诉讼程序中，多数无力聘请律师的被告人在逮捕后法官主持的初次审讯程序中会获得一名法庭委派的律师。这意味着《宪法第六修正案》的律师帮助权开始附着到被告人身上，预审、大陪审团起诉都发生在逮捕之后。但是，对于一些重大的公职人员贿赂犯罪与白领经济犯罪案件，检察官通常会先通过大陪审团传唤证人、调取文件，待证据充分之后，由大陪审团签发起诉书，这就意味着司法程序的正式启动，之后检察官再视情况决定是否逮捕被告人。所以，对抗式司法程序是否启动还要根据案件的实际情况判断，联邦最高法院给出了总体上的判断依据，当控方"利用司法机器正式提起指控"，嫌疑人就变成了被告人。此时，被告人面对的是"有组织社会的专职起诉犯罪的力量，陷入刑法和刑事诉讼法的复杂罗网之中"。[1]

（二）律师帮助权向审前程序延展的两次尝试

美国警察调查收集证据的侦查活动大致可以分为两个部分：提起指控前的初步侦查以及提起指控后审判前的侦查。被追诉人的权利在审前程序中更容易受到侵犯，更加需要律师提供辩护。如果律师帮助权不向审前程序延伸，警察可以轻松地采用各种策略和技巧操纵处于弱势地位的被追诉人，引诱其作出供述并通过供述获取其他有罪证据，那么律师在审判中面对强有力的指控证据也很难发挥实质的辩护作用。美国联邦最高法院在1964年的两个判例中试图将《宪法第六修正案》的律师帮助

---

[1] Kirby v. Illinois, 406 U.S. 682, 689 (1972).

第五章 《宪法第六修正案》律师帮助权的放弃

权延展到审前程序中，其中一个判例被 1966 年的米兰达判决所取代，另一个判例则产生了深远的影响。

在"埃斯科韦多案"（Escobedo v. Illinois）的判决中，沃伦法院试图将《宪法第六修正案》的律师帮助权扩展适用到受到羁押性讯问的嫌疑人身上，此时嫌疑人并没有被正式起诉。本案被告人因涉嫌谋杀被逮捕，在讯问过程中被告人多次要求咨询自己的私人律师，都被警察拒绝，警察撒谎说被告人的律师不想会见他，实际上，被告人的律师在讯问开始后就来到警察局，但是警察不让律师会见被告人。联邦最高法院认为警察的做法明显侵犯了被告人的律师帮助权，虽然被告人当时没有被正式起诉，但侦查活动已经聚焦到他的身上，他已经从嫌疑人转变为事实上的被告人，理应享有《宪法第六修正案》的律师帮助权。[1] "埃斯科韦多案"是联邦最高法院通过律师在场对羁押性讯问予以规制的一次尝试，也是唯一一个将《宪法第六修正案》的律师帮助权扩展适用到对抗式司法程序启动之前的判例。但是，"埃斯科韦多案"并没有产生深远的影响，沃伦法院在两年后的米兰达判决中放弃了用《宪法第六修正案》规制羁押性讯问的思路，从保障不得强迫自证其罪特权的实现入手，创设了《宪法第五修正案》的律师帮助权，也即米兰达权利之律师帮助权。

在"马塞亚案"（Massiah v. United States）判决中，联邦最高法院成功地将《宪法第六修正案》的律师帮助权扩展适用于正式起诉后的非羁押讯问中，虽然影响力不及米兰达判决，但"马塞亚案"是《宪法第六修正案》在审前程序适用的基础判例，是沃伦法院作出的强化人权保障的代表判例之一。本案被告人因毒品犯罪被起诉（正式指控），他聘请了一名律师，作出

---

[1] See Escobedo v. Illinois, 378 U. S. 478 (1964).

了无罪答辩,并且被保释。在被告人保释数日后,被告人的一名同伙同意与警察合作,被告人对此并不知情。被告人的同伙同意警察在他的汽车中安装窃听器,某日警察窃听到了被告人与其同伙在汽车中的谈话,在谈话中被告人作出了他参与毒品犯罪的陈述,被告人最终被定罪。[1]

联邦最高法院认为,被告人的《宪法第六修正案》律师帮助权被侵犯,警察在被告人被正式起诉后在律师不在场的情况下,故意引诱被告人作出归罪性陈述,而且归罪性陈述在审判中被用作不利于被告人的证据。多数意见强调了律师在被告人被正式起诉后接受审判前对于被告人的重要性,律师在这个阶段所发挥的提供法律建议、全面调查案件以及准备辩护的作用与审判阶段一样重要。起诉后到审判前这个阶段是刑事诉讼的关键阶段,被告人非常需要律师提供有效的辩护。本案被告人是警察秘密侦查(窃听)的对象,更加需要律师的法律建议和帮助。[2]美国学界有一种观点,"马塞亚案"判决实际上禁止警察在被告人被正式起诉后故意利用污点证人引诱被告人作出供述,理由是如果让律师在被告人与其同伙谈话时在场或者让被告人提前咨询律师,律师必然会提醒被告人提高警惕,不要随便说话,那么利用污点证人实施的秘密讯问就没有意义了。这样看来,"马塞亚案"真正的意义在于将律师作为警察与被正式起诉的被告人进行接触和联系的媒介。[3]

值得注意的是,本案的背景是非羁押讯问(被告人已经被保释),准确地讲,是警察利用线人实施的诱导式讯问,与米兰

----

[1] See Massiah v. United States, 377 U.S. 201 (1964).
[2] See Massiah v. United States, 377 U.S. 201 (1964).
[3] See James J. Tomkovicz, "An Adversary System Defense of the Right to Counsel Against Informants: Truth, Fair Play, and the Massiah Doctrine", 22 U.C. Davis L. Rev., 1, 81 (1988).

达规则适用的羁押性讯问是不同的。联邦最高法院通过延展《宪法第六修正案》律师帮助权的适用范围规制了非羁押讯问，本案被告人已经被正式起诉，所以《宪法第六修正案》的律师帮助权并没有被延展到对抗式刑事司法程序启动之前。还应当注意的是，联邦最高法院规制的是警察于律师不在场时故意引诱（deliberately elicit）被告人作出归罪性陈述，"故意引诱"成了判断被告人的《宪法第六修正案》律师帮助权是否被侵犯的前提。

二、提起指控后的讯问中律师帮助权的放弃

"马塞亚案"之后，由于米兰达判决的作出，《宪法第六修正案》律师帮助权向审前程序扩展的影响并没有显现出来，直到1977年的"威廉姆斯案"（Brewer v. Williams），"马塞亚案"判决开始逐步得到扩张，对侦查讯问程序产生了深远的影响。"马塞亚案"判决使律师成了警察获取供述的障碍，从而让警察产生了促使被告人放弃律师帮助权的动机。控方只要证明被告人自愿地、明知地和理智地放弃了《宪法第六修正案》的律师帮助权，就可以使警察于律师不在场时获取的供述具备可采性，放弃《宪法第六修正案》律师帮助权的有效性问题在"威廉姆斯案"中开始凸显。

（一）"威廉姆斯案"的事实

"威廉姆斯案"在美国司法史上非常有名，原因之一是警察为了引诱被告人作出供述设计了一段"基督教葬礼对话"。本案被告人威廉姆斯因涉嫌在艾奥瓦州A地诱拐一名10岁的小女孩被通缉，警察一直在寻找这名小女孩。一名律师M告诉A地警察他刚刚接到被告人的一通电话，在他的劝说下，被告人已经到艾奥瓦州B地警察局自首，A地警察向B地警察电话确认了

这一事实。律师 M 当着 A 地警察的面在电话中告知被告人 A 地警察将会前往 B 地将他押解回来,在押解途中警察不会讯问他,还嘱咐被告人在押解途中不要与警察讨论失踪的小女孩,直到回到 A 地获得他的法律建议。A 地警察也向律师表示同意不在押解途中讯问被告人。与此同时,被告人在 B 地被逮捕后出庭接受法官的初次审讯,法官告知了他米兰达权利,被告人还获得了另一名律师 K 的意见,律师 K 建议他不要作出任何陈述直到回到 A 地与律师 M 相见。两名 A 地警察来到 B 地见到了被告人和律师 K,警察向被告人再次宣读了米兰达权利,律师 K 告诉一名警察不能在押解途中讯问被告人失踪小女孩的下落,律师 K 没有被允许陪同被告人前往 A 地。

在押解途中,被告人多次向警察表示等他回到 A 地咨询律师 M 后才能与警察交谈。一名警察知道被告人刚从精神病院逃出来,而且有很深的宗教信仰,就对被告人说:"现在的天气状况很糟糕,今天晚上可能下很大的雪,你是唯一知道小女孩尸体位置的人,如果尸体被大雪覆盖,你可能找不到了。待会儿我们会经过那个区域,我希望你能帮助我们找到尸体,这样在圣诞前夜被谋杀的小女孩的父母可以为她举行一个基督教葬礼。"被告人问警察怎么知道押送途中会经过掩埋小女孩尸体的位置,警察回答说他知道尸体在某个位置,还对被告人说:"我不想你立即回答我,我不想进一步讨论这件事,你在路上好好想一下。"被告人最终在押送途中带领警察找到了小女孩的尸体。被告人被以一级谋杀罪起诉,在审判中被告人申请排除押送途中的所有陈述以及尸体。初审法官认为被告人与警察的对话以及向警察指示尸体的位置构成对律师帮助权的放弃,没有支持被告人的证据排除申请。[1]

----

〔1〕 See Brewer v. Williams, 430 U. S. 387 (1977).

第五章 《宪法第六修正案》律师帮助权的放弃

(二)"威廉姆斯案"的判决意见

联邦最高法院对本案的争议很大,投票结果是5:4,大法官斯图尔特、布伦南、马歇尔、鲍威尔和斯蒂文斯形成了多数意见。多数意见首先指出,被告人很明显被剥夺了《宪法第六修正案》的律师帮助权。《宪法第六修正案》的律师帮助权至少意味着被告人在对抗式司法程序开始之后有权获得律师的帮助,本案被告人在被押送到 A 地之前,已经在 B 地接受了初次审讯并且法官为他指派了律师,被告人知晓针对他提起的诱拐儿童罪指控,因此针对他的对抗式司法程序已经启动。多数意见还指出,警察知道有两名律师分别在 A 地和 B 地为被告人提供辩护,警察也承认故意在押送途中趁律师不在场时引诱被告人作出供述。这种事先设计好的"基督教葬礼对话"相当于讯问,甚至比一般的讯问更能有效地获取供述。因此,多数意见认为"马塞亚案"确立的律师帮助权规则同样适用于本案,即使本案不属于秘密侦查的情况,也不妨碍马塞亚规则的适用。[1]

多数意见驳斥了初审法院认为被告人放弃了律师帮助权的观点,主张被告人在审前程序中放弃《宪法第六修正案》的律师帮助权与在审判中放弃一样,都要遵循严格的标准。法官应当先假定被告人没有放弃律师帮助权,被告人没有要求律师帮助并不代表他放弃了该权利。宪法权利的放弃要求被告人必须具备放弃权利的主观意图,而不仅仅要求理解权利。本案被告人在 A 地和 B 地分别有一名律师提供辩护,被告人多次咨询了这两名律师。而且被告人在押解途中明确表示他返回 A 地咨询律师之后才能与警察讨论被害人的下落。被告人一直依赖律师的事实足以否定他放弃了律师帮助权的主张。多数意见认为,尽管被告人明确地或含蓄地援引了律师帮助权,警察仍然故意

---

[1] See Brewer v. Williams, 430 U.S. 387 (1977).

引诱被告人作出供述,而没有事先告知其享有律师在场权以及确认被告人是否要放弃权利,显然侵犯了被告人的宪法权利。[1]

(三) 提起指控后被告人放弃律师帮助权的争议

"威廉姆斯案"涉及提起正式指控后被告人放弃律师帮助权的争议,我们有必要进一步理清几个问题。第一,一方面本案被告人在自首后接受了法官主持的初次审讯,被正式提起指控,享有《宪法第六修正案》的律师帮助权;另一方面,被告人在被押解之前处于羁押状态,在押解途中单独与两名警察同乘一辆警车,羁押状态仍然在延续,警察精心设计的"基督教葬礼对话"是一种间接性讯问,受到羁押性讯问的被告人有权援引米兰达权利之律师帮助权。因此,本案实际上存在两种律师帮助权的竞合。在押送途中,被告人向警察表示他返回A地与律师商量后才能谈论被害人的下落,如果这构成对律师帮助权的援引,那么被告人援引的是哪一种律师帮助权呢?多数意见直接讨论了《宪法第六修正案》的律师帮助权,而没有提及米兰达权利之律师帮助权。笔者认为,多数意见有意回避了后者,因为在一些大法官看来,米兰达权利之律师帮助权是没有宪法的明文依据的,既然被告人已经被提起指控,当然应当优先适用《宪法第六修正案》明文规定的律师帮助权。"威廉姆斯案"的一个启示是:在羁押性讯问的背景下,《宪法第五修正案》和《宪法第六修正案》的律师帮助权很可能产生竞合,从而交织在一起,如果对抗式司法程序已经启动,那么优先适用《宪法第六修正案》的律师帮助权。

第二,本案多数意见的核心观点是被告人根本没有放弃律师帮助权的主观意图,他从自首开始到押解途中一直寻求和依

----

[1] See Brewer v. Williams, 430 U. S. 387 (1977).

第五章 《宪法第六修正案》律师帮助权的放弃

靠律师提供法律建议,不能仅仅从被告人在警察的诱导下找到被害人尸体而推定他放弃了律师帮助权。换言之,多数意见的论证逻辑有两个层次:先要判断被告人是否有放弃律师帮助权的意图和意思表示,即权利放弃是否存在;如果被告人明确表示放弃律师帮助权,那么才能判断权利放弃的有效性,即被告人是否自愿地、明知地和理智地放弃了宪法权利。多数意见认为本案中根本不存在权利放弃,也就没有必要进一步讨论权利放弃的有效性。首席大法官伯格在反对意见中批评多数意见实际上不允许被告人在律师缺席的情况下改变想法作出供述。多数意见对此的回应是不排除被告人在不通知律师的情况下放弃律师帮助权,但是本案被告人威廉姆斯确实没有放弃律师帮助权。

第三,假设被告人于律师不在场时与警察讨论被害人尸体的位置并指引警察找到尸体表明了他想放弃律师帮助权,那么该权利放弃是否有效呢?这需要分析警察的"基督教葬礼对话"对被告人心理的影响,警察明知被告人有精神疾病,而且是虔诚的基督教徒,所以才以找到尸体让被害人父母为她举行基督教葬礼为借口引诱被告人说出掩埋尸体的位置,警察知道利用被告人的宗教信仰和敏感的心理比直接讯问更有效。本案中"基督教葬礼对话"与"伊宁斯案"中警察的间接讯问手段非常相似,伊宁斯案中警察告诉被告人他隐匿的枪支可能被附近的残疾儿童捡到而伤害到他们自己,这些讯问技巧对被告人的精神和心理造成了压力,甚至比体罚、虐待等暴力手段更容易击溃被告人的心理防线。即使本案被告人有放弃律师帮助权的意图,被告人也并不是完全自愿地放弃权利,他的决定很大程度上受到了警察的影响,甚至可以认为警察通过抓住被告人的心理弱点左右了他的意志,按照本案多数意见的逻辑,警察故意引诱使得权利放弃无效。

第四，联邦最高法院通过本案将禁止警察于律师不在场时故意引诱被告人供述的规则从马塞亚案的利用线人进行秘密讯问扩展适用到不带有秘密性的一般讯问中。"威廉姆斯案"判决认为"基督教葬礼对话"相当于讯问，也构成"故意引诱"，实际上将"故意引诱"（deliberately elicit）和"讯问"（interrogate）两个词等同。但是在1980年的"伊宁斯案"中，联邦最高法院对"讯问"的概念作出了界定，警察在主观上是故意还是疏忽并不能决定"讯问"的判断，只要在客观上警察本可以意识到他们的言词或行为具有引出嫌疑人归罪性回答的合理可能性，那么警察的言词或行为就构成讯问，讯问并不局限于直接提问。这种界定使得"讯问"与"故意引诱"产生了分化，即使警察主观上不具有获取供述的故意，他的言词与行为也可能构成"讯问"，但不能构成"故意引诱"，因为后者以警察主观上的故意状态为必要条件。因此，存在这样一种可能性：在对被告人提起正式指控的背景下，被告人援引了律师帮助权，警察于律师不在场时与受到羁押的被告人谈话没有侵犯《宪法第六修正案》的律师帮助权，但侵犯了米兰达权利之律师帮助权，因为警察与被告人的谈话构成"讯问"，但不构成"故意引诱"（警察主观上不以获取供述为目的但事实上被告人作出了供述）。

三、对警察促使被告人放弃律师帮助权的规制

（一）"杰克逊案"：爱德华兹规则的翻版

1. "杰克逊案"的背景

在1977年的"威廉姆斯案"判决中，联邦最高法院没有排除被告人于律师不在场时放弃律师帮助权的可能性，这就为警察接触被告人促使他放弃律师帮助权从而使供述具备可采性提供了依据。1981年的"爱德华兹案"判决为了保障受到羁押性

第五章 《宪法第六修正案》律师帮助权的放弃

讯问的嫌疑人行使米兰达权利之律师帮助权，要求警察在嫌疑人表达了通过律师与警察对话的意愿之后立即中止讯问，直至嫌疑人获得了律师的帮助，除非嫌疑人主动提议与警察交流，这一规则起到了防止警察利用讯问的机会促使嫌疑人放弃权利的作用。在1986年的"杰克逊案"（Michigan v. Jackson）判决中，联邦最高法院将"爱德华兹规则"适用于《宪法第六修正案》的律师帮助权。本案判决认为，对抗式司法程序启动后被告人开始享有《宪法第六修正案》的律师帮助权，一旦被告人要求获得律师帮助，警察就不能再接触被告人故意引诱他作出归罪性陈述直到被告人事实上获得了律师帮助，除非被告人主动提议与警察交流，这一规则被称为杰克逊规则。[1]

2. 基本案情与判决意见

本案被告人因涉嫌谋杀罪被逮捕，在接受治安法官主持的初次审讯时，被告人声称自己无力聘请律师，要求法官为其指派一名律师，委派律师的通知随后被传达到一家律师事务所。在此期间，警察在羁押场所对被告人进行了讯问，在讯问之前警察向被告人宣读了米兰达权利，被告人放弃了米兰达权利，并且作出供述。在讯问过程中，被告人没有明确援引律师帮助权。[2]

大法官斯蒂文斯主笔的多数意见认为，本案被告人享有两种律师帮助权：一是在接受羁押性讯问时享有的米兰达权利之律师帮助权（来源于《宪法第五修正案》）；二是接受初次审讯后享有的《宪法第六修正案》律师帮助权，关键问题是被告人在接受初次审讯后的羁押性讯问中是否有效地放弃了律师帮助权。多数意见指出，相比于没有被正式提起指控的被告人，在提起正式指控后禁止警察讯问要求获得律师帮助但没有获得

---

[1] See Michigan v. Jackson, 475 U.S. 625 (1986).

[2] See Michigan v. Jackson, 475 U.S. 625, 627~628 (1986).

的被告人的理由更加充分，因为提起正式指控之后控方和被告人之间的对立地位得以固定，被告人面对着有组织社会的专职起诉犯罪的力量，陷入刑法和刑事诉讼法的复杂罗网之中。在这个关键的诉讼阶段，《宪法第六修正案》可以保证被告人依靠律师作为他与控方的媒介。多数意见认为，《宪法第六修正案》的律师帮助权至少应当得到与米兰达权利之律师帮助权同等的保障。因此，当嫌疑人被正式提起指控变成被告人之后，警察不能再运用讯问技巧引诱未向律师咨询的被告人提供信息，这也是"马塞亚案"判决的正当基础，为保障米兰达权利之律师帮助权而设立的爱德华兹规则同样适用于《宪法第六修正案》的律师帮助权。多数意见进一步指出，被告人在接受初次审讯时援引律师帮助权当然涵盖了之后的羁押性讯问，被告人援引《宪法第六修正案》的律师帮助权与援引米兰达权利之律师帮助权一样，应当获得额外的保障，不能让警察轻易地促使被告人放弃权利。因此，如果警察在被告人援引律师帮助权后首先启动讯问，那么被告人作出的任何放弃律师帮助权的表示都是无效的。[1]

3. 杰克逊规则对权利放弃有效性的影响

杰克逊规则是爱德华兹规则的姊妹篇，它们的目的都是为了防止警察在嫌疑人或被告人援引律师帮助权之后再接触他们，运用讯问策略促使他们放弃律师帮助权，从而获得具有可采性的供述。只不过爱德华兹规则仅适用于羁押性讯问，而杰克逊规则还适用于非羁押讯问，被告人被正式提起指控并且要求获得律师帮助是杰克逊规则适用的前提。需要注意的是，杰克逊规则产生了一个关于放弃律师帮助权的假定，即一旦被告人援引了律师帮助权，警察主动联系和讯问被告人获取的权利放弃都是无效的（不自愿的），只有当被告人主动提议与警察交流

---

[1] See Michigan v. Jackson, 475 U.S. 625, 630~636 (1986).

时,才可能被视为自愿地放弃了律师帮助权。鲍威尔大法官曾经在1977年的"威廉姆斯案"协同意见中指出,如果控方能够证明警察在被告人援引律师帮助权后中止了讯问并且没有对被告人施加压力,被告人自愿主动地向警察作出供述,则可以认定被告人放弃了律师帮助权,这一主张得到了"杰克逊案"判决的支持。

4. 两种律师帮助权的复杂交织

本案被告人在逮捕后首先接受了初次审讯,此时他要求法官委派律师起到了援引《宪法第六修正案》律师帮助权的效果。在此之后,警察才对被告人进行了羁押性讯问,在羁押性讯问中被告人又享有米兰达权利之律师帮助权,此时两种律师帮助权产生了竞合,导致本案的法律分析变得非常复杂。杰克逊规则确立后,如果被告人对《宪法第六修正案》律师帮助权的援引在时间上先于警察实施的羁押性讯问,就会对米兰达权利之律师帮助权的放弃产生影响。本案被告人接受羁押性讯问时放弃了米兰达权利,这一权利放弃是无效的,因为警察在被告人援引《宪法第六修正案》律师帮助权之后启动讯问违反了杰克逊规则,讯问本身就是违法的,更何谈米兰达权利放弃的有效性。对此可以得出结论:杰克逊规则实际上起到了禁止警察在被告人被正式提起指控后于律师不在场时启动讯问的效果,在警察和支持警察打击犯罪的大法官们看来,杰克逊规则与爱德华兹规则交织在一起,对提起指控后[1]获取被告人供述造成了严重阻碍,这是杰克逊规则之后被推翻的根本原因。

---

〔1〕 正式提起指控前,《宪法第六修正案》的律师帮助权并没有附着到嫌疑人身上,杰克逊规则并不适用,警察可以合法讯问嫌疑人促使其放弃米兰达权利,但是嫌疑人在讯问过程中可以随时援引米兰达权利之律师帮助权,此时适用爱德华兹规则。

(二)"佩特森案":律师帮助权"一揽子放弃"

杰克逊规则确立之后,大法官伦奎斯特接替伯格成为首席大法官,伦奎斯特是米兰达规则和爱德华兹规则的反对者,是警察打击犯罪的坚定支持者。伦奎斯特主导的联邦最高法院开始逐步限制对警察获取供述造成严重阻碍的杰克逊规则,使得警察促使被告人放弃律师帮助权变得更加容易,1988年的"佩特森案"(Patterson v. Illinois)判决就是一个代表。"佩特森案"同样涉及两种律师帮助权复杂交织的问题,本案判决认为,米兰达警告可以起到告知被告人《宪法第六修正案》律师帮助权的作用,被告人有效地放弃米兰达权利之律师帮助权的同时,也构成对《宪法第六修正案》律师帮助权的放弃。

1. 基本案情

本案被告人因涉嫌谋杀罪被伊利诺伊州库克县大陪审团正式起诉(indict),在被押解到监狱时,被告人向一名警察询问起诉的情况。当被告人得知一名同伙没有被起诉时,他对警察说,"为什么他没有被起诉,他干了所有的事情",并且声称有一名证人可以证明他的说法。警察打断了被告人,向他宣读了米兰达警告,被告人签署了放弃米兰达权利的声明,之后向警察供述了他与几名同伙实施谋杀的经过。第二天,一名检察官讯问了被告人,再次向被告人宣读了米兰达权利,被告人签署了放弃权利的声明,并且再次作出了供述。在上诉中,被告人主张他并没有明知地和理智地放弃《宪法第六修正案》的律师帮助权,米兰达警告仅能起到告知《宪法第五修正案》保障的米兰达权利的作用,不能起到告知《宪法第六修正案》律师帮助权的作用,被告人的上述主张没有得到伊利诺伊州法院的支持。[1]

---

[1] See Patterson v. Illinois, 487 U. S. 285 (1988).

第五章 《宪法第六修正案》律师帮助权的放弃

2. 判决意见

首席大法官伦奎斯特、大法官怀特、奥康纳、斯卡利亚和肯尼迪形成了 5 票的多数意见。多数意见一开始就指出"佩特森案"的核心争议是正式提起指控后警察对被告人的讯问是否侵犯了《宪法第六修正案》的律师帮助权。多数意见提出，被告人在被正式起诉后并没有自行聘请律师，也没有提出为他指派律师的要求，这意味着杰克逊规则在本案中并不适用（"杰克逊案"被告人明确要求获得律师帮助）。被告人声称他与被正式起诉前的嫌疑人一样受到爱德华兹规则的保护，警察不能再讯问他。多数意见予以反驳，理由是爱德华兹规则并不禁止嫌疑人主动提议在律师缺席时单独与警察交流，由于本案被告人主动向警察询问起诉的情况，所以爱德华兹规则并不适用。[1]

紧接着，多数意见提出了核心观点，即被告人对米兰达权利之律师帮助权的放弃同时构成对《宪法第六修正案》律师帮助权的放弃。理由如下：第一，米兰达警告可以让被告人知晓他在起诉后的讯问中享有咨询律师、要求律师在场以及获得法律援助律师的权利，警察通过米兰达警告向被告人传达了《宪法第六修正案》律师帮助权的本质。第二，米兰达警告足以让被告人在接受起诉后的讯问时意识到放弃《宪法第六修正案》律师帮助权的后果。最大的不利后果就是被告人在未与律师商量的情况下作出的任何陈述都可能被用作不利于他的证据，"米兰达警告"也可以使被告人知道律师在讯问中的作用——建议他不要作出供述，当然，被告人不需要知道放弃律师帮助权的所有可能的后果。因此，"米兰达警告"能够充分地告知被告人《宪法第六修正案》律师帮助权的本质以及放弃的不利后果，被告人在此基础上放弃律师帮助权符合明知性和理智性的宪法标

――――――――――
〔1〕 See Patterson v. Illinois, 487 U. S. 285 (1988).

准。多数意见还反驳了一种主张：《宪法第六修正案》的律师帮助权优先于米兰达权利之律师帮助权，前者一旦被援引，比后者更难放弃。[1]

大法官斯蒂文斯、布伦南和马歇尔发表了反对意见，他们主张一旦被告人被正式提起指控，对抗式诉讼程序启动之后，控方就不能绕过被告人的辩护律师直接联系和讯问被告人并且获取供述。反对意见提出，在民事诉讼中一方当事人的律师不能在未提前通知对方当事人律师或未征得法庭同意的情况下，私下接触对方当事人获取信息，这是律师职业道德的要求。这一规则同样适用于刑事诉讼，组成陪审团开始审判之后，检察官就不能绕过辩护律师，私下接触被告人获取不利于他的证据，否则就侵犯了《宪法第六修正案》的律师帮助权。反对意见认为，正式起诉从实质上改变了政府和被告人之间的关系，固化了政府和被告人之间的对立地位，正式起诉也意味着控方已经收集了比较充分的证据指控被告人有罪，进一步讯问也只起到巩固已有证据的作用，此时"米兰达警告"无法为控方绕过辩护律师讯问被告人提供充分的正当基础。反对意见批评多数意见低估了律师在起诉后审判前的作用，也降低了被告人放弃律师帮助权的明知性要求。"米兰达警告"不能告知被告人律师可以审查起诉根据的充分性以及律师能够娴熟地与检察官进行辩诉交易，"米兰达警告"也不能让被告人意识到自我辩护的风险。[2]

3. 律师帮助权"一揽子放弃"

本案判决实际上允许律师帮助权的"一揽子放弃"，即被告人放弃米兰达权利之律师帮助权的同时，也放弃了《宪法第六

---

[1] See Patterson v. Illinois, 487 U.S. 285 (1988).

[2] See Patterson v. Illinois, 487 U.S. 285 (1988). Justice Stevens' dissenting opinion.

第五章 《宪法第六修正案》律师帮助权的放弃

修正案》的律师帮助权。这一规则的确立非常有利于警察，警察只要采用讯问策略促使被告人放弃米兰达权利，就同时摆脱了《宪法第六修正案》律师帮助权的束缚。米兰达权利之律师帮助权的创设及其与《宪法第六修正案》律师帮助权的区分是联邦最高法院解释宪法的结果，不具有法律知识的被告人很难知晓两种律师帮助权的区分，警察在宣读"米兰达警告"时也没有专门告知被告人其所享有的是哪种律师帮助权，被告人只知道其在讯问前和讯问过程中有权要求获得律师帮助。如果被告人想要放弃律师帮助权，其肯定无法意识到具体要放弃哪一种律师帮助权。从这个角度讲，律师帮助权的"一揽子放弃"是可行的，有利于简化警察执法的程序，硬让警察向被告人具体解释两种律师帮助权的区分，恐怕不太可行。很多警察不具备这样的法律专业能力，警察在执法时会更加感到困惑。但是，律师帮助权的"一揽子放弃"肯定不利于处于弱势地位的被告人，本来被告人享有双重的律师帮助权保护，现在这种双重保护很可能一并丧失。值得注意的是，多数意见特别强调被告人放弃律师帮助权的效力是暂时的，如果被告人在讯问中再次援引律师帮助权，之前的权利放弃就失效了。

4. 放弃律师帮助权的明知性

本案的核心争议可以简单地概括为警察宣读"米兰达警告"可否让被告人知晓《宪法第六修正案》律师帮助权的本质以及放弃的不利后果，多数意见的回答是肯定的。"米兰达警告"作为《宪法第五修正案》不得强迫自证其罪特权的一种保障程序，是否能够服务于保障《宪法第六修正案》的律师帮助权呢？对于这个问题，联邦最高法院采用了更加实用的分析方法，对律师在被告人被正式起诉前后的作用进行了对比，结论是正式提起指控（启动对抗式司法程序）不会增加律师在起诉后的讯问中的价值。多数意见认为,不论是起诉前的羁押性讯问还是起诉后的讯问,律师能够发挥的作用都是有限的,律师的作用仅仅是建议嫌疑人或被告人不要作出供述,所以正式起诉前后律师帮助权的保障程序应当是相同的,而且是简单的。相比而言,律师能够在审判中发挥更大的作用,律师要帮助被告人遵守程序规则与证据规则、筛选陪审员、交叉询问证人等,而且,被告人在审判中自我辩护的风险比审前程序要高得多。[1]因此,审判程序中的律师帮助权应当得到额外的、复杂的程序保障,在审判程序中放弃律师帮助权的标准也应当更加严格。然而,反对意见并不认同控方在正式起诉后再给予被告人"米兰达警告"。理由是:无论是警察还是检察官在正式起诉后都处于被告人的对立面,不会为了被告人的利益而行动,警察或检察官给予被告人法律建议反而会让被告人错误地将他们视为朋友,从而作出不利于自己的决定。斯蒂文斯大法官明确地讲:"我不认为一个人戴着被告人的法律顾问的帽子还能同时戴着执法官员的帽子。"[2]

标准化的"米兰达警告"是简明扼要的,在很大程度上是一种形式,而且在实践中警察采用各种手段故意贬低"米兰达警告"的重要性,敷衍地宣告米兰达权利。多数不熟悉法律的被告人恐怕难以理解"米兰达警告"的精髓,也很难弄清楚律师对自己有多大的作用以及放弃律师帮助权的后果,被告人也不会知道两种律师帮助权的区分,所以被告人往往会受到警察的左右而放弃律师帮助权。相比而言,本案反对意见的观点更有利于保障被告人的权利,以正式起诉为分界点,起诉后警察

---

〔1〕 See Patterson v. Illinois, 487 U. S. 285 (1988).

〔2〕 Patterson v. Illinois, 487 U. S. 285 (1988). Justice Stevens' dissenting opinion.

第五章 《宪法第六修正案》律师帮助权的放弃

就不能绕过律师单独联系和讯问被告人。如果被告人愿意提供信息可以主动与警察联系，这样可以促使警察努力在起诉前收集到充分的证据，防止提起证据不充分的指控。但是，上述规则必然会严重阻碍警察在起诉后继续收集包括供述在内的证据，这也是该规则没有得到多数大法官支持的原因，联邦最高法院需要在控制犯罪和保障人权之间作出平衡。

（三）"麦克尼尔案"：律师帮助权"罪行特定化"

美国联邦最高法院通过 1991 年的"麦克尼尔案"（McNeil v. Wisconsin）限制了《宪法第六修正案》律师帮助权的适用范围，同时也限制了作为保障性规则的杰克逊规则的适用范围。"麦克尼尔案"判决认为，被告人援引《宪法第六修正案》律师帮助权的效力仅及于被正式提起指控的罪行，并不及于被告人涉嫌的未被正式提起指控的其他罪行。这意味着杰克逊规则不能再禁止警察就被告人涉嫌的未被正式提起指控的其他罪行进行讯问，如果被告人在接受羁押性讯问时放弃了米兰达权利，该权利放弃是有效的。

1. 基本案情

本案被告人因涉嫌在威斯康星州密尔沃基市持枪抢劫被逮捕，两名警察来到内布拉斯加州（逮捕地点）将被告人押送回密尔沃基，警察宣读了"米兰达警告"，试图讯问被告人，但被告人拒绝回答问题，讯问随即中止。被告人在密尔沃基接受了初次审讯，一名法律援助律师被指派为被告人提供辩护。当天晚上，一名正在调查一起谋杀案的警察在监狱中会见了被告人，这名警察认为被告人是谋杀案的嫌疑人，他告知了被告人米兰达权利，被告人签署了放弃权利的文件。在讯问中，被告人没有否认他知道这起谋杀案，但否认参与了谋杀。两天之后，这名警察再次讯问了被告人，被告人承认与同伙一起实施了谋杀，并在书面供述上签字,在讯问前警察告知了被告人米兰达权利,被告人签署了放弃权利的文件。[1]

2. 判决意见

斯卡利亚大法官撰写了一份论证充分、逻辑清晰的多数意见。多数意见首先重申了杰克逊规则对警察获取权利放弃的限制,一旦《宪法第六修正案》的律师帮助权附着于被告人并且被援引,之后警察在主动进行的讯问中获取的任何权利放弃都推定为无效。本案被告人就持枪抢劫接受初次审讯时援引了律师帮助权是没有争议的,但多数意见指出,《宪法第六修正案》的律师帮助权是"罪行特定化"的,它的援引仅针对被正式提起指控的罪行,不能涵盖其他未被提起指控的罪行。这样一来,杰克逊规则对警察获取权利放弃的限制也只针对被提起指控的罪行,因为被告人只有在被提起指控后才能享有《宪法第六修正案》的律师帮助权。本案被告人因持枪抢劫被提起指控之后才作出关于谋杀罪的供述,但是被告人并没有因谋杀罪被正式提起指控。因此,杰克逊规则不能限制警察就谋杀罪讯问被告人,也不能导致被告人对米兰达权利的放弃无效。[2]

本案被告人上诉时还主张他对《宪法第六修正案》律师帮助权的援引构成对米兰达权利之律师帮助权的援引,因此,他在接受关于谋杀罪的讯问时还受到爱德华兹规则(米兰达权利之律师帮助权的保障性规则)的保护。多数意见反驳了这种主张,重申爱德华兹规则设立的目的是防止警察纠缠被告人让他放弃之前已经援引的米兰达权利之律师帮助权,而且,爱德华兹规则不是"罪行特定化的",一旦被告人就讯问涉及的某一罪行援引了米兰达权利之律师帮助权,那么警察不能再接触被告

---

[1] See McNeil v. Wisconsin, 501 U.S. 171 (1991).

[2] See McNeil v. Wisconsin, 501 U.S. 171 (1991).

第五章 《宪法第六修正案》律师帮助权的放弃

人就他涉嫌的其他所有罪行进行讯问，除非被告人的律师在场。多数意见进一步指出，两种律师帮助权意图保护的利益是不同的，《宪法第六修正案》的律师帮助权是让律师在被告人与他的对立方（专业的检察官和警察）接触和会面的关键程序中保护被告人，前提是被告人被以特定的罪名正式提起指控。然而，米兰达权利之律师帮助权保护的利益是：嫌疑人想要通过律师与警察打交道。一方面，前者（《宪法第六修正案》的律师帮助权）保护的利益比后者更加宽泛，因为后者（米兰达权利之律师帮助权）仅适用于羁押性讯问；另一方面，前者保护的利益又比后者窄一些，因为后者不是"罪行特定化的"，不需要以正式提起指控为前提。被告人因特定的罪行被起诉后可能愿意与警察谈论未被起诉的其他罪行，因为他相信只要诚恳地回答警察的问题就会洗脱自己的嫌疑，而且，爱德华兹规则的适用必须以嫌疑人或被告人援引米兰达权利之律师帮助权为前提，本案被告人就持枪抢劫接受初次审讯时不可能预先援引米兰达权利之律师帮助权（此时警察还没有就谋杀罪讯问被告人）。他对《宪法第六修正案》律师帮助权的援引不能保护爱德华兹规则所要保护的利益。多数意见强调，禁止警察在被告人被起诉后就指控的罪行以外的其他罪行讯问被告人会严重妨碍警察执法，最终会损害社会公众享有的使犯罪者被定罪和惩罚的利益。[1]

3. 律师帮助权"罪行特定化"

与"佩特森案"一样，本案也涉及被告人被正式提起指控后两种律师帮助权交织在一起的复杂问题。之所以将被告人援引《宪法第六修正案》律师帮助权的效力限制在提起指控的罪行上，还是为了便利警察继续对被告人涉嫌的其他犯罪进行侦查。从实践需求的角度，侦查重在及时和高效，对 A 罪名的起

---

[1] See McNeil v. Wisconsin, 501 U. S. 171 (1991).

诉不能阻碍警察对 B 罪名的侦查。爱德华兹规则已经适用于被告人涉嫌的所有犯罪，如果不让杰克逊规则"罪行特定化"，那么势必会大幅压缩警察在被告人被提起指控后继续进行侦查的空间，这是本案判决的根本出发点。但是，如果将律师视为被告人与控方联系的"媒介"，那么不论针对什么罪行，检察官或警察都不能绕过律师单独联系被告人获取对其不利的证据，所以本案判决并没有以媒介理论为基础界定《宪法第六修正案》的案律师帮助权。值得注意的是，本案判决与之前的"威廉姆斯案"判决存在冲突。在"威廉姆斯案"中被告人最初被以诱拐儿童罪提起指控，涉嫌谋杀的罪行没有被提起指控，而警察在押解途中利用被告人的宗教信仰进行诱导性讯问针对的正是谋杀罪。该案判决仍然认为警察的讯问侵犯了被告人援引的《宪法第六修正案》的律师帮助权，说明当时的联邦最高法院认为《宪法第六修正案》的律师帮助权不是"罪行特定化"的，这就与本案判决存在冲突。

4. 米兰达权利之律师帮助权不能被预先援引

本案多数意见还确立了一项规则：在羁押性讯问未发生时，被告人不能预先援引适用于羁押性讯问的米兰达权利。被告人主张他在初次审讯中援引《宪法第六修正案》的律师帮助权，同时构成对米兰达权利之律师帮助权的援引，从而触发爱德华兹规则，警察就不能再就其他罪行进行讯问。这一主张确实不合理，如果允许被告人预先援引米兰达权利之律师帮助权，就会造成爱德华兹规则与杰克逊规则的重叠适用，而这两种规则的宪法基础是不同的，重叠适用会加剧法律分析的复杂化，也会导致警察在执法时产生困惑和混乱。按照被告人的逻辑，他可以在被逮捕之前就写好一封援引律师帮助权的信，这样警察就不能对他进行任何讯问，这显然是荒谬的。本案判决意见含

第五章 《宪法第六修正案》律师帮助权的放弃

蓄地表达了保守派大法官们一直以来对米兰达判决的反感。在他们看来,米兰达判决本身就是缺少宪法根基的空中楼阁,如果继续为它添砖加瓦(进行扩张性解释),那么它总有一天会崩塌。

(四)"蒙特霍案":杰克逊规则的推翻

伦奎斯特法院时期,杰克逊规则不断受到限制,现任首席大法官罗伯茨就职以后,美国联邦最高法院在2009年通过"蒙特霍案"(Montejo v. Louisiana)彻底推翻了1986年确立的杰克逊规则。杰克逊规则的推翻为警察扫清了障碍,警察不再受到被告人援引《宪法第六修正案》律师帮助权的限制,可以继续接触和讯问被告人促使其放弃权利并作出供述。

1. 基本案情

本案被告人因谋杀罪被逮捕并受到警察的讯问,被告人放弃了米兰达权利,最终承认了在盗窃过程中杀人的事实。在之后进行的预审中,被告人被以一级谋杀罪提起指控,法官为被告人指派了一名辩护律师。预审后两名警察再次找到被告人,要求被告人陪同他们出去指认丢弃枪支的位置,警察告知了被告人米兰达权利,被告人表示愿意与警察一起去,之后被告人写了一封承认罪行的信向被害人的遗孀表达歉意。指认结束后,被告人才见到他的律师。在审判中,被告人被认定构成一级谋杀罪。在上诉过程中,被告人主张他写的那封道歉信因违反杰克逊规则应当被排除,路易斯安那州最高法院拒绝了被告人的主张,认为杰克逊规则的适用必须以被告人明确要求获得律师或者援引《宪法第六修正案》的律师帮助权为前提,本案被告人不符合这个前提。[1]

---

[1] See Montejo v. Louisiana, 556 U. S. 778 (2009).

2. 判决意见

9位大法官对本案判决的投票结果又是极具争议的5∶4，首席大法官罗伯茨、大法官斯卡利亚、肯尼迪、托马斯和阿利托形成多数意见。多数意见首先指出，杰克逊规则要求被告人向法庭提出指派律师的要求或者明确援引《宪法第六修正案》的律师帮助权，这容易引发司法实践的混乱。因为有些州规定被告人要想获得法律援助律师，必须在法官告知他享有该权利时提出明确的要求，杰克逊规则在这些州的适用与路易斯安那州一样，如果被告人提出明确要求，那么律师不在场时警察不能再启动讯问，如果被告人没有积极要求，那么警察不受限制。但是，另一些州规定只要被告人经济困难就自动获得法庭指派的律师，不需要被告人主动提出要求，杰克逊规则在这些州的适用就会变得混乱，被告人很可能没有机会得到杰克逊规则的保护，而且实践中被告人是否援引律师帮助权的认定也存在困难。多数意见进一步反驳了被告人提出的下列主张：无论被告人是否提出要求，只要有律师为他提供辩护，警察就不能再进行讯问。杰克逊规则的目的是防止警察在被告人援引律师帮助权后再纠缠他，让他改变援引权利的决定，如果被告人根本没有援引权利的意图，也就不存在"改变决定"的可能。多数意见的矛头直指杰克逊规则的假定：被告人援引律师帮助权后不可能自愿地放弃，因为警察在被告人援引权利后实施的羁押性讯问具有内在的强迫性，警察也可以运用各种策略引诱被告人放弃权利。[1]

多数意见强调，杰克逊规则的成本（阻碍对犯罪者的定罪）大于收益（排除不自愿的供述）。被告人已经有爱德华兹规则提供保护，它可以阻止警察绕过律师促使被告人放弃已经援引的

---

[1] See Montejo v. Louisiana, 556 U.S. 778 (2009).

第五章 《宪法第六修正案》律师帮助权的放弃

律师帮助权,保证被告人能够自由地援引和放弃权利。相比之下,杰克逊规则显得有些多余,它能够起到的额外保护作用是微弱的。虽然爱德华兹规则仅适用于羁押性讯问,但是非羁押讯问不具有内在强迫性,被告人可以随时离开以躲避警察的纠缠,他作出的放弃权利的决定更可能是自愿的,此时被告人不需要爱德华兹规则的保护。另一方面,杰克逊规则不仅会导致被告人实际上自愿作出的供述被排除,还会导致警察不敢再尝试获取供述,最终会放纵实际上有罪的人,使社会承担更大的代价。杰克逊规则的收益很小,却严重妨碍了案件事实真相的发现,因此应当被废除。[1]

大法官斯蒂文斯、苏特、金斯伯格、布雷耶共同发表了反对意见,他们批评多数意见完全误解了杰克逊规则所要保护的宪法利益,背离了联邦最高法院应当坚持的遵循先例的原则。反对意见指出,杰克逊规则的基础是《宪法第六修正案》的律师帮助权,它让律师在被告人与他的对立方——专业的检察官和警察接触和会面的关键程序中保护被告人,被告人有权将律师作为处理与控方关系的"媒介",杰克逊规则虽然与爱德华兹规则非常相似,但它们的宪法基础是不同的。反对意见强调,本案即使不依据杰克逊规则,也不能得出被告人有效地放弃了律师帮助权的结论。因为警察在预审之后讯问被告人,并没有告知他法庭为他指派了律师,米兰达警告也不足以使被告人知晓《宪法第六修正案》的律师帮助权,本案被告人对米兰达权利的放弃不构成对《宪法第六修正案》律师帮助权的放弃,不适用"佩特森案"确立的"一揽子放弃"规则。[2]

---

[1] See Montejo v. Louisiana, 556 U. S. 778 (2009).

[2] See Montejo v. Louisiana, 556 U. S. 778 (2009). Justice Stevens' dissenting opinion.

（五）杰克逊规则被推翻后的律师帮助权

"蒙特霍案"判决表明美国联邦最高法院废除了它通过杰克逊规则对警察引诱和促使被告人放弃律师帮助权施加的限制，也意味着斯蒂文斯等少数大法官强化起诉后审判前的律师帮助权的努力最终以失败而告终。"蒙特霍案"判决在更深层次上体现了保守派大法官主张的司法政策：对被告人提起指控不妨碍警察继续调查收集有罪证据，爱德华兹规则足以保护被告人，不需要再叠加更多的保护，否则会导致保障人权与惩罚犯罪的失衡。

杰克逊规则被废除后，警察会更加容易地获取被告人对律师帮助权的放弃，也更加容易获取具备可采性的供述。对被告人正式提起指控后，警察仍然可以讯问被告人，不论针对提起指控的罪行还是被告人涉嫌的其他罪行，如果被告人在羁押性讯问开始前自愿地、明知地放弃了米兰达权利，那么根据"佩特森案"判决，他也同时放弃了《宪法第六修正案》的律师帮助权。而且存在这种可能：根据2010年的"汤姆普金斯案"判决，只要被告人回答了警察提出的问题，就可以推定他放弃了沉默权；再根据1979年的"巴特勒案"判决，还可以推定他放弃了米兰达权利之律师帮助权，同时构成对《宪法第六修正案》律师帮助权的"一揽子放弃"。但是，如果被告人在羁押讯问中援引了律师帮助权，那么爱德华兹规则便产生效力，警察不能再主动接触被告人获取权利放弃，如果警察在非羁押环境下进行讯问，那么爱德华兹规则就不能适用。更为重要的是，如果被告人已经聘请或被指派了律师，警察仍然可以绕过律师接触被告人促使其放弃律师帮助权，被告人作出放弃律师帮助权的决定本身不需要律师在场提供建议。还需要注意的是，"威廉姆斯案"判决仍然有效，如果被告人在接受讯问时积极明确地要

第五章　《宪法第六修正案》律师帮助权的放弃

求律师在场，并没有放弃律师帮助权的意思表示，那么根据"威廉姆斯案"判决，警察继续讯问会侵犯《宪法第六修正案》的律师帮助权。

总体来看，近些年美国联邦最高法院试图避免两种律师帮助权的竞合对执法实践造成的困惑，力求确立简单、明确的规则，带来的负面影响是原本叠加在被告人身上的多重保护逐渐消解，缺少律师辩护的被告人的诉讼处境趋于恶化。从"马塞亚案"到"杰克逊案"再到"蒙特霍案"，《宪法第六修正案》的律师帮助权放弃规则的变化从根本上取决于律师在审前程序中角色定位的变化。在正式起诉前的侦查程序，特别是羁押性讯问中，爱德华兹规则将律师的角色定位成嫌疑人与警察打交道的"媒介"，或者说，一旦嫌疑人明确援引律师帮助权，那么律师就成为嫌疑人与警察之间的一道"防火墙"；在正式起诉后审判前阶段，从"马塞亚案"到"杰克逊案"，联邦最高法院也将律师定位为被告人与控方之间的"媒介"。但是，从"麦克尼尔案"开始，联邦最高法院不再承认杰克逊规则依托的媒介理论，直到"蒙特霍案"最终废除杰克逊规则，律师的角色定位转变为保护被告人免受控方的控制和操纵而自我归罪，[1]只要警察不强迫和压制被告人，就可以单独与被告人接触，不要求律师必须在场充当"媒介"。因此，律师对起诉后侦查程序的控制力大幅减弱。

一方面，以正式起诉为分界点定位律师的角色有其合理性，因为正式起诉前的侦查程序由警察主导，特别在羁押性讯问中嫌疑人的权利极容易被侵犯，需要强化律师的作用，使律师在讯问时在场监督和提供建议。在正式起诉后，中立的法官成为

---

〔1〕 See Joshua Dressler & Alan C. Michaels, *Understanding Criminal Procedure*: Investigation, 6th edition, Carolina Academic Press, 2016, p. 496.

司法程序的主导者,此时警察侵犯被告人权利的机会减少,律师的作用可以相应地减弱。另一方面,考虑到侦查的及时性和准确性,正式起诉前不能过度束缚警察,律师对侦查讯问活动的过度介入可能对案件事实真相的发现产生负面影响。正式起诉后到审判前,控方已经掌握了比较充分的证据,被告人在辩诉交易、证据开示等关键程序中更加需要律师的帮助,此时律师的作用应当适度加强。在审判程序中,被告人最需要律师提供专业的辩护,应对各种法律难题,此时律师的作用应当是最强的,放弃律师帮助权的标准也应当是最严格的。因此,从侦查到起诉再到审判,律师的作用应当逐渐得到强化,而不是减弱。

第二节 审判程序中律师帮助权的放弃

一、被告人在审判中放弃律师帮助权

(一) 审判中律师帮助权放弃的高标准

律师在美国的对抗式审判程序中发挥着至关重要的作用,不具备法律知识和技能的被告人需要律师帮助他应对复杂精密的证据规则和程序规则,对证人进行交叉询问,提出各种动议,证明自己的清白。正如联邦最高法院所言,辩护律师"是必需品,而不是奢侈品"。[1]"被告人在针对他的刑事指控的每一阶段都需要律师伸出援助之手,如果没有律师,尽管被告人可能是无辜的,他也面临着被定罪的危险,因为他不知道如何证明他的清白。"[2] 1963年,美国联邦最高法院通过"吉迪恩案"

---

[1] Gideon v. Wainwright, 372 U.S. 335, 344 (1963).

[2] Powell v. Alabama, 287 U.S. 45, 69 (1932).

第五章 《宪法第六修正案》律师帮助权的放弃

(Gideon v. Wainwright)判决将《宪法第六修正案》的律师帮助权合并适用到各州,与联邦一样,各州有义务为经济困难的被告人指派律师提供辩护,费用由各州政府承担。

尽管律师帮助权在审判程序中如此重要,联邦最高法院认为被告人在审判中仍然可以放弃律师帮助权,但是有效的权利放弃必须满足严格的标准。在1938年的"泽布斯特案"(Johnson v. Zerbst)判决中,联邦最高法院明确了被告人放弃《宪法第六修正案》律师帮助权需要满足的实质要件,强调被告人的宪法权利不能被放弃,除非存在对一项权利或特权的有意图的放弃或让渡,被告人放弃律师帮助权时必须是理智的(intelligent)以及有能力的(competent)。[1]

在"泽布斯特案"中,被告人因持有和使用假币罪被起诉,在审判中没有律师为被告人提供辩护,被告人最终被定罪。联邦最高法院首先指出了律师在审判中的重要作用,《宪法第六修正案》的律师帮助权的目的是保护被告人避免因对宪法权利的无知而被定罪。"在所有刑事指控中,宪法第六修正案不会授予联邦法院剥夺被告人生命或自由的权力和权威,除非被告人获得了律师帮助或者放弃了律师帮助权。"[2]联邦最高法院进一步强调,本案被告人并没有放弃律师帮助权,法庭应当合理地假定被告人没有放弃基本的宪法权利,而不是假定被告人默示地放弃了宪法权利。"宪法权利的放弃通常是对已经知晓的权利或特权的有意识的让渡或摈弃。"[3]被告人是否理智地放弃了律师帮助权需要根据案件的具体情况包括被告人的背景、经历和行为等因素综合作出判断,法官有责任认定被告人是否理智地以

---

[1] See Johnson v. Zerbst, 304 U. S. 458 (1938).

[2] Johnson v. Zerbst, 304 U. S. 458, 463 (1938).

[3] Johnson v. Zerbst, 304 U. S. 458, 464 (1938).

及有能力地放弃了律师帮助权,并且予以记录。

从"泽布斯特案"判决中可以总结出一些结论:第一,包括律师帮助权在内的宪法权利的放弃要求被告人主观上必须有放弃权利的意图;第二,被告人知道和理解他所享有的宪法权利是放弃权利的前提;第三,反对推定被告人默认放弃了宪法权利,换言之,宪法权利的放弃必须有明确的意思表示;第四,法庭应当首先假定被告人没有放弃宪法权利,由承担证明责任的一方证明被告人放弃了宪法权利;第五,由法官负责认定被告人是否具备放弃宪法权利的能力以及是否理智地放弃了宪法权利,判断的方法是综合案件的具体情况,包括被告人本人的情况。这些结论就是被告人在审判程序中有效放弃律师帮助权的标准,与审前程序相比,被告人在审判程序中放弃律师帮助权应当遵循的标准更加严格。

(二) 放弃律师帮助权是一种宪法权利

根据美国联邦最高法院的解释,律师在为被告人辩护的过程中对于大多数法律问题都可以自主作出决定,不需要征求被告人的同意,但是对于可能严重影响被告人利益的重大决定和辩护策略,辩护律师必须征得被告人的同意,例如,作出认罪答辩、放弃接受陪审团审判的权利、让被告人在审判中作证以及提出上诉。[1]如果被告人想要获得辩护的主导权,就只能自己充当自己的律师,即自我辩护,这在美国是允许的。而且,联邦最高法院在1975年的"法瑞塔案"(Faretta v. California)判决中将被告人放弃律师帮助权而自我辩护界定为一种宪法权利,该案判决认为《宪法第六修正案》的律师帮助权实际上包括两项权利:一是获得律师辩护的权利,二是自我辩护的权利,

---

[1] See Joshua Dressler & Alan C. Michaels, *Understanding Criminal Procedure: Adjudication*, 4th edition, Carolina Academic Press, 2015, pp. 63~64.

第五章 《宪法第六修正案》律师帮助权的放弃

自我辩护的前提是被告人放弃了获得律师辩护的权利，前者是宪法明示的权利，后者是隐含在宪法中的权利。

1. "法瑞塔案"判决意见

本案被告人法瑞塔因盗窃罪被正式起诉，在就起诉书答辩的程序中，法官为被告人指派了律师。在正式审判前，被告人要求进行自我辩护，法官询问被告人后得知他之前在另一个案件的审判中自我辩护过，被告人有高中学历，他不想要法律援助律师提供辩护是因为他认为法律援助律师有太多案件需要办理，会影响为他辩护的质量，法官勉强地接受了被告人自我辩护的请求。几个星期后，法官又对被告人自我辩护的能力进行了听证，法官就传闻证据规则以及陪审员的回避问题询问了被告人。根据被告人的回答，法官裁定被告人没有明知地和理智地放弃律师帮助权，也不享有自我辩护的宪法权利，据此法官推翻了之前允许被告人自我辩护的裁定并且重新为被告人指派了律师。之后，被告人还要求自己与指派的律师共同实施辩护以及自己选择律师，都被法官拒绝。在审判中，法官要求被告人的辩护必须通过指派的律师实施，被告人最终被定罪。[1]

多数意见指出，本案的核心争议是被告人是否享有放弃律师辩护、独自出席庭审的宪法权利，当被告人自愿地和理智地选择这样做时，各州政府是否可以强迫被告人接受指派给他的律师。多数意见追溯了立法历史，认为1789年的《联邦司法法》以及很多州的宪法都规定被告人享有自我辩护的权利。《宪法第六修正案》不仅仅规定为被告人提供辩护，而且授权被告人本人为自己辩护。《宪法第六修正案》规定的其他权利，比如获知指控的罪名、与不利于己的证人对质以及通过强制程序获得有利于己的证人等权利，都是赋予被告人本人的，没有赋予

---

[1] See Faretta v. California, 422 U.S. 806 (1975).

律师。《宪法第六修正案》虽然没有明确规定被告人享有自我辩护的权利，但是它在表达结构上暗含了这一权利，辩护权应当被直接授予被告人，因为被告人要承担辩护失败的不利后果，而不是律师。无论律师多么专业，都仅仅扮演助手的角色，《宪法第六修正案》意图使律师成为愿意接受律师帮助的被告人的助手，而不是使律师充当政府干涉被告人自我辩护的工具。如果违背被告人的意志强加律师，律师就不再是被告人的助手，而是主导者，辩护权归属于被告人本人的特点就消失了，这显然与《宪法第六修正案》的逻辑不符。律师虽然在案件辩护的很多方面享有决定权，但这种决定权的正当性来源于被告人同意和接受律师为其提供辩护，除非被告人默认律师为其辩护，否则律师的辩护就不是宪法赋予被告人本人的。[1]

多数意见还追溯了17世纪英国的普通法以及美国殖民地时期的审判程序，认为被告人自我辩护在当时是非常普遍的，律师得不到信任，美国独立后各州在保障被告人获得律师帮助的同时仍然保留了被告人的自我辩护权，联邦宪法的制定者从来没有质疑过自我辩护权，也没有主张律师辩护优先于自我辩护。[2]

多数意见进一步强调，"权利法案"背后蕴含的是自由选择的价值，政府不能强迫被告人接受指派的律师，尽管在大多数刑事指控中被告人会受益于律师的专业辩护，必须让被告人自由地决定律师辩护对于他的案件是否有利，即使被告人自我辩护最终会损害他的利益，被告人的选择也应当得到尊重，因为尊重每个人是法律的生命源泉，初审法官显然剥夺了被告人自

---

[1] See Faretta v. California, 422 U.S. 806 (1975).

[2] See Faretta v. California, 422 U.S. 806 (1975).

第五章 《宪法第六修正案》律师帮助权的放弃

我辩护的宪法权利,定罪应当被推翻。[1]

反对意见指出,自我辩护权的定位缺少独立的宪法基础,与《宪法第六修正案》的表述以及联邦最高法院之前的判例不符。反对意见驳斥了多数意见对立法历史的分析,认为《宪法第六修正案》并没有采纳1789年《联邦司法法》对自我辩护权的规定,宪法也没有暗示被告人享有自我辩护的权利,被告人是否有权自我辩护不是宪法要解决的问题,应当由立法机关以制定法的形式作出规定,法官应当保留拒绝被告人自我辩护的裁量权。[2]

2. 自我辩护权的正当性及其界限

本案的关键争议是被告人放弃律师帮助权是一种宪法权利吗?在审判程序中,放弃律师帮助权的结果就是自我辩护,自我辩护的前提是放弃律师帮助权,两者是同一硬币的正反两面,因此,自我辩护权成为一种宪法权利意味着放弃律师帮助权成为一种宪法权利。只要权利放弃符合自愿性、明知性和理智性的要求,法官就不能予以拒绝,因为法官不能阻止被告人行使宪法权利,立法机关也不能以制定法的形式限制被告人行使宪法权利。正如本案多数意见所承认的,大多数刑事案件的被告人无法像律师那样有效地实施辩护,因为被告人不具备专门的法律知识和技能,被告人自我辩护通常有损于他的利益。那么,赋予被告人自我辩护权的正当基础是什么呢?

实际上,自我辩护权的正当性来源于被告人作为诉讼主体应当享有的自治权,即在自由意志的支配下理性地作出选择并且为自己的选择承担责任的权利。自我辩护权的存在是为了

---

[1] See Faretta v. California, 422 U.S. 806 (1975).

[2] See Faretta v. California, 422 U.S. 806 (1975). Chief Justice Burger's dissenting opinion.

"维护被告人的尊严和自治以及允许提出在某些情况下对被告人最有利的辩护"。[1]美国实行的对抗式诉讼制度更加强调被告人的独立性与自主性,被告人可以与检察官平等地对抗,法律将被告人视为一个理性的人,理性的人就应当预见和承担自己的行为和决定可能造成的不利后果。被告人不是任意受人摆布的客体,他的自主选择应当得到尊重,即使这个选择很可能不利于他,公权力机关不能将自己的意志强加于被告人,在被告人不愿意的情况下为他指派律师,无异于强迫被告人接受律师的帮助,这是对被告人自治权的侵犯。另外,律师的辩护确实不一定有利于被告人,对于法律援助律师而言,他们承受着巨大的案件压力,必然不会把全部的精力投入到一个案件上,导致个案的辩护质量不高。美国学者的实证研究表明,在一些州法院,自我辩护的被告人的定罪率等于或者低于有律师辩护的被告人的定罪率。[2]此外,有的律师可能在职业道德方面存在问题或者与被告人的利益存在冲突,基于这些原因,被告人选择放弃律师帮助权而自我辩护也是合理的。

但是,被告人的自治权也应当有一定的界限,毕竟被告人处于诉讼程序中,诉讼程序的公正性不能完全从被告人的主观角度进行评判。在客观上,被告人缺少律师辩护通常难以应对复杂的审判程序,因此,从维护审判公正性以及避免被告人遭受不利益的角度,对被告人放弃律师帮助权予以限制是合理的。在2000年的"马丁内斯案"(Martinez v. Court of Appeal of California)判决中,联邦最高法院明确表示在上诉程序中被告人不享有自我辩护的权利。在司法实践中,美国法官和检察官也不

---

〔1〕 McKaskle v. Wiggins, 465 U. S. 168 (1984).

〔2〕 See Erica J. Hashimoto, "Defending the Right of Self-Representation: An Empirical Look at the Pro Se Felony Defendant", 85 N. C. L. Rev., 423 (2007).

第五章 《宪法第六修正案》律师帮助权的放弃

喜欢被告人行使自我辩护权,因为被告人的非专业辩护会拖延审判的进程,降低诉讼效率,法官和检察官要更加谨慎地防止案件出错,还要承担错误地否定被告人的自我辩护权而导致定罪被推翻的风险。[1]

二、被告人行使自我辩护权的规则

(一) 明知性、理智性以及被告人的行为能力

被告人行使自我辩护权的前提是放弃了律师帮助权,根据"法瑞塔案"的判决,权利放弃首先必须是自愿的,基于被告人的自由意志,控方不能强迫被告人。被告人还必须明知地和理智地放弃律师辩护权,被告人应当知晓自我辩护的危险和不利,但不需要具备像律师那样的法律知识和技能,被告人不熟悉证据规则以及陪审员的回避等程序规则并不影响他明知地放弃律师帮助权。明知性要求被告人知晓自己的权利,那么法官是否有义务告知被告人享有自我辩护权呢?下级法院的做法是:当被告人没有明确表达自我辩护的意向时,法官在宪法上没有义务告知他享有自我辩护的宪法权利。[2]还需要注意的是,被告人在审前程序中放弃律师帮助权的效力不能延伸到审判程序,换言之,被告人在审判开始前要再次向法官表明放弃律师帮助权自我辩护的要求,由法官作出决定。

被告人有效放弃律师帮助权还必须具备相应的行为能力,即被告人认识和控制自己行为的能力能够满足明知地和理智地放弃律师帮助权的要求。换言之,被告人在精神和心智上能够

---

[1] See Joshua Dressler & Alan C. Michaels, *Understanding Criminal Procedure*: Adjudication, 4th edition, Carolina Academic Press, 2015, p. 67.

[2] See Wayne R. LaFave, et al., *Criminal Procedure*, 6th edition, West Academic Publishing, 2016, p. 741.

理解律师帮助权,合理地权衡放弃权利的利弊以及能够在法庭上为自己辩护。实践中有争议的问题是患有精神疾病的被告人是否就一定不具备放弃律师帮助权自我辩护的能力呢?美国联邦最高法院在1993年的"戈丁内兹案"(Godinez v. Moran)判决中认为,被告人具备出席庭审的能力就同时具备放弃律师帮助权作出认罪答辩的能力,而被告人不咨询律师自行作出认罪答辩实际上就是在自我辩护。[1]但是,在2008年的"爱德华兹案"判决中联邦最高法院改变了"戈丁内兹案"的标准,认为被告人具备出席庭审的能力并不一定具备自我辩护的能力,该案被告人是精神分裂症患者,经过治疗具备了出席庭审的能力,但是联邦最高法院暗示自我辩护的能力要求有时要更高一些,并不完全等同于出席庭审的能力。[2]

(二)法官对被告人自我辩护要求的调查

当被告人明确表示要放弃律师帮助权自我辩护时,有些司法管辖区规定法官有义务进行审查。首先,法官有义务告知被告人律师辩护的重要性以及自我辩护的危险。具体而言,有的上诉法院要求初审法官告知被告人以下内容:第一,辩护不仅仅是陈述自己的辩解,而且要遵循各种技术性规则;第二,律师受过专门的训练,具有辩护经验,有利于维护被告人的利益;第三,被告人因不熟悉诉讼程序可能作出错误的决定,无法对证据提出异议,不能及时提出相关动议;第四,自我辩护的被告人不能在上诉中对他的行为能力提出质疑;第五,被告人不能对自己的辩护提出无效辩护的主张。[3]其次,法官要

---

[1] See Godinez v. Moran, 509 U. S. 389 (1993).

[2] See Indiana v. Edwards, 554 U. S. 164 (2008).

[3] See Wayne R. LaFave et al., *Criminal Procedure*, 6th edition, West Academic Publishing, 2016, p. 741.

确认被告人理解了放弃律师帮助权自我辩护的后果,必要时需要调查被告人的年龄、教育背景、精神状况等因素,法官可以通过与被告人对话的方式进行调查。最后,如果法官错误地否定了被告人提出的自我辩护要求或者错误地判断了被告人放弃律师帮助权的有效性,那么都会导致定罪在上诉中被推翻的后果。

(三)辅助律师的设置

为了保护被告人的利益以及维护程序公正,联邦最高法院允许法官委派辅助律师(standby counsel)参与庭审在必要时帮助自我辩护的被告人或者在自我辩护必须中止时接手案件。但是,无论联邦法院还是州法院都明确拒绝被告人与律师一起担任辩护人,即所谓的"混合辩护",换言之,律师帮助权与自我辩护权是互相排斥的,只能择一行使,择一放弃。[1]在1984年的"威金斯案"(McKaskle v. Wiggins)判决中,联邦最高法院明确支持辅助律师在被告人不情愿的情况下打断他的自我辩护,并且提出判断被告人的自我辩护权是否被侵犯的标准是被告人是否有公平的机会陈述他自己的辩解。"威金斯案"判决确立了关于辅助律师行为限度的两项规则:一是辅助律师不能无视被告人的反对,实质性干涉被告人作出重要的策略性决定,或者控制对证人的询问,或者在重要事项上代替被告人作出陈述;二是辅助律师的参与不能破坏陪审团对被告人正在自我辩护的印象和感知。"威金斯案"被告人的辅助律师在为期三天的审判中五十多次打断和介入被告人的自我辩护,这些打断和介入有些得到了被告人的同意,有些则没有,联邦最高法院的结论是

---

[1] See Wayne R. LaFave et al., *Criminal Procedure*, 6th edition, West Academic Publishing, 2016, p. 746.

被告人的自我辩护权没有被侵犯。[1]因此，辅助律师为了被告人的利益可以适度干涉被告人的自我辩护，"威金斯案"为被告人的自治权划定了界限，在被告人的自主选择与维护审判公正之间进行了平衡。

---

[1] See McKaskle v. Wiggins, 465 U. S. 168 (1984).

# 第六章
反对自我归罪特权的放弃

第一节 审前程序中反对自我归罪特权的放弃

一、反对自我归罪特权的渊源与特点

(一) 反对自我归罪特权的普通法渊源

英美法的反对自我归罪特权准确的表述是"反对强迫自我归罪特权"或"不得强迫自证其罪特权"。从反面来看,"不得强迫"意味着允许个人自愿地自证其罪或自我归罪。《宪法第五修正案》规定:"任何人都不能被强迫在任何刑事案件中成为对他自己不利的证人。"〔1〕这一宪法权利被简称为不得强迫自证其罪特权,美国宪法文本明确使用了"强迫"(compel)一词。但是,由于汉语的歧义性,"放弃不得强迫自证其罪特权"的表述容易让人误解为可以强迫自证其罪,但事实并非如此。为了避免产生歧义,本章各级标题统一使用"反对自我归罪特权"的表述方式,具体行文中仍使用"不得强迫自证其罪特权"这一更为准确的翻译。〔2〕

《宪法第五修正案》的不得强迫自证其罪特权源于英国普通

---

〔1〕 No person shall be compelled in any criminal case to be a witness against himself.
〔2〕 我国《刑事诉讼法》第 52 条规定,"不得强迫任何人证实自己有罪",这与不得强迫自证其罪特权的翻译接近。

法。证据法学大师威格莫尔（John H. Wigmore）认为，不得强迫自证其罪特权的根基在于12世纪英国王权与教会之间的斗争。[1]现今的主流观点是普通法上的不得强迫自证其罪特权是17世纪早期英国反对宗教法庭采用的纠问式裁判方式以及依职权实施宣誓（oath ex officio）的产物。[2]英国的星法庭（Star Chamber）是中世纪的教会用来打击所谓的宗教异端的机构，星法庭的审判方式是由裁判官依职权对被告人进行讯问，在讯问前星法庭会命令被告人进行宣誓，宣誓后被告人有义务如实回答法庭的讯问。依职权实施宣誓导致被告人面临三重困境：如果被告人如实回答问题，会导致自我归罪；如果被告人说假话，会受到伪证罪的惩罚；如果被告人保持沉默不说话，会受到藐视法庭罪的惩罚。[3]因此，星法庭的审问本质上是让被告人提供证明自己有罪的证据，是一种自我归罪，而且通过依职权的宣誓强迫被告人自我归罪，这是不道德的、不人性的。强迫自我归罪违背了个人趋利避害的本性，为了维护个人的尊严和自治，反对强迫自证其罪的权利就应运而生。布莱克斯通认为，"在普通法上，任何人不得被强迫自我归罪，一个人的错误不能从他本人身上证实，而应当通过其他方式和其他人发现他的错误"。[4]不容忽视的是，不得强迫自证其罪特权与对抗式诉讼制度是共生共荣的关系，伴随着纠问式诉讼制度在英美法系的消亡，对抗式诉讼制度得以发展和巩固，而对抗式诉讼要求控

---

[1] See John Henry Wigmore, *A treatise on the Anglo-American System of Evidence in Trials at Common Law*, Little, Brown, 1904, p. 317.

[2] See Joshua Dressler & Alan C. Michaels, *Understanding Criminal Procedure: Investigation*, 6th edition, Carolina Academic Press, 2016, p. 412.

[3] See Joshua Dressler & Alan C. Michaels, *Understanding Criminal Procedure: Investigation*, 6th edition, Carolina Academic Press, 2016, p. 415.

[4] See William Blackstone, *Commentaries on the Laws of England*, 4th volume, 1769, p. 293.

方承担证明被告人有罪的责任,被告人不承担证明自己有罪或无罪的义务,这实际上体现了不得强迫自证其罪特权的内在要求。

(二)反对自我归罪特权适用的广泛性

在美国,不得强迫自证其罪特权最初只适用于审判程序,被告人在庭审中有权拒绝作证并保持沉默,检察官和法官不能强迫被告人提供证言。由于被告人在侦查讯问中的供述可以在审判中用作定罪证据,此时被告人同样陷入自我归罪的处境,因而必须确保被告人的审前供述是自愿作出的。为此,美国联邦最高法院逐步将不得强迫自证其罪特权的适用范围延伸到审前程序,特别是侦查讯问程序,对警察实施讯问的合法性进行规制。在1897年的"布莱姆案"(Bram v. United States)判决中,联邦最高法院认为警察采用暴力、威胁、许诺等强迫手段获取的供述侵犯了被告人的不得强迫自证其罪特权,应当被排除,并且禁止警察在讯问时对嫌疑人施加任何形式的影响。[1]在半个多世纪之后,1966年的"米兰达案"判决确立了米兰达规则,联邦最高法院通过假定羁押性讯问的内在强迫性重塑了关于供述自愿性的法律,产生了深远的影响,而米兰达规则的设立就是为了保障不得强迫自证其罪特权的实现。除了侦查讯问程序,在审前阶段的预审程序、大陪审团程序以及其他听证程序中嫌疑人、被告人和其他证人都可以援引不得强迫自证其罪特权。值得注意的是,经过联邦最高法院的不断解释,不得强迫自证其罪特权的适用已经远远超出了刑事诉讼程序的范围,还适用于民事诉讼程序以及包括立法和行政听证在内的其他正式或非正式的程序,只要个人的回答可能在未来的刑事指控中被

---

[1] See Bram v. United States, 168 U. S. 532 (1897).

用作不利于他的证据。[1]

从适用对象的角度,不仅嫌疑人或被告人可以援引不得强迫自证其罪特权,证人也可以援引该特权不回答特定的问题,因为证人提供的证言可能涉及他对指控犯罪的参与或者他曾经实施的可能受到刑事指控的行为。从规制的证据种类的角度,不得强迫自证其罪特权不仅禁止强迫证人(被告人)提供可能自我归罪的证言(供述),而且禁止强迫个人提供含有可能使他受到刑事指控的陈述和信息的私人文件记录,但是不禁止强迫提供实物证据或来源于个人身体的生物样本。此外,所谓的"强迫"不仅体现为现实的暴力、威胁等手段,具有强制效力的传唤证人作证的传票或者要求提交文件记录的令状也带有强迫的属性,如果相对人不情愿地遵守了传票或令状,对他而言也是一种强迫。[2]因此,无论从上述哪个方面考察,不得强迫自证其罪特权的适用都是广泛的,它不单单是一种刑事诉讼权利,而且已经融入到了美国公民的日常生活之中,是一种有别于其他刑事诉讼权利的"特权"(privilege)。[3]

(三) 对放弃反对自我归罪特权的澄清

首先要澄清的是,在美国,如果仅将"强迫"界定为暴力、威胁、欺骗、引诱等违法手段,那么证人(包括嫌疑人和被告人)放弃不得强迫自证其罪特权,肯定不代表警察、检察官和法官可以采取违法手段强迫证人自证其罪,而是意味着证人可以自愿地提供可能自我归罪的证言(供述),该证言可能在未来

---

[1] See Joshua Dressler & Alan C. Michaels, *Understanding Criminal Procedure*: *Investigation*, 6th edition, Carolina Academic Press, 2016, p. 422.

[2] See Joshua Dressler & Alan C. Michaels, *Understanding Criminal Procedure*: *Investigation*, 6th edition, Carolina Academic Press, 2016, pp. 423~427.

[3] 注意,此处"特权"一词是褒义的,其含义不是汉语语境下的搞特殊化或者拥有超越法律法规的权力。

的刑事指控中被用作不利于他的证据。如果将"强迫"界定为除违法手段以外的具备强制效力的司法命令,比如法官签发的证人传唤令(subpoena),那么放弃不得强迫自证其罪特权的含义就应当根据具体情况予以界定。举例而言,如果证人在审判中放弃不得强迫自证其罪特权回答了某个可能自我归罪的问题,那么他通常不能再拒绝回答与该问题涉及事项相关的其他问题,法官有权要求他回答。因为证人是被司法命令传唤出庭的,负有提供证言的义务,如果证人坚持拒绝回答,很可能被法官判处藐视法庭罪,从这个意义上,司法命令是一种"强迫",但它是合法的,是司法权威的彰显。

在侦查讯问、审前听证、证言存录、庭审等需要提供证言的情况下,沉默权是不得强迫自证其罪特权的具体表现和内在要求,保持沉默是行使不得强迫自证其罪特权的具体方式,那么放弃沉默权实际上也是不得强迫自证其罪特权的放弃。在警察主导的侦查讯问程序中,无论是羁押性讯问还是非羁押讯问,嫌疑人放弃不得强迫自证其罪特权(沉默权)不代表警察可以采用暴力、威胁等违法手段,而是指嫌疑人自愿地回答警察提出的问题。当他不再愿意回答时,完全可以援引沉默权或律师帮助权,此时羁押性讯问必须中止,这是米兰达判决和爱德华兹规则的要求,警察不能以嫌疑人之前已经放弃不得强迫自证其罪特权为由,强制他们继续回答问题。

由于不得强迫自证其罪特权的规制对象不限于证言还包括证言性文件记录,所以放弃不得强迫自证其罪特权的后果不限于自愿提供证言,还包括自愿提交可能含有归罪性陈述的文件记录。还需要注意,嫌疑人在侦查讯问中放弃沉默权回答问题,不需要提前宣誓,说假话不会受到伪证罪的追究,但是被告人在审判程序中放弃沉默权作为证人提供证言就必须宣誓。宣誓意味着被告人要如实提供证言,被告人要承担真实义务,否则就会受到伪证罪的追究,而且,一旦被告人放弃沉默权选择作证,就必须接受控方的交叉询问,被告人不能再援引不得强迫自证其罪特权拒绝回答问题,被告人坚持拒绝接受交叉询问的,可能被判处藐视法庭罪。

二、非羁押讯问中反对自我归罪特权的放弃

(一)"萨利纳斯案"的启示

上文重点研究了羁押性讯问中米兰达权利的放弃,其实在非羁押讯问中,嫌疑人仍然可以援引不得强迫自证其罪特权拒绝回答问题,当然也可以放弃该特权作出供述。美国联邦最高法院在 2013 年作出的"萨利纳斯案"(Salinas v. Texas)判决就涉及非羁押讯问背景下不得强迫自证其罪特权的援引与放弃,在很大程度上改变了之前的规则,给嫌疑人援引不得强迫自证其罪特权课加了额外的负担。

本案中警察在侦查一起枪杀案时怀疑到了被告人,警察来到被告人家中,被告人同意将他的手枪交给警察与犯罪现场发现的子弹壳一起做弹道匹配检验,并且同意陪同警察到警察局接受询问。被告人与警察的会面持续了约一个小时,控辩双方都认为讯问是非羁押性的,警察告诉被告人他没有被逮捕,可以随时离开警察局,警察没有向被告人宣读米兰达警告。在会面过程中,被告人回答了警察提出的大部分问题,当警察询问被告人他的手枪是否与谋杀现场的弹壳相符时,被告人保持了沉默,没有回答这个问题,几分钟后警察又提出了其他问题,被告人作出了回答。在审判过程中,被告人没有作证,检察官就被告人在讯问中的短暂沉默向陪审团作出了不利于他的评论。检察官对陪审团说,如果被告人是无辜的,当警察询问他的手

第六章 反对自我归罪特权的放弃

枪与犯罪现场的弹壳是否相符时,他应当明确予以否认,而不是保持沉默。陪审团最终认定被告人有罪。在上诉中,被告人主张检察官将他的沉默状态用作不利于他的证据,侵犯了他的不得强迫自证其罪特权。[1]

联邦最高法院没有就本案形成 5 票以上的多数意见,大法官阿利托代表首席大法官罗伯茨和大法官肯尼迪发表了简单多数意见,认为本案被告人仅仅保持沉默不构成对不得强迫自证其罪特权的明确援引。因此,检察官可以向陪审团就被告人的沉默作出不利的评论。[2]大法官托马斯和斯卡利亚认为,即使被告人的沉默构成对不得强迫自证其罪特权的援引,被告人的沉默状态也不是被"强迫"的,检察官对沉默状态的评论没有强迫被告人自我归罪。[3]大法官阿利托指出,不得强迫自证其罪特权不是自行生效的,证人(被告人)要寻求特权的保护,必须明确援引它。证人明确援引该特权能够引起控方的注意,从而对他的回答是否可能导致自我归罪进行审查,或者授予证人豁免权让他回答问题,这样控方可以尽可能地获得关于案件的信息。当然也存在一些例外,被告人在审判程序和具有内在强迫性的羁押性讯问中保持沉默时不需要明确援引特权,或者证人受到来自官方的压力无法自主地选择不回答问题时也不需要明确援引特权。本案被告人同意接受讯问,讯问是在非羁押环境下进行的,不具有强迫性,被告人自愿援引特权的能力没有被剥夺,他仅需要在拒绝回答问题时说明根据的是《宪法第五修正案》的不得强迫自证其罪特权,但他没有这样做。如果

---

[1] See Salinas v. Texas, 570 U. S. _ (2013).
[2] See Salinas v. Texas, 570 U. S. _ (2013). Justice Alito's plurality opinion.
[3] See Salinas v. Texas, 570 U. S. _ (2013). Justice Thomas' concurring opinion.

允许被告人在非羁押讯问中不明确援引特权就获得保护，那么会阻碍控方获取证言，影响对犯罪的追诉。大法官阿利托认为，被告人拒绝回答问题的权利依赖于他这样做的理由，法庭需要知道他的理由以决定是否成立，被告人仅仅保持沉默不一定意图援引特权，他可能正在思考如何撒谎，也可能觉得尴尬，也可能试图保护其他人。[1]

按照本案判决的逻辑，被告人自愿陪同警察前往警察局接受讯问，他没有被逮捕或羁押，他回答了警察提出的大部分问题，这些行为构成对不得强迫自证其罪特权的放弃。在这个前提下，被告人对警察的某个归罪性问题保持沉默时未明确援引不得强迫自证其罪特权，但他具备自由援引特权的能力，这种情况视为被告人丧失了援引特权的机会，之前放弃特权的效果仍然延续。因此，在之后的审判中检察官可以在陪审团面前利用被告人的沉默作出不利推断。阿利托大法官的主要理由是被告人明确援引特权可以引起警察的注意，让警察判断被告人的回答是否会导致自我归罪。但是，本案中警察提出的问题是被告人的手枪是否与犯罪现场发现的弹壳相符，这是非常明显的归罪性提问，警察之所以提出这个问题，就是想获得被告人的肯定回答，所以根本不需要再引起警察的注意。而且，给被告人施加明确援引的义务前提是被告人要知晓他享有不得强迫自证其罪特权，如果他都不知道这项特权，又怎么能援引呢？事实上，大多数被告人对法律是无知的，在非羁押讯问中警察又不需要宣读米兰达权利，被告人无从知晓他享有不得强迫自证其罪特权。

有学者提出，在嫌疑人保持沉默时，警察只需要询问他是否

---

[1] See Salinas v. Texas, 570 U.S. _ (2013). Justice Alito's plurality opinion.

要援引不得强迫自证其罪特权,这个问题就解决了。[1]这种观点是有道理的,但是却不利于警察获取供述,保守派大法官们肯定不会采纳这种观点。本案判决与上文提到的2010年的"汤姆普金斯案"判决非常相似,后者认为嫌疑人在被逮捕后的羁押性讯问中保持了接近三个小时的沉默不构成对不得强迫自证其罪特权的援引,嫌疑人必须以积极的方式援引沉默权。在1994年的"戴维斯案"判决中,联邦最高法院也认为嫌疑人援引律师帮助权必须清楚确定,不能模棱两可。不明确援引权利就会丧失权利,产生与放弃权利一样的效果,这种逻辑是保守派大法官们一直坚持的,体现了他们主张强化对犯罪的有效追诉的司法立场。

(二)不得从被告人的沉默状态作出不利推定

"萨利纳斯案"还涉及另一个问题,即为什么要禁止检察官在陪审团面前对被告人在侦查讯问中的沉默作出不利的评论或推断,其正当性在于:如果允许检察官作出不利的评论(例如,被告人保持沉默不是一个无辜的人应有的反应),那么由非法律专业人士组成的陪审团容易受到影响从而倾向于认定被告人有罪,这种不利后果会导致被告人不敢保持沉默,不敢行使不得强迫自证其罪特权,也相当于"强迫"被告人作出供述或提供证言,与不得强迫自证其罪特权的精神是相悖的。美国联邦最高法院早在1965年的"格里芬案"(Griffin v. California)判决中就确认被告人有权不让控方向陪审团评论自己的沉默状态,如果被告人选择不在审判中作证,这一权利是不得强迫自证其罪特权的一部分,若允许控方作出评论,就相当于对被告人行使

---

[1] See Yale Kamisar, "The Miranda Case Fifty Years Later", 97 B. U. L. Rev., 1293, 1306 (2017).

不得强迫自证其罪特权施加了惩罚。[1]之后,禁止控方对被告人的沉默作出评论的规则还被扩展适用到量刑程序中。[2]

实际上,不仅检察官不能对被告人的沉默作出评论,法官也不能予以评论,相反,被告人可以要求法官明确指示陪审团不能从被告人的沉默状态得出不利于被告人的推断。如果被告人在审判中作证,为自己进行辩解,那么检察官是否可以质疑为什么被告人在侦查讯问中要保持沉默,不对警察作出辩解呢?换言之,此时检察官是否可以利用被告人在侦查讯问中的沉默攻击被告人的可信性呢?联邦最高法院的回答是,如果被告人的沉默是在警察给予他米兰达警告之后,那么他有权保持沉默,不能因为保持沉默而承受负担或惩罚,此时检察官在审判中不能评论被告人的沉默;如果被告人保持沉默时他没有被逮捕或者没有被告知米兰达权利,那么检察官可以利用被告人的沉默攻击他当庭证言的可信性,这与"萨利纳斯案"判决的精神是一致的。[3]

三、大陪审团侦查中反对自我归罪特权的放弃

(一) 大陪审团的侦查职能

《宪法第五修正案》规定,非经大陪审团(grand jury)签发起诉书,任何人不得被交付接受死刑或其他重罪的审判,该条款规定的是大陪审团的审查起诉职能。在联邦司法管辖区和一些州,重罪案件的被告人必须经过由普通公民(通常有16人至23人)组成的大陪审团审查案件证据的充分性来决定是否签发

---

[1] See Griffin v. California, 380 U.S. 609 (1965).
[2] See Mitchell v. United States, 526 U.S. 314 (1965).
[3] See Joshua Dressler & Alan C. Michaels, *Understanding Criminal Procedure: Adjudication*, 4th edition, Carolina Academic Press, 2015, p. 283.

第六章　反对自我归罪特权的放弃

起诉书（indictment），对他提起正式指控。除了审查起诉的职能，大陪审团还有侦查职能，在英国普通法上，大陪审团最初设立时承担的职能就是调查犯罪。1166年英王亨利二世通过《克拉伦登敕令》（Assize of Clarendon）设立了由平民组成的大陪审团负责调查严重的犯罪，促使英国的审判方式从中世纪的神明裁判、角斗以及宣誓断讼转变为证据裁判。[1]

美国联邦和各州的大陪审团程序千差万别，但也存在一些共性。大陪审团调查犯罪是秘密进行的，检察官指导着大陪审团的运作，检察官可以向大陪审团建议传唤某人到庭作证或者命令某人交出相关文件记录。大陪审团侦查犯罪的优势在于它可以申请法官签发传唤令，传唤令是具有强制力的司法令状，如果某人受到传唤而不出现在大陪审团面前或者不交出相关文件，那么他会面临藐视司法罪的追究。而且，证人在陪审团面前只有两种选择：一是如实提供证言，二是提供虚假证言受到伪证罪的惩罚，这背后的正当性基础是普通法上的古老原则——公众有权获得任何人持有的证据。[2]当然，如果证人援引了不得强迫自证其罪特权或者证据法上的律师与委托人、丈夫与妻子、医生与病人以及牧师与忏悔者之间的特权，就可以豁免提供证言，证人是否符合援引特权的条件由法官裁定。一个例子可以说明大陪审团传唤令的司法强制力：美国前总统克林顿曾经受到美国国会参众两院的弹劾，克林顿在参议院审判时作证对他与莱温斯基存在性关系撒了谎，之后克林顿受到大陪审团的伪证罪调查，大陪审团传唤了莱温斯基的母亲，因为莱

---

〔1〕See Joshua Dressler & George C. Thomas Ⅲ, *Criminal Procedure: Principles, Policies and Perspective*, 6th edition, West Academic Publishing, 2017, p.940.

〔2〕See Joshua Dressler & George C. Thomas Ⅲ, *Criminal Procedure: Principles, Policies and Perspective*, 6th edition, West Academic Publishing, 2017, p.948.

温斯基曾经告诉她的母亲有关她与克林顿发生性关系的细节，莱温斯基的母亲被迫向大陪审团提供了证言，她是哭着离开法庭的。[1]

（二）证人对反对自我归罪特权的援引和放弃

当证人向大陪审团提供的证言可能会导致他在之后被提起刑事指控或者大陪审团的调查对象（潜在的被告人）被作为证人传唤时，他的证言很可能在之后的审判中被用作定罪证据，从而导致他陷入自我归罪的尴尬境地，此时被调查的对象或其他证人可以援引或者放弃不得强迫自证其罪特权，因为大陪审团的传唤令具有强制力，构成对被调查对象或其他证人的"强迫"。被调查对象或其他证人对不得强迫自证其罪特权的援引和放弃规则主要有以下几个方面：

第一，提供证言会导致证人受到刑事追诉的威胁必须是现实的和实质的，不能是假想的。证人对不得强迫自证其罪特权的援引不是自动成立的，必须经过法官的审查，如果法官认为提供证言或回答问题没有受到刑事指控的威胁，那么证人对特权的援引不能成立，必须提供证言或回答问题。美国联邦最高法院在"霍夫曼案"（Hoffman v. United States）判决中要求法官在审查时应当尽量作出支持援引不得强迫自证其罪特权的解释，所以在大陪审团程序中很少有证人援引特权而不成立的情况。[2]但是，如果证言涉及的是之前已经被审判定罪的犯罪事实，那么证人不能援引不得强迫自证其罪特权，因为证人不可能再次被提起刑事指控。

---

[1] See Joshua Dressler & George C. Thomas Ⅲ, *Criminal Procedure: Principles, Policies and Perspective*, 6th edition, West Academic Publishing, 2017, p. 941.

[2] See Wayne R. LaFave et al., *Criminal Procedure*, 6th edition, West Academic Publishing, 2016, p. 574.

第二，美国有些州的法院将大陪审团的侦查对象作为实际上的被告人对待，有的法院要求侦查对象必须服从传唤，出现在大陪审团面前，但是他可以援引不得强迫自证其罪特权从而免予提供证言；有的法院则直接要求大陪审团不能传唤侦查对象，他与被告人一样享有绝对的免予作证权，除非侦查对象放弃了特权；联邦法院和大多数州的法院都没有将侦查对象与普通证人区别对待，而是要求侦查对象必须出现在大陪审团面前，只能针对具体的问题援引不得强迫自证其罪特权，拒绝作出回答，而不能一律保持沉默。[1]但是，美国司法部的内部指导要求一般情况下不能传唤侦查对象提供证言，除非是对特殊的案件在检察官和大陪审团都同意的情况下才能传唤。[2]当大陪审团的侦查对象被传唤时，是否需要告知他享有不得强迫自证其罪特权呢？这个问题存在争议，联邦最高法院没有对此作出明确回答，但是美国司法部的内部指导要求联邦检察官告知侦查对象与其他证人享有不得强迫自证其罪特权，联邦大陪审团的传唤令也会明确载有权利告知的内容。[3]

第三，如果证人被告知享有不得强迫自证其罪特权，那么当他在大陪审团面前回答具体问题时，就视为明知地放弃了不得强迫自证其罪特权，但放弃特权的效力仅及于特定的问题，一般不能对之后的问题预先放弃特权。[4]例外情况是，当证人对特定问题的回答会自然引申出其他问题时，他不能再拒绝回

---

[1] See Wayne R. LaFave et al., *Criminal Procedure*, 6th edition, West Academic Publishing, 2016, p.577.

[2] See Wayne R. LaFave et al., *Criminal Procedure*, 6th edition, West Academic Publishing, 2016, pp.577~578.

[3] See Wayne R. LaFave et al., *Criminal Procedure*, 6th edition, West Academic Publishing, 2016, p.580.

[4] See Wayne R. LaFave et al., *Criminal Procedure*, 6th edition, West Academic Publishing, 2016, p.580.

答引申出的问题，这意味着之前放弃不得强迫自证其罪特权的效力涵盖了引申出的问题，这一规则体现在联邦最高法院作出的"罗格斯案"（Rogers v. United States）判决中。本案被告人在作为证人向大陪审团提供证言时，承认她之前保管着某政党的财务文件，但她已经将文件交给其他人，她拒绝说出接手文件的人的名字，理由是可能自我归罪，她因拒绝回答而被判以藐视司法罪。联邦最高法院维持了对她的藐视司法罪判决，认为她无权援引不得强迫自证其罪特权，理由是当她承认持有相关财务文件时已经使自己处于自我归罪的境地，说出接手文件的人的名字不会再增加她被指控的危险。联邦最高法院指出，证人不能被允许在公开基本的有罪事实的同时援引不得强迫自证其罪特权，拒绝进一步公开相关细节，否则会导致证人根据自己的需求选择性地提供证言，损害对案件事实真相的发现。但是，如果大陪审团的侦查对象仅承认了指控犯罪的某个构成要件，并不代表他同时放弃了对涉及其他构成要件的问题援引不得强迫自证其罪特权，换言之，对于涉及该犯罪其他构成要件的问题，他仍然可以援引特权拒绝回答。[1]

第四，证人放弃不得强迫自证其罪特权必须是完全自愿的，不能受到来自官方的压力。与逮捕后的羁押性讯问不同，大陪审团程序不具有所谓的内在强迫性，但是证人可能面临来自政府的其他压力，比如，政府机关威胁其雇员如果不提供证言就解除雇佣关系。在1967年的"加里蒂案"（Garrity v. New Jersey）中，警察被上司警告如果不放弃不得强迫自证其罪特权就修改交通罚单的事实作证，他们就会被开除出警局，联邦最高法院认为特权的放弃是被强迫的，警察的证言不能在之后的刑事追

---

［1］ See Rogers v. United States, 340 U. S. 367 (1951).

诉中作为证据使用。[1]此外，在大陪审团程序中放弃不得强迫自证其罪特权的效力并不能延伸到之后的刑事诉讼程序中，被告人被正式起诉后仍然可以援引该特权。

第五，证人援引不得强迫自证其罪特权之后，如果检察官仍然想要获取证言，则可以授予证人豁免权，在豁免权的保护下证人提供证言不会导致自我归罪。有些犯罪的参与者被授予豁免权后就转为所谓的"污点证人"，帮助检察官指控其他被告人。豁免权有两种形式：一是罪行的豁免，即检察官保证不会对证人提供的证言所可能涉及的任何犯罪提起刑事指控；二是证言及衍生证据的豁免，即检察官不会使用证人提供的证言以及从该证言衍生出的其他证据对他提起刑事指控。[2]前者对证人的保护要更强一些，后者并不禁止检察官就证言所涉及的犯罪对证人提起指控，但是禁止使用该证言及其衍生证据作为指控依据。现今美国联邦检察官只能授予证言及衍生证据的豁免，联邦法律不允许给予证人罪行的豁免，联邦检察官必须向法庭提出申请，由法庭以司法令状的形式授予证人豁免权。[3]一旦证人被授予豁免权，他就有义务作证，因为提供证言不会使他在未来的刑事指控中成为不利于己的证人。证人被授予豁免权与他放弃不得强迫自证其罪特权的效果是一样的，检察官都可以获取证言。

四、认罪程序中反对自我归罪特权的放弃

（一）有罪答辩构成反对自我归罪特权的放弃

美国联邦与各州平均有90%以上的刑事案件是通过辩诉交

---

[1] See Garrity v. New Jersey, 385 U. S. 493 (1967).

[2] See Joshua Dressler & Alan C. Michaels, *Understanding Criminal Procedure: Adjudication*, 4th edition, Carolina Academic Press, 2015, p. 274.

[3] See United States Code 18, Section 6002.

易和认罪程序解决的,被告人在审判前的认罪程序中作出有罪答辩(plea guilty)构成对诸多宪法权利的放弃,其中就有不得强迫自证其罪特权。被告人自愿承认自己有罪实际上产生了自我归罪或自证其罪的效果,但是被告人自我归罪不是被强迫的,而是他基于自由意志的理性选择。在对抗式诉讼制度下,被告人作出有罪答辩相当于免除了检察官承担的排除合理怀疑地证明被告人有罪的责任,由被告人承担认罪的不利后果。但是,法官在决定是否接受被告人作出的有罪答辩时,有义务对认罪的自愿性、明知性与真实性进行调查确认,调查确认的主要方式是询问被告人。法官可以在法庭上当面向被告人提出有关案件事实的问题,以确认被告人是否实施了指控的犯罪,被告人有义务回答,因为他作出有罪答辩已经放弃了不得强迫自证其罪特权,原则上应当向法庭提供他实施犯罪的供述。

(二)"米切尔案"的启示

值得注意的是,美国联邦最高法院通过 1999 年的"米切尔案"(Mitchell v. United States)判决限制了被告人认罪产生的放弃不得强迫自证其罪特权的效果,明确了被告人作出有罪答辩并不导致放弃她在量刑程序中享有的不得强迫自证其罪特权。本案被告人对指控她的两项罪名作出有罪答辩:一是共谋分销 5 公斤甚至更多的毒品可卡因;二是销售毒品可卡因(未与他人共谋)。但是,被告人保留了在量刑程序中对共谋分销的毒品数量提出异议的权利。在接受有罪答辩之前,联邦法官告诉被告人对于销售毒品罪她将面临至少 1 年的有期徒刑,对于共谋分销毒品罪,如果控方能够证明毒品的数量达到 5 公斤,那么被告人将面临至少 10 年的有期徒刑。法官还告知被告人,她作出有罪答辩就放弃了保持沉默的权利,被告人表示她实施过一些指控的行为,确认了有罪答辩。在量刑听证中,控方提供了三名分销毒品的共同被告人和一名证人证明本案被告人共谋分销毒品的数量达到了 5 公斤,被告人拒绝作证,法官认为被告人既然作出有罪答辩就放弃了对犯罪细节保持沉默的权利,最终法官采信了控方提供的证言,被告人被判处 10 年以上有期徒刑。[1]

联邦最高法院在判决中明确指出,在联邦司法管辖区,有罪答辩并不导致放弃量刑程序中的不得强迫自证其罪特权。原则上,证人不能在自愿就某一事情作证的同时援引不得强迫自证其罪特权,拒绝陈述该事情的细节,这一规则的正当性基础是证人不能选择性地对某一事情提供证言,否则会损害证言的真实性以及事实调查程序的公正性。但是,上述规则在法官对被告人作出有罪答辩的自愿性和明知性进行调查的程序中并不完全适用,因为被告人认罪导致案件事实不再有争议,法官受到被告人选择性公开信息误导的可能性很小,本案被告人承认实施了"某些"指控的行为,不影响法官确认有罪答辩存在事实基础。如果在与本案类似的案件中有罪答辩意味着被告人放弃了全部的不得强迫自证其罪特权,那么检察官就不需要证明毒品的数量,只需要让被告人在量刑程序中自己说出毒品的数量就行,这样做会严重降低控方承担证明责任的标准,使被告人沦为控方完成指控的工具。联邦最高法院强调,认定被告人有罪之后仍然存在导致被告人自我归罪的可能性,在量刑未确定的情况下,被告人在量刑听证中提供证言很有可能导致不利的量刑结果,强迫被告人在量刑程序中作证会导致他成为不利于己的证人,违背了不得强迫自证其罪特权的要求。[2]

"米切尔案"判决实际上限制了被告人作出有罪答辩导致的

---

[1] See Mitchell v. United States, 526 U. S. 314 (1999).
[2] See Mitchell v. United States, 526 U. S. 314 (1999).

放弃不得强迫自证其罪特权的效果。被告人在法官审查确认有罪答辩的自愿性和明知性的程序中，对某些问题的回答可能导致在未来的量刑程序中加重量刑时，他仍然可以援引不得强迫自证其罪特权，这一限制性规则试图在案件事实真相的发现和被告人诉讼权利的保障上寻求平衡。但是，允许被告人对关于一些案件事实的问题保持沉默，肯定会削弱对有罪答辩事实基础的审查确认，况且，对哪些案件事实的陈述会在之后的量刑程序中对被告人产生不利影响缺少清晰的认定标准，容易引起司法实践的混乱。

第二节 审判程序中反对自我归罪特权的放弃

一、被告人的免予作证权

（一）免予作证权的绝对性

与大陪审团侦查以及其他审前程序不同的是，被告人在审判程序中享有绝对的不得强迫自证其罪特权，它的具体表现是被告人享有绝对的免予作证权。免予作证权的绝对性表现在以下几个方面：

第一，被告人在审判程序中有权一直保持沉默，不得强迫自证其罪特权要求检察官和法官不能强迫被告人站到证人席上作证，不能对被告人签发证人传唤令。相比之下，当法庭传唤被告人以外的普通证人出庭作证时，他有义务出现在法庭上，因为每个公民都承担着帮助法庭发现案件事实真相的责任，如果证人无正当理由不出庭作证，将会被判处藐视法庭罪。证人在法庭上接受询问时，其回答涉及的某个事项可能会导致他遭受刑事指控的威胁，他可以就特定的问题援引不得强迫自证其罪特权，由法官决定他对特权的援引是否成立，但是，普通证人不能像被告人那样以可能导致自我归罪为由直接免予作证。[1]根据联邦最高法院的解释,自我归罪并不必然要求证人的证言被用作定罪的直接证据,如果证人的回答能够与其他证据一起组成提起刑事指控的证据链,也构成自我归罪的实质威胁。[2]被告人在审判中说的每一句话都可能有极高的归罪风险,都可能被检察官利用让陪审团产生被告人有罪的推断。实际上,英国早期的普通法直接禁止被告人成为证人,即使被告人想要为自己辩解,他作为与案件有直接利害关系的当事人也没有作证资格,后来为了最大限度地促进案件事实真相的发现,被告人才被赋予证人资格。[3]

第二,当被告人在审判中选择不作证时,不需要以明确的言词援引不得强迫自证其罪特权,不需要说明保持沉默的理由,换言之,被告人可以通过保持沉默的消极方式援引不得强迫自证其罪特权。[4]这与上文提到的"萨利纳斯案"判决确立的规则是不同的,萨利纳斯案的背景是审前的非羁押讯问,联邦最高法院要求嫌疑人在感觉对某个问题的回答会导致自我归罪时不能仅仅保持沉默,必须明确援引不得强迫自证其罪特权作为根据。但是,"萨利纳斯案"判决也承认,在审判程序中要求被告人明确援引不得强迫自证其罪特权不会起到任何作用,即使证明被告人的回答不会导致自我归罪或者授予被告人豁免权,也不能强迫他开口说话。[5]

第三,被告人在审判程序中援引不得强迫自证其罪特权,

---

[1] See Wayne R. LaFave et al. , *Criminal Procedure*, 6th edition, West Academic Publishing, 2016, p.1391.

[2] See Hoffman v. United States, 341 U.S. 479, 486 (1965).

[3] See Ferguson v. Georgia, 365 U.S. 570, 573~582 (1961).

[4] See Griffin v. California, 380 U.S. 609 (1965).

[5] See Salinas v. Texas, 570 U.S. _ (2013). Justice Alito's plurality opinion.

检察官不能通过授予豁免权让被告人作证。一方面，被告人享有绝对的免予作证权；另一方面，授予豁免权也不太可行，因为授予豁免权的目的是获取被告人的证言，但结果是不能将该证言作为证据指控被告人本人，当然，也存在使用被告人的证言指控其他人的可能性。此外，根据上文提到的格里芬案确立的规则，如果被告人在审判中保持沉默，检察官不能就该沉默状态向陪审团作出评论，比如，一个无辜的人为什么要保持沉默而不澄清事实，这样的评论很可能误导陪审团产生被告人有罪的判断。而且，被告人有权要求法官向陪审团作出指示，让他们忽略被告人的沉默状态，但一些辩护律师认为要求法官作出上述指示反而会引起陪审团对被告人保持沉默的注意，起到相反的效果。[1]

（二）禁止选择性援引反对自我归罪特权

美国联邦最高法院在"布朗案"（Brown v. United States）判决中指出，被告人在权衡援引不得强迫自证其罪特权的好处大于站在证人席上陈述案件的来龙去脉的好处之后，可以选择不作证，但是他不能在选择作证的同时，拒绝就他对案件事实的陈述接受控方的交叉询问，因为是他自己的证言使案件事实处于争议之中，被告人有义务接受交叉询问以最大限度地检验其证言的可靠性，否则会严重损害案件事实真相的发现。[2]"布朗案"判决实际上禁止被告人选择性援引不得强迫自证其罪特权，被告人不能只选择陈述他的版本的案件事实，而拒绝对他的陈述的可靠性予以检验，被告人自己打开了"潘多拉魔盒"就要为此承担不利后果。联邦最高法院在发现案件事实真相与保护

---

[1] See Joshua Dressler & Alan C. Michaels, *Understanding Criminal Procedure: Adjudication*, 4th edition, Carolina Academic Press, 2015, p. 282.

[2] See Brown v. United States, 365 U. S. 148 (1958).

被告人不被强迫自我归罪之间进行了平衡。在对抗式审判中，证言通常是以证人回答申请他出庭作证的一方当事人提出的问题的形式呈现给陪审团的，被告人如果选择为自己作证，则一般由辩护律师进行主询问，之后由检察官进行交叉询问。交叉询问的范围一般被限定在主询问涉及的案件事实以及与之相关的事实上，在交叉询问中检察官还可以使用品格证据等攻击被告人的可信性，在交叉询问允许的范围内被告人不能再援引不得强迫自证其罪特权，拒绝回答问题。[1]需要注意的是，即使被告人不作证，也可以回答某些预备性问题或附带性问题。比如，法庭就被告人是否具备行为能力或者是否需要为其指派法律援助律师等与被告人是否有罪无直接关联的事项进行询问，被告人仅回答这些问题不构成对不得强迫自证其罪特权的放弃。[2]

二、被告人的作证权

（一）被告人放弃沉默权作证成为宪法权利

通常认为，被告人为自己作证是对不得强迫自证其罪特权的放弃，一旦被告人选择作证，就承担了帮助发现案件真相的义务，被告人要宣誓如实提供证言，作伪证会受到刑事制裁，而且被告人有义务接受控方的交叉询问，不能以导致自我归罪为由拒绝回答问题。美国联邦和各州在19世纪末基本废除了之前承袭的禁止被告人作证的普通法规则，但是，允许被告人以证人的身份在审判中作证并不代表被告人享有作证的宪法权利。直到1987年的"罗克案"（Rock v. Arkansas），联邦最高法院才

---

〔1〕 See Wayne R. LaFave et al., *Criminal Procedure*, 6th edition, West Academic Publishing, 2016, p.1392.

〔2〕 See Simmons v. United States, 390 U.S. 377 (1968).

正式确认被告人在刑事审判中享有为自己作证的宪法权利。

该案被告人与她的丈夫发生争执，在扭打过程中失手用手枪射杀了她的丈夫，被告人被以过失杀人罪提起指控。由于被告人可能在案发时受到了惊吓，她无法回忆起开枪的细节，律师提出对被告人实施催眠治疗以恢复她的记忆，一名专业心理医生对被告人实施了两次催眠，催眠治疗后被告人回忆起她开枪时的细节，她否认自己当时扣动了枪的扳机，而且枪在扭打过程中掉到了地上。经过专业的枪支检测，证明涉案枪支存在缺陷，当它受到撞击时，即使没有扣动扳机，也有可能发射子弹。检察官申请法庭排除被告人在催眠治疗后的证言，理由是催眠治疗后的证言不可靠，法庭支持了检察官排除被告人证言的申请。[1]

布莱克门大法官主笔的多数意见首先确认被告人享有为自己辩护而作证的宪法权利，其宪法依据有三个：一是《宪法第十四修正案》规定任何人未经正当法律程序不得被剥夺自由，正当程序就包括被告人提供证言为自己辩护的权利；二是《宪法第六修正案》规定被告人有权通过强制程序获得有利于己的证人，被告人本人就是有利于他自己的证人；三是《宪法第五修正案》规定了不得强迫自证其罪特权，被告人享有作证权是该特权的当然推论。多数意见指出，英国普通法上禁止被告人宣誓提供证言的规则在美国早就被废除，被告人作证既有利于让实际上有罪的人受到惩罚，也有利于使无辜的人不被定罪。不得强迫自证其罪特权隐含的是一种选择权，被告人有权在保持沉默和为自己作证之间做出选择，被告人选择为他自己作证是行使不得强迫自证其罪特权的一种表现。多数意见认为初审法官在没有科学评估被告人在催眠治疗后的证言的可靠性的情

---

[1] See Rock v. Arkansas, 483 U.S. 44, 45~49 (1987).

况下，就一律地排除这种证言侵犯了被告人在宪法上的作证权。[1]

(二) 被告人行使作证权的规则

罗克案之前，一般认为被告人站在证人席上为自己辩解是对不得强迫自证其罪特权的放弃，但"罗克案"判决将被告人为自己作证上升为一种基本的宪法权利。换言之，被告人在审判中放弃不得强迫自证其罪特权成为一种权利，这与上文提到的"法瑞塔案"判决的精神是一致的，法瑞塔案将被告人在审判中放弃律师帮助权而自我辩护上升为宪法权利。而且，联邦最高法院将被告人的作证权解释为不得强迫自证其罪特权的当然推论，被告人选择作证成为行使而不是放弃不得强迫自证其罪特权的一种表现，这样解释为被告人的作证权提供了坚实的宪法根基。

被告人行使作证权是风险与机遇并存的。一方面，被告人是过去发生的案件事实的亲身经历者，在多数案件中没有人能够比被告人更加清楚案件的来龙去脉，如果被告人是无辜的，那么他会产生在法庭上澄清自己的强烈动机；另一方面，很多被告人不具有在证人席上为自己进行有效辩解的能力，即使被告人是无辜的，他站在证人席上肯定会有不同程度的紧张与焦虑，很多被告人也不具有冷静应对控方交叉询问的能力，很容易使自己陷入困惑和尴尬，反而让陪审团感觉被告人是不可信的。因此，多数被告人在审判中选择保持沉默，律师也不会轻易建议被告人为自己作证。美国多数司法管辖区都假定被告人放弃了作证权，除非他明确提出作证的要求，只有少数法院会要求法官在陪审团不在场时告知被告人享有作证权，被告人若

---

[1] See Rock v. Arkansas, 483 U.S. 44, 51~57 (1987).

想在审判中保持沉默必须明确放弃作证权,而且,联邦最高法院也强调是否作证的最终决定权在被告人,而不是辩护律师。[1]

(三) 对被告人作证权的限制

"罗克案"判决本身就推翻了一项对被告人作证权的不合理限制,即一律禁止将被告人经过催眠治疗恢复记忆后的证言采纳为证据。然而,"罗克案"判决又明确允许出于保护其他合法利益的考虑,对被告人的作证权予以限制,只要这种限制不是任意的和超出合理范围的。[2]实践中,已经确立的限制有以下几点[3]:第一,被告人要如实提供证言,被告人因为作伪证而被加重刑罚不是对作证权的侵犯;第二,在"卢斯案"(Luce v. United States)中,法官要求被告人只有作证,才能在上诉中对法庭在审前允许控方使用定罪判决攻击证言可信性的裁定提出异议,联邦最高法院认为法官的做法没有对被告人行使作证权施加不合理的负担;[4]第三,在"阿加德案"(Portuondo v. Agard)中,检察官提醒陪审团注意其他证人作证时被告人在场倾听,导致被告人有可能故意"裁剪"自己的证言,使其与其他证人的证言相符,联邦最高法院认为检察官的评论没有对被告人行使出庭权和作证权施加不合理的负担。[5]

在1972年的"布鲁克斯案"(Brooks v. Tennessee)判决中,联邦最高法院推翻了一项对被告人行使作证权的限制,田纳西州的制定法要求被告人如果选择作证就必须在辩方其他证人作

---

[1] See Wayne R. LaFave et al. , *Criminal Procedure*, 6th edition, West Academic Publishing, 2016, p. 1396.

[2] See Rock v. Arkansas, 483 U. S. 44, 55~56 (1987).

[3] See Wayne R. LaFave et al. , *Criminal Procedure*, 6th edition, West Academic Publishing, 2016, p. 1396.

[4] See Luce v. United States, 469 U. S. 38 (1984).

[5] See Portuondo v. Agard, 529 U. S. 61 (2000).

证之前首先作证，目的是防止被告人受到其他证人的证言影响，有意识地对自己的证言予以"裁剪"，联邦最高法院认为这种首先作证的规则侵犯了被告人的不得强迫自证其罪特权。本案判决指出，被告人在控方提交完毕指控证据之后还无法最终确定他是否有必要为自己作证，因为被告人不能确定他的证人是否会如期到庭作证以及证言可否帮助自己脱罪，如果被告人的证人提供了有利于他的强有力的证言，那么被告人就没有必要作证，此时要求被告人首先作证相当于强迫他站在证人席上遭受质疑，接受不利于他的交叉询问，这是对被告人享有的沉默权的侵犯，也违反了正当法律程序的要求。[1]但是，本案判决并没有完全禁止各州立法机关出于保证发现案件真相以及诉讼效率的考虑，设置可能使被告人行使作证权或沉默权变得困难的程序。

---

[1] See Brooks v. Tennessee, 406 U. S. 605 (1972).

第七章
被告人有罪答辩对诉讼权利的放弃

第一节 有罪答辩产生诉讼权利放弃的效果

一、权利放弃视角下美国的认罪程序

(一) 被告人有罪答辩所放弃的诉讼权利

在美国,被告人作出有罪答辩不仅仅代表对刑事指控的承认,在更深层次上,有罪答辩构成对美国宪法第五、第六以及第十四修正案规定的诸多基本刑事诉讼权利的放弃,有罪答辩在本质上是一种概括的权利放弃表示。因此,从权利放弃的视角研究美国的认罪答辩程序是非常有必要的,也是至关重要的。

由于被告人享有的基本刑事诉讼权利的宪法化,被告人作出有罪答辩放弃的是处于权利体系最高位阶的宪法权利,对被告人利益的影响极大。被告人作出有罪答辩首先放弃了《宪法第六修正案》规定的接受陪审团审判的权利,在大部分司法管辖区也同时放弃了接受法官审判的权利。也就是说,被告人同意不经严格意义上的对抗式审判对自己定罪并施加刑罚。但是,《弗吉尼亚州宪法》规定被告人作出有罪答辩仅放弃了接受陪审团审判的权利,被告人仍然需要接受法官作为事实认定者的对抗式审判,由法官认定被告人是否有罪。[1]值得注意的是,由

---

[1] See Virginia Constitution Article I Section 8 (1971).

第七章 被告人有罪答辩对诉讼权利的放弃

于受到普通法传统的影响,美国的审判(trial)仅指遵循严格的证据规则和程序规则,控辩双方平等对抗,由控方证明被告人有罪达到排除合理怀疑程度的对抗式程序,陪审团通常是决定被告人是否有罪的事实认定者,当然被告人也可以放弃陪审团审判选择法官审判。因此,当被告人作出有罪答辩时,通常意味着他放弃了接受任何审判的权利,之后法官决定是否接受有罪答辩以及在接受有罪答辩后对被告人定罪判刑的程序不能被称为"审判",最多是一种司法听证,也就是说,有罪答辩与审判是互相排斥的。

除了放弃接受陪审团审判的宪法权利,被告人作出有罪答辩还放弃了其他一些基本的诉讼权利,包括《宪法第五修正案》的不得强迫自证其罪特权、除非被排除合理怀疑地证明有罪否则无罪释放的正当程序权利。《宪法第六修正案》规定的快速审判权、与不利于己的证人对质的权利、通过强制程序获得有利于己的证人的权利以及在审判中获得律师帮助的权利。[1]这些基本的诉讼权利与对抗式审判密切相关,如果被告人放弃了接受审判的权利,这些权利也就丧失了适用的空间。

此外,被告人作出有罪答辩通常还放弃了对作出有罪答辩前存在的违宪行为提出异议的权利,即使在审判中该异议成立就会阻碍对被告人的定罪。简而言之,有罪答辩通常也构成对申请证据排除、证据开示等权利的放弃。在1970年的"理查德森案"(McMann v. Richardson)中,被告人对指控作出有罪答辩,原因是如果被告人选择陪审团审判,根据纽约州的诉讼程序,他无法阻止陪审团听取他在审前对警察作出的供述,但他声称该供述是被强迫作出的。之后,纽约州的相关诉讼程序被

---

〔1〕 See Joshua Dressler & Alan C. Michaels, *Understanding Criminal Procedure: Adjudication*, 4th edition, Carolina Academic Press, 2015, p.176.

宣布违宪，被告人试图推翻自己之前作出的有罪答辩，理由是有罪答辩是在审前供述不能被排除的情况下被迫作出的。联邦最高法院没有支持被告人的主张，理由是根据有罪答辩作出的有罪判决的根据是被告人在公开的法庭上在律师的建议下承认他实施了指控的犯罪，并没有依据他在审前作出的供述，而被告人在法庭上公开认罪是自愿的，没有受到强迫，被告人承认有罪就必须承担对法律或事实作出错误判断的风险。[1]一般而言，如果被告人在审前准备程序中提出证据排除等动议被法官否决，他不能针对法官的否决提出中间性上诉，被告人只能作出无罪答辩使案件进入审判，如果被告人在审判中被定罪，他有权以审前动议被否决而导致错误定罪为由提出上诉。一旦被告人作出有罪答辩，他就无法对证据排除等审前动议被否决寻求上诉救济。[2]为了避免被告人的尴尬处境，联邦法院和一些州法院允许被告人在征得法庭和检察官同意的前提下，作出一种附条件的有罪答辩，保留对他提出的审前动议被否决而寻求上诉救济的权利，如果上诉法院支持被告人的审前动议，那么允许被告人撤回有罪答辩。[3]

美国对认罪答辩程序与陪审团审判（对抗式审判）的二元划分充分表明了两者服务的主要价值目标是不同的，认罪答辩程序以诉讼效率为价值追求，而陪审团审判以诉讼公正和司法民主为价值追求。被告人要想行使正当程序权利就应当选择更加强调程序公正的对抗式审判，一旦被告人选择作出有罪答辩，就要接受对公正的适度牺牲。从被告人的角度，选择陪审团审

---

[1] See McMann v. Richardson, 397 U.S. 759 (1970).

[2] See Joshua Dressler & Alan C. Michaels, *Understanding Criminal Procedure: Adjudication*, 4th edition, Carolina Academic Press, 2015, p. 192.

[3] Federal Rules of Criminal Procedure 11 (a) (2016), https://www.law.cornell.edu/rules/frcrmp/rule_ 11.

判并不一定符合被告人的最佳利益,因为陪审团审判的结果是高度不确定的,陪审团容易受到感情因素的左右,陪审员的心理也无法预测,与其冒着被陪审团定罪从而获得重刑的风险,还不如作出有罪答辩获得指控或量刑上的优惠。而且,陪审团审判耗时很长、效率低下,在等待和接受审判的漫长时间中,被告人需要承受精神上的痛苦和生活上的压力,面临着失业以及人际关系破裂的危险,这些都是接受审判的附带成本。如果被告人作出有罪答辩,他就可以早日进入服刑程序或者适用缓刑获得释放,免除了很多的诉累。

(二) 美国的认罪程序与辩诉交易概述

在美国联邦和各州的初审法院,基本上都设有让被告人表明是否认可对其提起的刑事指控的专门司法程序。一般而言,被告人被提起正式指控后,法官会要求被告人对检察官签发的起诉书(information)或大陪审团签发的起诉书(indictment)作出答辩(plea),所谓答辩就是被告人正式表明是否承认起诉书中指控的罪行,如果起诉书包含多项指控的罪行,被告人需要逐一作出答辩。被告人作出的答辩形式主要有两种,有罪答辩或无罪答辩,也就是通常所说的认罪或不认罪。联邦法院和一些州法院管辖的刑事被告人在特殊情况下还可以作出无异议答辩。在另外一些州法院,被告人如果要在审判中以患有精神疾病或精神能力有缺陷作为辩护事由,必须作出"因精神缺陷而无罪的答辩"(plea not guilty by reason of insanity)。[1] 被告人作出有罪答辩的直接结果是放弃了接受陪审团审判的宪法权利,法官可以不经正式的审判程序对被告人定罪量刑。如果被告人作出无罪答辩,那么法官有义务将案件交付陪审团进行审判,

---

〔1〕 See Joshua Dressler & Alan C. Michaels, *Understanding Criminal Procedure*: Adjudication, 4th edition, Carolina Academic Press, 2015, p. 175.

最终由陪审团决定被告人是否有罪。这种要求被告人作出有罪答辩或无罪答辩的专门司法程序一般被称为对起诉书的聆讯程序（arraignment on indictment or information）。这一程序实现了对刑事指控的二元分流，以被告人是否作出有罪答辩为标准决定对抗式审判的适用，既尊重了被告人的自主选择，又促进了司法资源的合理配置，可以避免所有案件都适用陪审团审判而导致司法的"瘫痪"。广义的认罪答辩程序不仅包括被告人对有罪还是无罪的表态，还包括法官对被告人作出有罪答辩的自愿性、明知性和理智性以及真实性的调查程序，以最终决定是否接受被告人的有罪答辩以及是否据此对被告人定罪判刑。

　　需要澄清的是，有罪答辩与辩诉交易不是同一概念，不能将两者混同。有罪答辩是指被告人在法官面前正式对大陪审团或检察官提出的指控概括地表示承认和同意，通常预设了两层含义：一是承认自己实施了指控的行为并且构成犯罪；二是同意法官不经审判对自己定罪处罚。辩诉交易则是指检察官与被告人的律师或者被告人本人商量以撤销指控、降格指控或者给予量刑优惠的方式换取被告人作出有罪答辩的过程。因此，有罪答辩多数是辩诉交易达成认罪协议的结果，而不是辩诉交易本身。检察官是否愿意与被告人达成认罪协议以及作出多大程度的让步，不同的司法管辖区差别较大，被告人没有获得任何优惠而作出有罪答辩的情况也并不鲜见。[1]联邦和各州均有制定法或法庭规则专门规定被告人对起诉书作出有罪答辩或无罪答辩的正式司法程序，但是控辩双方为达成认罪协议所进行的协商多是私下进行的，检察官的自主性相当大，很少有成文法律予以规制。一般而言，辩诉交易可以发生在陪审团作出最终

---

〔1〕　See Jerold H. Israel et al., *Criminal Procedure and the Constitution: Leading Supreme Court Cases and Introductory Text*, West Academic Publishing, 2015, p. 25.

第七章　被告人有罪答辩对诉讼权利的放弃

裁决之前的任何时间，只要控辩双方私底下经过"讨价还价"达成认罪协议，被告人就可以作出有罪答辩终结正式的审判程序。

控辩双方达成认罪协议导致的有罪答辩有几种具体形式：一是被告人对比指控的罪名量刑更轻的罪名作出有罪答辩，比如，检察官原本指控的罪名是持枪抢劫，而被告人作出有罪答辩的罪名是入室盗窃，这可以称为降格指控。二是被告人仅对众多指控罪名中的一个或几个作出有罪答辩，检察官对其他罪名的指控予以撤销，这可以称为撤销指控。三是被告人对原指控罪名作出有罪答辩，检察官承诺给予其量刑上的优惠。一方面，检察官可以仅承诺不向法官提出具体的量刑建议或者在被告人提出从轻处罚请求时不表示反对；另一方面，检察官也可以作出具体的从轻量刑承诺，承诺具体的刑期或量刑幅度，但是这种承诺得不到兑现的风险是有的，因为最终的量刑决定权在法官手中，法官有权不接受检察官的量刑建议，从重处罚被告人。[1]从辩诉交易的角度来看，上述前两种情况属于罪名交易，第三种情况则属于量刑交易。相比而言，罪名交易更有利于被告人，轻罪名的法定最高刑一般要明显轻于重罪名，或者轻罪名允许判处缓刑或者附条件释放。美国刑法的罪名从整体上分为重罪（felony）和轻罪（misdemeanor），相比于可以仅判处罚金的轻罪，重罪的刑罚是有期徒刑、无期徒刑甚至死刑，而且重罪附带有民事上的惩罚以及隐性的社会代价，一般会导致没收财产、剥夺选举权或者丧失持枪资格，还会形成跟随被告人终身的犯罪记录，导致被告人在就业、租房、贷款等很多方面受到限制，在社会上寸步难行。因此，如果被告人原本被

---

[1] See Wayne R. LaFave et al., *Criminal Procedure*, 6th edition, West Academic Publishing, 2016, pp.1194~1195.

指控犯有重罪，经过辩诉交易，检察官允许被告人对某个轻罪作出有罪答辩，对被告人是非常有利的。

认罪程序与辩诉交易是以效率为主要价值追求的，强调效率就不可避免地会牺牲一些程序公正，因为越是复杂、精密和公正的程序，越耗费时间和资源。在美国，辩诉交易一直存在相当大的争议，学者们基本上分为支持或反对辩诉交易的两派，但是，实务界人士多数都支持辩诉交易，辩诉交易的主要参与者——法官、检察官和辩护律师——都能接受或提倡辩诉交易。美国联邦最高法院自20世纪70年代开始就明确表达了支持辩诉交易的实用主义立场，它认为辩诉交易不仅是美国刑事诉讼程序必不可少的一部分，而且是具有高度争议性的一部分。[1]

支持辩诉交易的观点认为，被告人通过辩诉交易可以获得起诉或量刑上的优惠。"当被告人预见到无罪开释的可能性很小时，作出有罪答辩以及缩小可能受到的刑罚的优势是明显的——他暴露在公众视野中的场合变少了，服刑程序可以立即进行，审判所附带的成本和诉累也消除了。"[2]辩诉交易也有利于检察官，检察官能够在起诉资源有限的前提下，以最小的成本实现对被告人的刑事制裁，使被告人遭受合理的刑罚报应。[3]辩诉交易还有助于合理配置司法资源，使司法资源集中用于被告人有罪还是无罪存在重大争议的案件，也可以减轻法官的审判业务量，提高司法效率，防止法院系统在日益暴增的案件量的压力下陷入瘫痪。[4]

---

[1] See Santobello v. New York, 404 U.S. 257, 261 (1971).

[2] See Brady v. United States, 397 U.S. 742, 752 (1970).

[3] See Stephen J. Schulhofer, "Plea Bargaining as Compromise", 101 Yale L. J., 1969, 1980 (1992).

[4] See Joshua Dressler & Alan C. Michaels, *Understanding Criminal Procedure: Adjudication*, 4th edition, Carolina Academic Press, 2015, p. 200.

反对辩诉交易的观点则认为,辩诉交易制度的存在给被告人带来了相当大的压力,事实上无辜的被告人为了规避被定罪判刑的风险,很可能被迫作出有罪答辩,降格指控、撤销指控和量刑优惠对被告人的诱惑是很大的,导致无辜的被告人认罪的可能性增大。[1]辩诉交易还会导致量刑的随意性,许多事实上有罪的被告人受到的惩罚要比刑法规定的轻得多,这不利于实现刑法使犯罪人遭受应有的报应以及震慑犯罪人目标的实现。[2]此外,检察官为了在与辩护律师或被告人的协商中占据优势地位,获取更多的谈判砝码,会提起更多原本证据不足的刑事指控,导致滥用起诉权的现象。[3]

二、有罪答辩的特殊形式

(一) 无异议答辩

除了一般的有罪答辩,美国还存在特殊形式的有罪答辩,它们在事实基础的审查要求上与一般的有罪答辩有所不同,这反映了美国刑事诉讼中丰富多样的有罪答辩实践。"无异议答辩"(nolo contendere)是美国《联邦刑事诉讼规则》第11条明确规定的三种答辩形式之一,在多数州也得到允许,它虽然在形式上独立于有罪答辩与无罪答辩,但实质上仍然是一种特殊的有罪答辩,起到了有罪答辩放弃诸多宪法权利的效果。"nolo contendere"的拉丁文原意是"无辩可答",从相关判例来看,它意味着被告人对刑事指控不提出任何异议,但也不积极地承

---

[1] See Albert W. Alschuler, "The Defense Attorney's Role in Plea Bargaining", 88 Yale L. J., 1179, 1296~1298 (1975).

[2] See Albert W. Alschuler, "The Changing Plea Bargaining Debate", 69 Cal. L. Rev., 652 (1981).

[3] See Albert W. Alschuler, "Personal Failure, Institutional Failure, and the Sixth Amendment", 14 N. Y. U. Rev., L. & Soc. Change, 149 (1986).

认有罪，同时被告人同意放弃接受陪审团审判的宪法权利，同意不经审判对自己定罪处罚。[1]

与一般的有罪答辩相比，无异议答辩可以被视为一种默认，表明被告人默认自己实施了指控的犯罪，但是被告人并没有对自己有罪还是无罪积极、明确地表明态度。无异议答辩具有与有罪答辩相同的刑事法律效果，同样会导致对被告人定罪和处以刑罚。[2]但不同的是，在任何后续的民事诉讼或刑事诉讼中，无异议答辩不能作为不利于被告人的证据使用，而有罪答辩（撤销的除外）则可以。[3]被告人作出无异议答辩的最大好处是有助于避免承担民事责任，此外，被告人也可以避免自己积极明确认罪所带来的负面社会评价，在亲朋好友面前挽回颜面。

通常而言，被告人要作出无异议答辩必须经过法庭的同意，法庭在同意前要征求控辩双方的意见并且考虑有效实施法律所服务的公共利益。因此，无异议答辩的数量受到了严格的控制，美国联邦检察官要同意被告人作出无异议答辩必须经过美国司法部的统一批准。"除非在最不寻常的情况下，联邦检察官被指示不得同意无异议答辩。"[4]为了充分实现对犯罪人的教育改造，检察官不仅追求对被告人定罪，而且要求被告人明确认罪，在检察官看来，承认自己有罪是被告人主观悔改的证明，认罪态度不能模棱两可。

（二）奥尔福德式答辩

"奥尔福德式答辩"（Alford plea）源于美国1970年的"奥

---

[1] See Lott v. United States, 367 U.S. 421, 426 (1961); Hudson v. United States, 272 U.S. 451, 455 (1926); United States v. Norris, 281 U.S., 619, 623 (1930).

[2] See Joshua Dressler & Alan C. Michaels, *Understanding Criminal Procedure*: Adjudication, 4th edition, Carolina Academic Press, 2015, p.175.

[3] See Federal Rules of Evidence 410 (a) (2015). https://www.law.cornell.edu/rules/fre/rule_ 410.

[4] See United States Attorney's Manual 9-16.010 (1997).

第七章 被告人有罪答辩对诉讼权利的放弃

尔福德案"(North Carolina v. Alford),是指被告人既作出有罪答辩,又主张自己是无辜的。被告人奥尔福德被指控犯有可以适用死刑的一级谋杀罪,他向法官明确表示没有实施谋杀,但考虑到控方的证据非常不利于自己,在律师的建议下被告人选择作出有罪答辩,作为交换,检察官同意将指控降格为二级谋杀罪,法官接受了被告人对二级谋杀罪作出的有罪答辩,判处被告人30年监禁。[1] 本案的特殊之处在于,被告人既作出有罪答辩,同时又主张自己是无辜的。被告人在法庭上向法官表示,他之所以作出有罪答辩,就是为了避免被判处死刑。换言之,被告人及其律师的预测是,由于控方的证据非常不利于被告人,如果坚持接受陪审团审判,其结果非常可能是死刑。所以根据被告人的说法,他是受到死刑这一最严厉刑罚的"胁迫"才作出有罪答辩的。

被告人在作出有罪答辩的同时主张自己无辜,这看似自相矛盾,实际上是被告人在辩诉交易和陪审团审判之间权衡利弊,作出的现实最优选择。美国联邦最高法院支持了"奥尔福德式答辩"的合宪性,理由是法官在接受有罪答辩之前已经听取了警察对犯罪事实的宣誓证言以及其他两位证人的证言。证言表明被告人当晚离开家时携带了枪支并且声称要杀人,回来时声称已经实施了谋杀,控方强有力的证据可以从实质上否定被告人的无辜主张,足以认定被告人有罪。[2] 联邦最高法院认为:"尽管大多数有罪答辩既包括对接受审判权利的放弃,也包括对有罪的明确承认,但后者并不是科处刑罚所必需的宪法条件。被告人可以自愿地、明知地、理智地同意对自己施加监禁刑,

---

[1] See North Carolina v. Alford, 400 U.S. 25, 27~29 (1970).

[2] See North Carolina v. Alford, 400 U.S. 25, 32 (1970).

即使他不愿意或不能够承认自己实施的行为构成犯罪。"[1]换言之,被告人同意不经任何审判对自己科处刑罚才是有罪答辩最为重要的正当性来源,在被告人未明确承认有罪的情况下,可以通过传唤证人、调查其他证据等事实调查方式来认定被告人有罪,缺少被告人的认罪或供述,照样可以依据强有力的其他证据作出有罪判决。

对"奥尔福德式答辩"的承认本质上体现了美国联邦最高法院在辩诉交易领域一直坚持的司法实用主义立场。在联邦最高法院看来,被告人虽然主张无辜,但没有提供有利于他的无罪证据。而控方的证人证言足以确立起有罪答辩的事实基础,接受有罪答辩可以节约司法资源,提高诉讼效率,被告人也可以避免被适用死刑,符合法官、检察官和被告人各方的利益。但是,我们客观地分析,控方提供的证言都是间接的,仅能证明被告人有犯罪动机和犯罪时间,没有证人亲眼看到被告人实施谋杀,控方缺少直接性证据,在审判中难以满足排除合理怀疑的有罪标准,这也是控方选择辩诉交易的原因。但是,辩诉交易没有达到理想的效果,因为被告人非但没有承认有罪而且还表明自己是无辜的。在缺少被告人的认罪或供述的前提下,仅凭间接性证言(如果进行陪审团审判,不排除控方会提交其他有力的证据),至少在中国现行的刑事诉讼证明标准下恐怕难以作出有罪判决。但是,美国联邦最高法院却认为控方提供的证言是强有力的,已经足以确立有罪答辩的事实基础。那么,我们可以得出结论,至少在某些案件中,美国法官认定有罪答辩存在事实基础的证据标准比正式审判所遵循的排除合理怀疑标准要低一些,接近于"高度盖然性"的标准。

---

[1] See North Carolina v. Alford, 400 U.S. 25, 37 (1970).

第七章 被告人有罪答辩对诉讼权利的放弃

虽然联邦最高法院表示各州可以立法禁止法官接受"奥尔福德式答辩",但这种特殊的有罪答辩仍然被47个州以及哥伦比亚特区所接受,仅在印第安纳州、新泽西州以及密歇根州被禁止。[1]在美国学术界,"奥尔福德式答辩"仍然存在很大的争议。持反对立场的学者认为,作出"奥尔福德式答辩"的被告人大多数事实上是有罪的,只是他们在心理上抗拒和害怕承认有罪带来的羞耻与尴尬,他们涉及的犯罪多是性犯罪和"白领犯罪"[2]等。如果允许"奥尔福德式答辩",那么将不利于实现报应、震慑、忏悔、教育和改造等刑罚的目标。[3]持支持立场的学者则认为,"奥尔福德式答辩"可以节省司法资源,实现被告人利益的最大化,同时又可以解决辩护律师在给被告人提供建议时面临的职业道德难题;如果律师建议主张自己无辜的被告人作出有罪答辩,那么相当于教唆被告人虚假认罪欺骗法庭,这违背了律师的诚信和真实义务;如果律师建议被告人作出无罪答辩使案件进入正式审判,但被告人最终被定罪并判处较重的刑罚,那么律师就没有起到维护被告人利益的作用,而且可能招致无效辩护的诉讼;"奥尔福德式答辩"既可以使被告人获得指控或量刑上的优惠,被告人又不需要积极地认罪。[4]

---

[1] See Stephanos Bibas, "Harmonizing Substantive-Criminal-Law Values and Criminal Procedure: the Case of Alford and Nolo Contendere Pleas", 88 Cornell L. Rev., 1361, 1372 note 52 (2003).

[2] "白领犯罪"指商业人士或政府公务员实施的以获取经济利益为动机的非暴力犯罪,例如,金融诈骗、伪造、洗钱、腐败等犯罪,犯罪人往往具有较高的社会地位,注重维护自己的社会声誉。

[3] See Stephanos Bibas, "Harmonizing Substantive-Criminal-Law Values and Criminal Procedure: the Case of Alford and Nolo Contendere Pleas", 88 Cornell L. Rev., 1361, 1390~1393 (2003).

[4] See Albert W. Alschuler, "The Defense Attorney's Role in Plea Bargaining", 88 Yale L. J., 1179, 1296~1298 (1975).

第二节 有罪答辩产生诉讼权利放弃效果的要件

正是由于被告人作出有罪答辩构成对诸多基本诉讼权利的放弃，所以美国联邦最高法院通过解释宪法为有罪答辩设置了有效性的保障，有罪答辩要产生放弃基本诉讼权利的效果必须在宪法上是有效的。既然有罪答辩是对宪法权利的放弃，那么当然也适用宪法权利放弃的有效标准，即被告人必须自愿地、明知地和理智地作出有罪答辩，才能有效地放弃宪法规定的基本诉讼权利。此外，为了防止错误地将事实上无辜的人定罪，有罪答辩还必须符合真实性的要求。值得注意的是，为了减轻基层法官的案件压力，实现司法资源的合理配置，美国联邦最高法院是支持辩诉交易的。这意味着联邦最高法院在认定有罪答辩是否有效时可能会视情况降低门槛，防止很多有罪答辩不能通过有效性标准的检验或者大量根据有罪答辩作出的有罪判决因为有效性标准的变化而被推翻，防止打击辩诉交易的积极性或者损害刑事裁判的终局性和权威性。

一、有罪答辩的自愿性

（一）"布伦迪案"确立的自愿性标准

自愿性一直是有效放弃刑事诉讼权利的首要标准，有罪答辩也不例外。被告人作出有罪答辩有利有弊，好处是可以获得指控或量刑上的优惠，弊端是放弃了接受正当程序审判的机会，因此，必须由被告人基于自主意志权衡利弊后作出理性的选择。如果控方强迫被告人作出有罪答辩，那么自然违背了自愿性标准，导致有罪答辩无效。自愿性标准深刻反映了美国认罪答辩程序除了效率之外的另一个正当性来源——人的自治，承认有

第七章 被告人有罪答辩对诉讼权利的放弃

罪并同意不经任何审判而对自己判处刑罚是被告人的自主选择，是个人自治的表现形式，司法机关应当予以尊重，除非有罪答辩违背了最基本的正义原则。

美国联邦最高法院在 1970 年作出的"布伦迪案"（Brady v. United States）判决确立了认定有罪答辩自愿性的一些基本标准。在该案中，被告人被以绑架罪起诉，当时联邦制定法允许对实施绑架的人判处死刑，被告人最初作出无罪答辩，但后来得知一名共同被告人会在审判中提供不利于他的证言，为了避免被判处死刑，经过辩诉交易，被告人改变了之前的无罪答辩，作出有罪答辩，被告人最终被判处长期的监禁刑。但是，大约 10 年之后，联邦最高法院在"杰克逊案"（United States v. Jackson）判决中宣布联邦制定法对绑架罪设置死刑是违宪的，因为死刑给被告人行使接受陪审团审判的权利带来了不合理的负担，一旦陪审团宣告被告人有罪并建议适用死刑，后果是不可想象的，所以涉嫌绑架罪的被告人只能选择作出有罪答辩。根据"杰克逊案"判决，"布伦迪案"被告人试图推翻自己之前作出的有罪答辩，理由之一是死刑的规定对他造成威胁，他是被迫作出有罪答辩的。[1]

联邦最高法院首先明确，有罪答辩不是被强迫的，除非被告人因为受到了现实的威胁和欺骗，或者获得不再被骚扰的承诺以及与检察官行使职权无关的承诺而被引诱作出有罪答辩。联邦最高法院指出，没有证据显示本案被告人受到恐惧的左右，被告人没有遭受事实上的身体伤害或者被威胁遭受身体伤害，也没有遭受压制被告人意志的精神上的强迫。而且，被告人在律师的帮助和建议下能够理性地权衡接受审判还是作出有罪答辩更有利，即使避免死刑是被告人作出有罪答辩的唯一动机，

---

[1] See Brady v. United States, 397 U. S. 742 (1970).

这一事实单独也不能使有罪答辩变得不自愿。[1]

"布伦迪案"判决对何谓不自愿的有罪答辩作出了比较狭窄的解释，只有被告人遭受现实的身体上或精神上的暴力或压制以及施加暴力的威胁，才能认定被告人受到强迫，由此作出的有罪答辩是不自愿的。这里采用的标准是被告人是否具备自主作出选择的能力，如果自主选择的能力被剥夺，那么有罪答辩是不自愿的；如果被告人能够在权衡利弊的基础上自主作出选择，那么有罪答辩就是自愿的；自愿性的判断应当以作出有罪答辩时的情况为依据，不能因为定罪处刑后法律规则等客观情况的变化而质疑被告人作出有罪答辩时的自愿性。此外，对于被告人是否自愿的判断应当综合有罪答辩作出时的全部情况，被告人获得了律师的有效帮助，律师给被告人提供了合理的建议，是认定被告人自愿作出有罪答辩的重要考量因素。

（二）"布伦迪案"引发的思考

需要引起重视的一个问题是，关于死刑的法律规定本身是否构成对被告人的强迫呢？联邦最高法院在"布伦迪案"之前的"杰克逊案"判决中认为，死刑的规定使得被告人不敢选择接受陪审团审判，只能选择作出有罪答辩以规避接受审判带来的可能被判处死刑的风险。因此，死刑的规定侵犯了《宪法第六修正案》保障的由陪审团审判的权利。但是，联邦最高法院在"布伦迪案"中又没有支持被告人提出的死刑规定强迫他作出有罪答辩的主张，这显得有些矛盾。实际上，接受陪审团审判被定罪和判处死刑仅仅是一种可能性，并不是必然的，并没有完全剥夺被告人的选择权，接受陪审团审判也可能使被告人无罪开释，被告人要想获得无罪判决就不能不承受一定的风险，

---

[1] See Brady v. United States, 397 U.S. 742 (1970).

第七章 被告人有罪答辩对诉讼权利的放弃

这种风险是合理的。另外,被告人为了规避这种风险而选择作出有罪答辩更加说明了被告人是自主的、理性的。在之前提到的"奥尔福德案"中,被告人也是为了避免被适用死刑而选择作出有罪答辩,但他明确向法官表明自己是无辜的,联邦最高法院也没有否定这种有罪答辩的自愿性。美国联邦最高法院对有罪答辩自愿性标准的把握,体现了它提倡辩诉交易和有罪答辩的实用主义立场,同时也考虑到如果将死刑规定本身认定为一种强迫,那么必然会导致很多已经根据有罪答辩作出的有罪判决被推翻,损害了刑事裁判的终局性。

关于有罪答辩自愿性的讨论还涉及另外一个重要问题,即辩诉交易本身的诱惑性是否会影响有罪答辩的自愿性。检察官在协商过程中向被告人及其辩护律师提供的指控或量刑上的优惠带有诱惑性,目的就是"引诱"被告人作出有罪答辩,检察官给出的优惠力度越大,被告人的自主意志就越容易受到左右。美国学者举过一个例子:某人被指控涉嫌绑架和强奸,如果被定罪,最高可判处终身监禁,被告人在辩护律师面前一直坚称清白,律师认为控方的证据比较薄弱,如果案件进入审判,被告人极有可能被无罪释放;检察官也意识到证据并不充分,他向被告人提议,如果被告人作出有罪答辩,他就将指控变更为普通的伤害罪,一个刑期为30天的轻罪;被告人不顾律师的反对作出了有罪答辩。[1]这种刑期相差如此之大的辩诉交易虽然不是非常普遍,但也并不少见。[2]检察官给出的认罪优惠条件如此之大,对被告人是一种巨大的诱惑。被告人如果作出无罪

---

[1] See Albert W. Alschuler, "The Prosecutor's Role in Plea Bargaining", 36 U. Chi. L. Rev., 50, 61 (1968).

[2] See Joshua Dressler & Alan C. Michaels, *Understanding Criminal Procedure: Adjudication*, 4th edition, Carolina Academic Press, 2015, p. 180.

答辩使案件进入审判程序，那么他必然要承受被定罪的风险；如果作出有罪答辩，刑期不过30天，他可以尽早出狱回归正常生活，对于没有法律经验的被告人而言，肯定更加倾向于作出有罪答辩。从这个例子可以看出，检察官承诺撤销指控、降格指控或者给予量刑优惠确实是对被告人的引诱，会不同程度地削弱被告人自主选择的能力，影响有罪答辩的自愿性。但是，美国联邦最高法院的态度是除了少数的极端情况，辩诉交易本身不构成对被告人的强迫。[1]

二、有罪答辩的明知性和理智性

（一）有罪答辩的明知性

明知性要求被告人在作出有罪答辩时必须知晓对他提起的刑事指控是什么以及作出有罪答辩的后果。有罪答辩的后果又包括两个方面：一是可能判处的刑罚；二是放弃的宪法权利。明知性是被告人理智地作出有罪答辩的前提，如果被告人连指控的罪名是什么以及认罪的后果都不了解，那么他就不可能合理地权衡作出有罪答辩的利与弊，就不可能作出理智的决定。

在1969年的"博伊金案"（Boykin v. Alabama）判决中，美国联邦最高法院明确要求初审法官告知被告人作出有罪答辩所要放弃的重要宪法权利。该案中，初审法官接受了被告人作出的有罪答辩，但是法庭记录并没有显示法官询问过被告人任何问题以及被告人当庭作出过任何陈述。联邦最高法院认为，被告人作出有罪答辩构成对不得强迫自证其罪特权、接受陪审团审判以及与不利于己的证人对质等宪法权利的放弃，不能从空白的法庭记录推定被告人放弃了这些重要的宪法权利。因此，

---

[1] See Joshua Dressler & Alan C. Michaels, *Understanding Criminal Procedure*: *Adjudication*, 4th edition, Carolina Academic Press, 2015, p.181.

第七章 被告人有罪答辩对诉讼权利的放弃

被告人的有罪答辩是无效的，定罪应当被推翻。[1]根据"博伊金案"判决的精神，联邦和各州法院都建立起相应的告知程序，保障被告人在作出有罪答辩时知晓自己放弃的宪法权利。

在上述提到的"布伦迪案"判决中，联邦最高法院除了明确有罪答辩的自愿性标准，还明确指出被告人应当知晓有罪答辩的直接后果才能通过自愿性和明知性的检验。[2]司法实践中，被告人至少应当被告知作出有罪答辩可能面临的最高刑罚。但是，联邦最高法院并没有要求被告人必须知晓有罪答辩的附带后果。比如，民事上的没收财产、丧失持枪资格、剥夺选举权、撤销假释和缓刑等，这些附带后果不属于强制告知的范围。[3]

美国联邦最高法院在 1976 年的"摩根案"（Henderson v. Morgan）判决中要求作出有罪答辩的被告人必须知晓指控罪名的关键构成要件。该案中，被告人是一位年龄为 19 岁的智商低于平均水平的男性，他对二级蓄意谋杀罪作出有罪答辩，但是被告人告诉法官他无意伤害被害人。联邦最高法院认为，被告人的有罪答辩是无效的，因为检察官和辩护律师都没有明确告知被告人主观故意是蓄意谋杀罪的关键构成要件，法庭记录也没有显示法官向被告人解释了蓄意谋杀罪的构成要件，如果被告人不了解指控罪名的构成要件，那么他就不能理智地承认实施了犯罪，让被告人知晓指控罪名的本质是正当程序的基本要求。[4]

但是，联邦最高法院也同时指出，本案判决并没有要求将指控犯罪的每一个构成要件都告知被告人，正当程序只要求告知关键构成要件。比如，主观故意就是蓄意谋杀罪的关键要件，被告人又声

---

[1] See Boykin v. Alabama, 395 U.S. 238 (1969).
[2] See Brady v. United States, 397 U.S. 742 (1970).
[3] See Joshua Dressler & Alan C. Michaels, *Understanding Criminal Procedure*: *Adjudication*, 4th edition, Carolina Academic Press, 2015, p. 183.
[4] See Henderson v. Morgan, 426 U.S. 637 (1976).

称他无意伤害被害人，令人质疑他是否真的构成蓄意谋杀罪。联邦最高法院强调，即使没有记录显示法官或辩护律师告知了指控犯罪的构成要件，在大多数案件中可以假定辩护律师详细地向被告人解释了他所要承认的犯罪的构成要件，本案是极个别的例外，因为法官已确认被告人不知道指控罪名的关键构成要件是主观故意。[1]

美国联邦最高法院通过上述三个判例确立了有罪答辩明知性的最低标准，既保障了被告人能够知晓认罪的本质与后果，理智地放弃基本宪法权利，也没有给法官、检察官以及辩护律师施加过重的告知义务，坚持了一贯的司法实用主义立场。没有过高地设定明知性的标准，没有要求告知被告人指控罪名的每一个构成要件，也没有要求告知被告人有罪答辩的附带后果。

(二) 有罪答辩的理智性与律师有效辩护

理智性是指被告人作出有罪答辩是在自主意志的支配下权衡利弊，作出最优选择的结果。自愿性和明知性是理智性的前提，如果被告人的自主选择权被剥夺，那么他就不可能作出理智的决定；如果被告人根本不了解对他提起的指控是什么以及作出有罪答辩的后果，那么他也不可能权衡利弊作出符合自身利益的决定。从美国联邦最高法院的判例可以看出，被告人符合明知性的要求一般推定他符合理智性的要求。值得深入探讨的是，辩护律师的建议和帮助是否会影响被告人理智地作出有罪答辩。在"布伦迪案"中，被告人还提出辩护律师错误地告诉他如果选择审判，陪审团将建议对他适用死刑，这导致他不理智地作出了有罪答辩。联邦最高法院认为，被告人作出有罪答辩是因为他意识到控方的证据非常不利于他，有罪答辩可以使他获得从宽处罚，这恰好表明被告人在认罪与陪审团审判之

---

[1] See Henderson v. Morgan, 426 U.S. 637 (1976).

第七章 被告人有罪答辩对诉讼权利的放弃

间进行了理智的权衡,不能因为事后证明被告人对控方证据的评估以及对刑罚的预计存在偏差就允许被告人否认有罪答辩的理智性。[1]

辩护律师是否有能力以及是否向被告人提供了有效的法律建议对被告人决定是否认罪确实起着重要作用,影响着有罪答辩的理智性。美国存在无效辩护制度,被告人在被定罪后可以提出无效辩护的主张,如果该主张成立,之前的定罪会被推翻,根据联邦最高法院的解释,无效辩护规则除了适用于审判程序中的辩护,也适用于辩护律师为被告人是否作出有罪答辩提供法律建议。被告人要想以无效辩护为由撤回有罪答辩,必须证明两个事实:一是律师提供的法律建议存在宪法上的缺陷;二是该缺陷对被告人造成了损害。[2]一般而言,有效辩护要求律师必须告知被告人作出有罪答辩的直接后果,即可能判处的刑罚以及放弃的重要宪法权利。但是,联邦最高法院也要求辩护律师必须告知非美国籍公民作出有罪答辩会导致被驱逐出境的附带后果,如果辩护律师没有尽到告知义务,则构成宪法上的辩护缺陷。[3]除了辩护缺陷,被告人还必须证明自己遭受了损害,所谓的损害就是"存在这样一种合理的可能性,如果没有辩护律师的错误,被告人将不会作出有罪答辩,而使案件进入审判程序"。[4]但是,这种合理的可能性在实践中是很难证明的,因为它涉及对被告人主观想法的探求,法官作为客观中立的裁判者很难推测被告人作出有罪答辩时的心理,也就无法确定没有律师的错误建议,被告人是否会作出有罪答辩。所以,

---

[1] See Hill v. Lockhart, 474 U.S. 52 (1985).
[2] See Brady v. United States, 397 U.S. 742 (1970).
[3] See Padilla v. Kentucky, 559 U.S. 356 (2010).
[4] See Hill v. Lockhart, 474 U.S. 52, 59 (1985).

有罪答辩背景下的无效辩护存在证明难题，联邦最高法院出于提倡辩诉交易的立场以及避免律师承担过重责任而影响辩护积极性的考虑，并没有使有罪答辩的理智性过多地受制于辩护的有效性要求。

三、有罪答辩的真实性

（一）《联邦刑事诉讼规则》的一般要求

美国《联邦刑事诉讼规则》仅适用于联邦法院系统。其中，规则第11条（以下简称"规则11"）详细地规定了被告人作出有罪答辩以及法官决定是否接受的具体程序。规则11（b）(3)明确要求："在对一项有罪答辩作出裁决之前，法庭必须认定该有罪答辩具有事实基础。"[1]这一规定是1966年修改《联邦刑事诉讼规则》时增加的，此前并不存在类似规定，也很少有法官主动调查有罪答辩的事实基础，上诉审也是如此，因为多数法官认为有罪答辩本身就意味着事实不存在争议。[2]需要注意的是，有罪答辩只是一种概括性承认，不同于被告人对犯罪事实作出的详细供述。所以，新规定要求联邦法官更加广泛地调查被告人事实上是否实施了犯罪，不能仅凭被告人作出的概括性认罪表态而直接认定被告人有罪。根据咨询委员会[3]的解释，新规定是为了"保护自愿作出认罪答辩且理解犯罪指控

---

[1] Federal Rules of Criminal Procedure 11（b）(3)（2016），https：//www. law. cornell. edu/rules/frcrmp/rule_ 11.

[2] See Steven Schmidt, "The Need for Review：Allowing Defendants to Appeal the Factual Basis of a Conviction After Pleading Guilty", 95 Minn. L. Rev. , 284, 287（2010）.

[3] 咨询委员会是联邦最高法院成立的负责起草和修改《联邦刑事诉讼规则》的机构，由资深法官、检察官以及权威学者组成，由美国首席大法官主持的司法会议领导，因而咨询委员会对规则的解释是权威的。

第七章 被告人有罪答辩对诉讼权利的放弃

的本质但没有意识到他的行为事实上并不构成该指控的被告人"。[1]权威学者认为:"规则11(b)(3)的目的是防止没有实施犯罪的被告人作出认罪答辩,防止构成较轻犯罪的被告人对更重的犯罪作出认罪答辩。"[2]换言之,增加事实基础的要求是为了保证认罪答辩的真实性和准确性,防止事实上无辜的人由于对法律的无知而错误地认罪。

在美国,无论被告人是否意识到自己的行为不构成犯罪,作出有罪答辩都是可能的。无辜者认罪的动机是多样的,他可能根本没有意识到自己的行为不构成指控的犯罪,也可能由于检察官承诺给予指控或量刑上的很大优惠而屈服。由于陪审团审判的结果具有不确定性和不可预测性,考虑到控方可能掌握着强有力的指控证据,无辜的被告人对通过审判使自己无罪开释缺少信心,或者无法承受漫长的等候审判与庭审程序带来的成本与折磨,很有可能违心认罪。只有法官对有罪答辩的事实基础予以审查认定,才能避免产生错案,维护司法的公正性和权威性。那么何谓"存在事实基础"?通常包括两个方面:一是被告人事实上实施了他所承认的行为;二是被告人承认的事实满足指控罪名的构成要件,被告人的行为构成犯罪。前者是单纯的事实认定问题,后者则将刑法规定适用于所认定的事实,检验该事实是否符合指控犯罪的构成要件。咨询委员会更加强调后者,认为"法庭应当让自己确信被告人承认的行为构成起诉书指控的罪名或者包含于该罪名中的被告人作出有罪答辩的

---

[1] Federal Rules of Criminal Procedure 11 (b) (3) (2016), Notes of Advisory Committee on Rules-1966 Amendment. https://www.law.cornell.edu/rules/frcrmp/rule_11.

[2] Charles Alan Wright & Andrew D. Leipold, *Federal Practice and Procedure*: *Criminal* 1A, 264 (4th ed, Thomson/West 2008).

较轻的罪名"。[1]

（二）"麦卡锡案"判决

美国联邦最高法院在 1969 年的"麦卡锡案"（McCarthy v. United States）判决中维护了规则 11 规定的有罪答辩之事实基础要求的重要性。"麦卡锡案"中，被告人对逃税罪作出有罪答辩，根据联邦法律的规定，逃税罪的主观要件必须是故意，但是被告人及其律师在量刑听证中表示被告人并非故意不缴纳税款，而是由于酗酒导致身体健康很差而疏于记账。[2]联邦最高法院认为，本案没有记录显示法官当面询问被告人是否理解指控犯罪的构成要件，也没有记录显示存在认罪的事实基础，如果被告人欠缺主观故意，就不构成逃税罪，被告人的有罪答辩很可能是错误的。[3]联邦最高法院明确指出，法官必须在公开的法庭上当面询问被告人，确认被告人是否自愿地作出有罪答辩以及对指控罪名的构成要件是否理解。在这个过程中，被告人承认的行为是否存在以及是否构成指控的罪名也可以得到确认。违反规则 11 很可能导致定罪被撤销，被告人可以重新作出是否有罪的答辩。法官询问被告人的过程必须予以记录，该记录可以在后续的上诉或附带救济程序中为有罪答辩的有效性提供支持。[4]因此，在联邦最高法院看来，事实基础的审查还服务于一个更加现实的目的，即防止被告人在被定罪后以不存在事实基础为理由攻击有罪答辩的有效性，维护刑事判决的终局性和稳定性。

---

〔1〕 Federal Rules of Criminal Procedure 11（b）（3）（2016）. Notes of Advisory Committee on Rules-1966 Amendment. https://www.law.cornell.edu/rules/frcrmp/rule_11.

〔2〕 See McCarthy v. United States, 394 U. S. 459（1969）.

〔3〕 See McCarthy v. United States, 394 U. S. 459（1969）.

〔4〕 See McCarthy v. United States, 394 U. S. 459, 463~467（1969）.

无论是规则11还是"麦卡锡案"的判决意见都仅仅适用于联邦司法系统,没有被强制适用于各州,但它们仍然对各州的认罪答辩程序产生了深刻的影响。很多州都仿效规则11修改了关于刑事诉讼程序的制定法或者法庭规则,要求法官在定罪处刑前对被告人作出有罪答辩的事实基础予以确认,如密歇根州、明尼苏达州、威斯康星州、亚拉巴马州、得克萨斯州和密苏里州等。密歇根州的法庭规则[1]还明确将准确性作为有罪答辩具备有效性的实质要件之一,还有的州以最高法院判例的形式确认了法官的事实审查义务。当然,也有一些州为了给一些特殊形式的有罪答辩的存在提供空间,没有统一规定法官的事实审查义务,而是由法官在个案中裁量决定是否审查有罪答辩的事实基础。

第三节　有罪答辩有效性的程序保障

一、法官对有罪答辩自愿性和明知性的保障

根据上文论述的美国联邦最高法院关于有罪答辩自愿性、明知性和理智性的几个重要判例,联邦法院系统和各州的法院系统都确立起相应的审查程序和权利告知程序,确保被告人作出有罪答辩的有效性,这些程序使法官担负了重要责任。

规则11(b)(2)要求联邦法官在接受被告人作出的有罪答辩(包括无异议答辩)之前,必须在公开的法庭上单独询问被告人,确认被告人作出有罪答辩是完全自愿的,否则不能接受有罪答辩。[2]法官必须具体询问被告人有罪答辩是否是暴力、

---

[1] See Michigan Court Rules 6.302 (D) (1985).
[2] Federal Rules of Criminal Procedure 11 (b) (2) (2016).

威胁或不当承诺（不包括认罪协议载明的指控或量刑上的优惠）的结果。[1]如果法官认为被告人作出有罪答辩有可能是不自愿的或者确认被告人受到来自侦控机关的压力被迫作出有罪答辩，那么法官会拒绝接受有罪答辩，允许被告人撤回有罪答辩并作出无罪答辩，使案件进入陪审团审判程序。联邦最高法院在"麦卡锡案"判决中认为，如果初审法官没有在公开的法庭上单独询问被告人确认有罪答辩的自愿性，并且记录在法庭笔录中，那么上诉法院应当撤销根据有罪答辩作出的有罪判决。[2]但是，规则11软化了"麦卡锡案"的要求，为了维护初审判决的稳定性，防止被告人任意撤回有罪答辩，规则11在上诉审查中确立"无害错误"的标准。[3]这意味着如果法官未履行审查有罪答辩自愿性的程序，没有导致被告人的实质权利受到损害，那么法官的疏忽或不作为属于"无害错误"，有罪答辩不会被撤销。

另外，联邦地区法院和各州初审法院的法官还有义务保障被告人明知地和理智地作出有罪答辩，"明知"包括三个方面，即被告人知晓和理解指控他涉嫌的罪名、有罪答辩所要放弃的宪法性诉讼权利以及可能的量刑结果。规则11（b）（1）要求联邦法官在接受被告人作出的有罪答辩之前，应当在公开的法庭上告知被告人一些重要的事项，并保证被告人能够理解。告知的内容具体包括：第一，对于被告人在法庭上宣誓之后作出的任何陈述，检察官有权将其作为指控被告人构成伪证罪的证据；第二，享有作出无罪答辩的权利，如果已经作出，有权继续坚持无罪答辩；第三，享有获得陪审团审判的权利；第四，

---

[1] Federal Rules of Criminal Procedure 11（b）（2）（2016）.
[2] See McCarthy v. United States, 394 U.S. 459 (1969).
[3] Federal Rules of Criminal Procedure 11（h）（2016）.

第七章 被告人有罪答辩对诉讼权利的放弃

享有在审判中或者诉讼的其他任何阶段获得律师辩护的权利，如果无力聘请律师，法庭可以为其指派律师；第五，在审判中享有与不利于己的证人面对面和对其交叉询问的权利，不得强迫自证其罪的权利，为自己作证的权利，提交证据的权利以及强制有利于己的证人出庭作证的权利；第六，如果有罪答辩被接受，被告人就放弃了上述审判中的诉讼权利；第七，被告人作出有罪答辩的每一项罪名及其构成要件；第八，可能的最高刑罚，包括监禁、罚金以及在监控下释放；第九，强制适用的法定最低刑期（量刑不能比最低刑期更低）；第十，法庭有权命令被告人赔偿被害人的损失；第十一，法庭有义务进行特定的评估；第十二，法庭有义务适用《联邦量刑指导规则》规定的量刑幅度，可能产生的偏离以及其他影响量刑的法定因素；第十三，认罪协议中载明的放弃上诉权和附带救济的权利；第十四，如果被定罪，不是美国公民的被告人可能被驱逐出境，被告人可能被剥夺居民身份，或者被拒绝进入美国国境。[1]以上告知内容涉及被告人如实提供证言的义务，涉及被告人有罪答辩所要放弃的重要诉讼权利，涉及可能的刑罚后果以及关于量刑的法律规定，还涉及定罪后被驱逐出境的附带后果，等等。法官不仅有告知义务，还要确保被告人理解被告知的诉讼权利和其他事项。法官履行全面的告知义务有利于保障被告人明知地和理智地作出有罪答辩并放弃宪法规定的诸多基本诉讼权利。

---

〔1〕 Federal Rules of Criminal Procedure 11 (b) (1) (2016).

二、法官对有罪答辩事实基础的审查确认

（一）自认有罪、起诉书与预先筛查程序

普通法历史上就存在被告人通过承认有罪而自我定罪的做法。[1]传统上被告人一旦承认有罪就表明案件事实没有争议，法官再调查事实就是多余的，法官需要做的仅是作出有罪判决并科处恰当的刑罚。虽然现在为了防止将无辜者定罪，额外要求审查确认事实基础，但是这并不代表概括性的认罪表态对确立事实基础的重要作用被削弱。此外，正式的起诉书也可以初步确立有罪答辩的事实基础，起诉书通常记载了警察或其他证人的宣誓证词（affidavits），陈述了案件的主要事实，特别是指控犯罪的构成要件事实。除了犯罪事实之外，起诉书还会列举关于指控罪名的法律规定，明确指控罪名的构成要件。虽然起诉书所载的书面证词属于传闻，其可采性在正式的审判程序中受到传闻排除规则的限制，但是它们仍然可以被用来确立有罪答辩的事实基础。

由于司法对审前程序的介入、审查和控制，有罪答辩的事实基础通常由前置的证据充分性筛查程序予以保障。第一，逮捕的"合理根据"[2]审查。无论警察申请了逮捕令状，还是实施了无令状逮捕，都要由法官事先或事后审查逮捕所依据证据的充分性。第二，正式起诉前的预审或大陪审团程序还可以筛查出证据不充分的指控并将其驳回，预审和大陪审团程序的共

---

[1] See Albert W. Alschuler, "Plea Bargaining and Its History", 13 Law & Society Rev., 211, 214 (1979).

[2] "合理根据"（probable cause）是美国刑事诉讼中一个比较低的证据标准，但适用的范围比较广泛，通常被作为法官签发搜查、扣押、逮捕等令状的标准以及大陪审团和检察官正式起诉的标准。是否存在"合理根据"，由法官根据个案情况与相关证据自由判断，量化而言，"合理根据"不要求超过50%的可能性。

同职能就是初步审查刑事指控的事实充分性。然而,大陪审团程序是单方的,只有检察官向大陪审团陈述指控的犯罪事实,因而大多数被告人都能够被起诉,对此有个形象的比喻,"大陪审团将会起诉一块火腿三明治"。[1]虽然预审是对抗式程序,被告人有权获得律师帮助,控辩双方可以传唤证人并交叉询问,但如果在预审开始前大陪审团已经起诉被告人,那么预审通常会被取消,检察官可以利用大陪审团程序规避预审。[2]而且,被告人还可以放弃接受预审和大陪审团审查的权利,所以预先筛查程序的作用是有限的,事实上无辜的被告人仍然可能被正式起诉。

(二) 正式的审判程序

法官对有罪答辩之事实基础的审查方式是丰富多样的,不同司法管辖区、不同法官可能会采用不同的审查方式。通常而言,对事实基础的调查程序是以节约时间和成本为导向的非正式听证,很少会采用正式的审判程序。所谓正式的审判程序是指法官作为事实认定者的审判,与陪审团审判相对应。在大多数州,被告人作出有罪答辩意味着既放弃了接受陪审团审判的权利,也放弃了接受法官审判的权利,但弗吉尼亚州是一个例外。该州宪法明确规定,当被告人放弃由陪审团审判的权利或者作出有罪答辩时,法庭应当负责审理案件。[3]而且根据判例,被告人不能放弃由法庭审理案件的权利。[4]该州制定法也规定,对于作出有罪答辩的重罪案件,法庭应当在陪审团不介入的前

---

[1] See Joshua Dressler & Alan C. Michaels, *Understanding Criminal Procedure*: Adjudication, 4th edition, Carolina Academic Press, 2015, p. 130.

[2] Andrew D. Leipold, Joshua Dressler ed., 2d ed., "Preliminary Hearing", 3 *Encyclopedia of Crime & Justice*, 1133 (2002).

[3] See Virginia Constitution Article I Section 8 (1971).

[4] See Dixon v. Commonwealth, 161 Va. 1098, 172 S. E. 277 (1934).

提下审理并决定该案件,此时法庭拥有和行使与陪审团相同的权力。[1]也就是说,弗吉尼亚州的被告人作出有罪答辩仅仅放弃了由陪审团审判的权利,没有放弃接受法官审判的权利,案件仍然要由法官按照正式的对抗式程序审理,此时审判程序就是对有罪答辩之事实基础的调查确认程序。

相对而言,对抗式审判程序是最为严格、最为公正的事实认定程序,检察官有责任将指控犯罪的所有构成要件事实证明到让事实认定者排除合理怀疑的程度,检察官要提交所有证据并且传唤证人接受辩方的交叉询问,被告人有权利提出自己的证人。因此,正式的审判程序最有助于防止因被告人错误认罪而导致错案。然而,正式的审判程序耗时很长、成本很大,虽然法官审判要比陪审团审判的效率高,但仍然需要耗费很多的司法资源,显然不符合认罪答辩程序对诉讼效率的追求,不符合作出有罪答辩避免审判以节约资源、减轻诉累的初衷。

(三)询问被告人、检察官与辩护律师

法官、被告人、检察官之间进行非正式讨论的事实调查方式被称为"密歇根模式",早在《联邦刑事诉讼规则》增加事实基础的要求之前,这种方式就在密歇根州的法院系统得到了广泛适用。咨询委员会对规则11的解释就引用密歇根州的判例作为根据,建议联邦法官通过询问被告人与检察官来调查事实。[2]现今密歇根州的刑事法庭规则明确规定,法庭应当通过询问被告人确认其行为构成指控的犯罪或者他作出有罪答辩的罪名,对于无异议答辩,法庭不能询问被告人,但应当举行听证调查事实。[3]相

---

[1] See Virginia Code Section 19.2-257 (2016).

[2] Federal Rules of Criminal Procedure 11 (b) (3) (2016). Notes of Advisory Committee on Rules-1966 Amendment. https://www.law.cornell.edu/rules/frcrmp/rule_11.

[3] See Michigan Court Rules 6.302 (D) (1985).

第七章 被告人有罪答辩对诉讼权利的放弃

比于概括性的认罪表态,法官就指控的犯罪事实询问被告人或者让被告人自己具体陈述是对事实基础更为深入和详细的调查。在起诉书所载的犯罪事实的基础上,法官通过询问被告人可以确认指控犯罪的所有构成要件是否都有事实支撑。如果被告人没有实施指控的犯罪,他的陈述或者对法官问题的回答就会露出破绽,从而引起法官的怀疑。法官还可以与检察官和辩护律师进行商讨,检察官可以简单陈述其掌握的证据,辩护律师通常也会在法官面前询问被告人是否自愿认罪,是否理解指控犯罪的构成要件,这也是对事实基础的确认过程。这种询问和商讨的方式效率很高,节省时间和资源,不需要额外进行复杂的程序,其优势比较明显。

但是,上述调查仍然比较依赖被告人的供述,而被告人为了获得有罪答辩在指控和量刑上的优惠有可能作出虚假供述,导致法官错误地认定事实基础。另外,美国联邦最高法院在1999年的"米切尔案"(Mitchell v. United States)判决中认为,被告人作出有罪答辩并不代表其自动放弃了量刑程序中应当享有的不得强迫自证其罪特权,他在事实基础的调查程序中仍然可以援引该特权拒绝回答法官提出的可能不利于量刑的问题。[1]联邦最高法院再次强调,被告人作出有罪答辩本身就使得犯罪事实不存在争议,而且,被告人通常会与检察官作出共同声明或者确认检察官指控的事实。[2]然而,被告人拒绝回答法官提出的案件事实问题,很可能会阻碍法官发现案件的事实真相,因此,"米切尔案"判决对不得强迫自证其罪特权的保护实际上削弱了对有罪答辩之事实基础的审查确认。

此外,控辩双方就案件事实达成协议(stipulation)也可以

---

[1] See Mitchell v. United States, 526 U.S. 314, 325 (1999).
[2] See Mitchell v. United States, 526 U.S. 314, 323 (1999).

确立有罪答辩的事实基础，[1] 法官并不一定要详细询问被告人获取供述。除了是否有罪的事实问题，在辩诉交易过程中，控辩双方还可以就支持财产没收的量刑事实达成协议。[2]"有罪答辩更像是就事实达成协议的邀约，而不是被告人成为不利于己的证人的决定。"[3] 控辩双方就案件事实达成协议类似于自认，这与对抗式诉讼制度是紧密相关的，对抗式诉讼强调由平等的双方当事人分别提出自己主张的事实，由消极中立的裁判者作出最终判断，同时也允许控辩双方对事实和法律问题形成合意，避免对抗以提高诉讼效率。一旦被告人与检察官就指控的犯罪事实达成协议，就意味着案件事实不再有争议，通常可以免除检察官的证明责任，但是控辩双方仅就个别证据达成协议的，则不能全部免除检察官的证明责任。事实协议的达成有助于节约诉讼时间与成本，避免在案件的细枝末节上纠缠不清，符合认罪答辩程序对效率的追求。

（四）询问证人与调查其他证据

在"奥尔福德案"中，初审法官当庭询问了警察、被告人的邻居等相关证人，从而确信证人证言可以否定被告人提出的未实施犯罪的主张。证人作证是对抗式审判的关键组成部分，因此，法官采用证人作证的方式调查有罪答辩的事实基础相当于实施了一场"微型审判"。"奥尔福德案"的法官之所以询问证人，是因为被告人虽然作出有罪答辩，但否认实施了指控的犯罪。这意味着控辩双方对案件的关键事实存在争议，法官需要通过证人作证这一比较可靠和令人信服的事实检验方式，建立起被告人实施了指控犯罪的内心确信，从而使有罪判决获得

---

[1] See United States v. Morrow, 914 F. 2d 608 (4th Cir. 1990).
[2] See Libretti v. United States, 516 U.S. 29, (1995).
[3] See Libretti v. United States, 516 U.S. 29, (1995).

正当性。但是，认罪答辩程序毕竟不是正式审判，证人作证并不意味着可以对证人实施交叉询问，交叉询问过于复杂耗时，会拖慢刑事诉讼的效率。法官负有调查认定有罪答辩之事实基础的职责，因而主要由法官对证人进行询问是比较合理省时的方式，如果询问证人仍然无法确认事实基础，那么法官完全可以不接受有罪答辩，启动正式的审判程序来解决事实争议。

对于一般的有罪答辩，为了确保定罪的准确性，美国有的州明确要求控方提供证人、物证、书证等相关证据，不能免除控方提交证据的责任。得克萨斯州的制定法规定，即使被告人作出有罪答辩，放弃了陪审团审判，"控方也必须提交证据并记录在案以证明被告人有罪，这些证据应当被法庭接受作为裁判的根据，任何情况下都不能没有充分的证据支持指控而仅凭借有罪答辩将被告人定罪。"[1]要求控方提交证据并不代表必须像正式审判那样进行严格的法庭质证，而且证据提交的方式也可以有所变通。得克萨斯州允许被告人在公开的法庭上以书面或口头形式同意放弃对证人的对质和交叉询问，也可以同意采用书面形式引入证言和其他文书证据。[2]被告人的同意是对控方证据的认可，此时控辩双方就案件证据达成协议，避免了复杂耗时的质证和交叉询问程序。

---

[1] Texas Code of Criminal Procedure Article 1.15 (1991).
[2] Texas Code of Criminal Procedure Article 1.15 (1991).

第三编

中国的刑事诉讼权利放弃

第八章
我国被追诉人放弃诉讼权利的问题

第一节 亟待重视的刑事诉讼权利放弃

一、我国被追诉人放弃诉讼权利的现象

我国大力推行的以犯罪嫌疑人、被告人自愿认罪认罚为前提的认罪认罚从宽改革（包括刑事速裁程序）为我们提供了一个研究刑事诉讼权利的新视角，就是诉讼权利的放弃。从个人权利的微观角度，犯罪嫌疑人、被告人自愿认罪认罚构成对诸多重要诉讼权利的放弃。比如，接受第一审普通程序[1]审判的权利，在普通程序中提交证据、申请证人和鉴定人出庭作证、申请排除非法证据、质证、辩论等权利。[2]适用速裁程序一般不会进行法庭调查和法庭辩论，被告人也就不可能行使与法庭调查和辩论相关的重要诉讼权利。因此，被追诉人自愿认

---

[1] 虽然我国的刑事第一审普通程序尚未有美国陪审团审判的精致化与复杂化，但是相比于简易程序、速裁程序，第一审普通程序可以被视为我国的刑事正当程序。在推进以审判为中心的诉讼制度改革的背景下，第一审普通程序也在不断得到完善。

[2] 在美国，被告人作出有罪答辩通常放弃了上诉权，被告人与检察官达成的认罪协议通常也会载明对上诉权的放弃，除非被告人作出的是保留有限上诉权的附条件有罪答辩。我国被告人认罪认罚是否放弃了上诉权，这个问题存在争议。目前实践中适用速裁程序的被告人不是不能上诉，但是如果被告人提出上诉，显然就不再符合认罪认罚的前提条件，因为被告人上诉说明他对犯罪事实或者量刑存在异议。如果被告人要保有认罪认罚获得的从宽处罚优惠，似乎就不能提出上诉。

罪认罚实际上构成对一系列诉讼权利的"一揽子"放弃，而不是仅就个别诉讼权利作出权利放弃的意思表示。这也更加证明了认罪认罚关涉被追诉人重大利益的取舍，不能不谨慎地处理。

认罪认罚构成对一些重要诉讼权利的放弃是不得不承认的事实。认罪认罚从宽程序是以效率为主要价值追求的。当然，它也不能忽略最基本的公正，追求效率就必然会牺牲犯罪嫌疑人、被告人的一部分诉讼权利，因为诉讼权利的行使通常会不同程度地拖延诉讼、降低效率，这是不争的事实。实际上，从诉讼权利放弃的视角看待认罪认罚从宽改革更有助于我们透过现象看到本质，更能够让我们慎重对待认罪认罚从宽改革，慎重对待被追诉人放弃诉讼权利。

除了认罪认罚从宽程序涉及一些重要诉讼权利的"一揽子"放弃，司法实践中也存在被追诉人个别放弃诉讼权利的现象。比如，被告人放弃获得法律援助律师辩护的权利，自己为自己辩护，犯罪嫌疑人在侦查程序中解除与辩护律师的委托关系，声明不需要律师，这些现象的本质都是对律师辩护权的放弃。在接受普通程序审判时，被告人可以放弃申请排除非法证据的权利，放弃申请证人、鉴定人、侦查人员出庭作证的权利，放弃对某些证据进行质证的权利，放弃对某些法律适用问题进行辩论的权利，放弃最后陈述的权利，被告人还可以放弃对一审判决提出上诉的权利，等等。

值得注意的是，由于我国被追诉人的诉讼权利保障还不全面，没有形成完备的诉讼权利体系，专门机关行使追诉权力的职权化色彩比较浓厚，诉讼权利放弃的问题在一定程度上被掩盖了。有些重要的诉讼权利都没有从实质上赋予被追诉人，更何谈权利的放弃。比如，"不得强迫任何人证实自己有罪"虽然已经被明确写入我国刑事诉讼法，但是并没有将其权利化。被追诉人仍然不享有沉默权，仍然承担如实供述的义务，接受讯问时也不享有要求律师在场的权利。因此，目前在我国研究刑事诉讼权利放弃在某些方面具有超前性，但并不是不能研究。我国正在推进以审判为中心的诉讼制度改革，对基本权利的司法保障越来越受到重视，被追诉人的诉讼权利必将越来越完善。这是大势所趋，随着被追诉人诉讼权利的完善，诉讼权利的放弃在未来肯定会成为一个颇具争议的问题。

在诉讼权利得到全面保障的前提下，被追诉人要行使哪项诉讼权利，要放弃哪项诉讼权利，取决于他的自主选择。他的选择要权衡利弊，实现自身利益的最大化。我们需要研究的是，出于保证司法公正的考虑，刑事诉讼法要不要规定一些规则或程序来限制被追诉人放弃诉讼权利，特别是很可能对诉讼结果产生实质影响的重要诉讼权利，是否需要为刑事诉讼权利的放弃划定合理的限度。

二、研究美国刑事诉讼权利放弃的启示

本书对美国刑事诉讼权利放弃的研究，特别是对沉默权和律师在场权这两项"米兰达权利"的放弃规则以及不得强迫自证其罪特权的放弃、起诉后律师帮助权的放弃以及有罪答辩导致的诉讼权利放弃的研究，对我国的刑事诉讼程序改革有很多启示。

首要的启示是，我国还需要进一步完善犯罪嫌疑人、被告人诉讼权利的保障。诉讼权利的全面保障以及诉讼权利能够得到充分、有效的行使是诉讼权利放弃的前提条件，在这方面我国与美国还存在一定的差距。这个差距主要体现在两个主要方面：一是侦查讯问中犯罪嫌疑人不享有沉默权和要求律师在场权；二是获得律师辩护的权利保障的不充分，大部分经济困难

的犯罪嫌疑人和被告人无法获得政府免费指派的法律援助律师提供辩护。从更加宏观的层面来看，我国目前的刑事诉讼程序仍然带有很强的审问式特征，犯罪嫌疑人、被告人负有提供证明自己有罪的供述的义务。在侦查讯问中，犯罪嫌疑人有如实供述的义务，审判程序的首要环节是公诉人依职权讯问被告人，被告人仍然要如实回答。大多数案件证明被告人有罪仍然是以供述为核心的印证模式，整个刑事诉讼的重心是侦查而不是审判。因此，我国要想赋予犯罪嫌疑人、被告人沉默权以及讯问时律师在场权，还需要从根本上转变刑事诉讼的理念与模式，这恐怕需要一段相当长的过渡期。

其次，美国联邦最高法院对嫌疑人、被告人在不同诉讼阶段放弃诉讼权利所要符合的有效性标准进行了宽严程度的区分。一般而言，审判程序中的权利放弃标准要严于侦查讯问、起诉后审判前程序的权利放弃标准。美国被告人无论是在审前程序还是在审判程序放弃诉讼权利，权利放弃的有效性通常会经过法官的审查。在审判程序中放弃诉讼权利，比如放弃律师帮助权，肯定要经过法官的当庭审查；被告人在侦查程序或者起诉后审判前的程序中放弃沉默权、律师帮助权等重要诉讼权利，其有效性在审判中也会受到法官的审查。因为沉默权、律师帮助权放弃的有效性直接影响着被告人审前供述以及供述产生的其他证据的可采性（"毒树之果"规则）。换言之，沉默权与律师帮助权放弃的有效性与证据排除规则是捆绑在一起的，如果被告人对审前供述的可采性提出异议，法官就需要予以审查。我国在对被追诉人放弃诉讼权利进行规制时，也可以分阶段、分程序适用宽严程度不同的标准与规则，审判中的律师辩护权等诉讼权利相对更加重要，放弃这些诉讼权利要满足更加严格的有效性标准。

最后，慎重对待被追诉人放弃诉讼权利，对被追诉人放弃诉讼权利在程序上予以规制，全面保障权利放弃的自愿性、明知性与理智性。美国被追诉人放弃诉讼权利比较普遍，出于尊重被追诉人的自主选择、保证侦查的及时性以及提高诉讼效率等方面的考虑，美国联邦最高法院允许被追诉人放弃宪法规定的诉讼权利，在侦查讯问中倾向于容忍警察采用讯问技巧促使嫌疑人放弃沉默权和律师在场权，对辩诉交易制度持更加实用的态度，对有罪答辩自愿性、明知性和真实性的审查标准不是很严格。美国学者对联邦最高法院对待诉讼权利放弃的实用主义立场以及支持警察的立场，有很多激烈的批评意见，特别是对于沉默权和律师帮助权的放弃以及辩诉交易导致诸多宪法性诉讼权利的放弃，美国法学界的争议很大。因此，我国要慎重对待诉讼权利放弃的问题，既要尊重和保障被追诉人的自主选择权，适度提高诉讼效率，又要守住司法公正的基本底线。

第二节 被追诉人认罪认罚放弃诉讼权利的问题

一、对认罪认罚从宽改革的整体反思

认罪认罚从宽程序[1]适用的前提是被告人自愿认罪，对指控的犯罪事实没有异议，同意检察机关的量刑建议。如前所述，被告人自愿认罪认罚实际上放弃了接受普通程序审理的权利以及与之相关的举证、质证、辩论、申请证人、鉴定人和侦查人员出庭作证以及排除非法证据等重要诉讼权利。第一审普通程序是我国的刑事正当程序，它最能够保障被告人的诉讼权利和实体权益，最能够揭示案件的事实真相，最能够防止无辜的人

---

[1] 本书将速裁程序视为认罪认罚从宽程序的一部分。

被错误地定罪。在以审判为中心的诉讼制度改革的推动下，第一审普通程序也在不断得到完善。最高人民法院近来大力推行的"三项规程"，[1]目的就是完善庭前会议、非法证据排除、法庭调查等第一审普通程序的准备程序与核心环节，意在实现普通程序的精密化、规范化与实质化，将普通程序打造成类似于英美对抗式审判的正当审判程序。正是由于普通程序如此重要，关系到诸多刑事正当程序权利，被告人通过认罪认罚放弃接受普通程序审判的权利及其密切相关的诉讼权利就必须慎之又慎，司法机关在接受被告人认罪认罚时也应当严格审查其有效性。

我国的认罪认罚从宽改革带有盲目追求效率的倾向，认罪认罚从宽程序是以效率为价值主导的。虽然我们强调要实现诉讼公正与诉讼效率的平衡，但这是从刑事诉讼整体上而言的，对于具体的诉讼程序，必然会有一种主要的价值追求。第一审普通程序就是以公正为主要价值追求，而简易程序、速裁程序以及其他认罪认罚从宽程序主要追求的是效率。这也是为什么在2012年修改《刑事诉讼法》扩大了简易程序的适用范围后，又启动了速裁程序的改革，因为简易程序还不够"快"。从速裁程序的试点来看，最高司法机关极力追求"快"，以开庭宣判的期限、审查起诉的期限衡量速裁程序的成效。关于速裁程序试点的《中期报告》就给出了一组数据："……检察机关审查起诉周期由过去的平均20天缩短至5.7天；人民法院速裁案件10日内审结的占94.28%，比简易程序高58.40个百分点；当庭宣判

---

[1] 最高人民法院制定了《人民法院办理刑事案件庭前会议规程（试行）》《人民法院办理刑事案件排除非法证据规程（试行）》和《人民法院办理刑事案件第一审普通程序法庭调查规程（试行）》，简称"三项规程"，自2018年1月1日起试行。

率达 95.16%，比简易程序高 19.97 个百分点。如北京办理的一起盗窃案，从案发到判决仅 13 天，另外一起危险驾驶案仅用 3 天……"新闻媒体关于人民法院适用速裁程序审理案件的开庭时间为 10 几分钟甚至是四五分钟的报道也并不鲜见。比如，媒体报道北京平谷法院速裁 4 起案件，用时不到 10 分钟。"自 2015 年 1 月起，平谷法院共审结刑事速裁案件 12 件，平均审理时间为 7 天，而庭审平均仅用时 4 分钟。"[1]这是一种非常惊人的庭审速度，4 分钟可能仅够公诉人宣读起诉书，法官询问被告人是否认罪认罚，但是，对于认罪认罚的自愿性、被告人是否知晓认罪所要放弃的诉讼权利、认罪的真实性就没有时间当庭审查确认。

我国的认罪认罚从宽程序带有美国辩诉交易制度和认罪答辩程序的一些特征，检察官以提出从宽处罚的量刑建议为条件换取犯罪嫌疑人、被告人认罪，只不过我国不允许对指控的罪名进行协商。值得注意的是，美国实行辩诉交易和认罪答辩的前提是有符合正当程序要求的陪审团审判，陪审团审判需要遵循复杂精密的证据规则和程序规则，比如，对证人的交叉询问和弹劾以及证据相关性和可采性、证据开示、证据排除等规则。连陪审员的遴选都是非常复杂的程序，陪审团审判能够尽可能地保证被告人享有的诉讼权利的实现。我国的第一审普通程序并不完善，非法证据排除难、证人出庭作证难等问题严重削弱了普通程序的正当性。在普通程序并不完善的前提下盲目地追求效率，很可能会损害犯罪嫌疑人、被告人的利益，影响案件事实真相的发现。另外，英美对抗式诉讼的一个首要前提是不得强迫自证其罪，被告人既不负有证明自己无罪的义务，也不

---

[1] "平谷法院出台刑事速裁细则 10 分钟审 4 起轻微案件"，载人民网：http://bj.people.com.cn/n/2015/0423/c82838-24608593.html.

负有协助控方证明自己有罪的义务,被告人享有沉默权和律师帮助权,有严格的自白任意性规则与不自愿供述排除规则保障被告人认罪的自愿性。

二、认罪认罚有效性保障的不足

认罪认罚构成对诸多诉讼权利的放弃,因此,一定要确保认罪认罚的有效性,有效的认罪认罚的实质条件包括自愿性、明知性、理智性以及真实性。《刑事诉讼法》《最高人民法院、最高人民检察院、公安部、国家安全部、司法部关于在部分地区开展刑事案件认罪认罚从宽制度试点工作的办法》(以下简称《试点办法》)明确规定,公安机关、人民检察院、人民法院办理认罪认罚案件,应当告知犯罪嫌疑人、被告人享有的诉讼权利和认罪认罚可能导致的法律后果,听取辩护人或者值班律师的意见,人民法院还需要审查认罪认罚的自愿性和认罪认罚具结书内容的真实性、合法性。上述规定仍然比较宏观,缺少便于操作的明确程序要求,在具体落实过程中由于对效率的追求可能有走样的风险。

(一)认罪认罚自愿性保障的不足

认罪认罚有效性的首要条件是自愿性,我国目前允许犯罪嫌疑人在侦查阶段就认罪认罚,此时侦查人员肯定要求犯罪嫌疑人作出详细的供述。由于公安机关主导和控制着侦查程序,缺少必要的司法审查,犯罪嫌疑人也不享有沉默权和律师在场权,为了追求案件的侦破,侦查人员是有可能采用违法手段强迫犯罪嫌疑人认罪和作出供述的;即使不采用刑讯逼供、暴力等明显的强迫手段,也很可能采用欺骗、引诱或者其他施加心理压力的讯问策略来促使犯罪嫌疑人认罪和作出供述,这些手段都会不同程度地削弱认罪的自愿性。对美国羁押性讯问的研究告诉我们，警察会采用各式各样打法律"擦边球"甚至明显违法的手段促使嫌疑人放弃沉默权作出供述。一旦在侦查阶段犯罪嫌疑人被迫认罪，这种强迫性可能会一直延续下去直至审判。由于多数犯罪嫌疑人、被告人缺少专门的辩护律师，强迫认罪被发现的概率非常小。因此，在缺少严格的供述自愿性保障规则的情况下，犯罪嫌疑人在侦查程序中认罪的自愿性容易受到质疑。

此外，在审判程序中法官如何审查认罪认罚的自愿性，认定自愿性标准是什么，是否必须询问被告人有无受到暴力、威胁、欺骗和引诱，检察机关是否要承担证明被告人认罪自愿性的责任以及如何证明，在审前程序中被告人表示认罪认罚时是否需要录音录像，这些问题目前都没有明确清晰的回答，这表明认罪自愿性审查程序还没有被真正构建起来。

另外一个值得探讨的问题是，公安机关的侦查人员是否有权力作出从宽处罚的承诺。法官掌握着量刑决定权，检察官仅有量刑建议权，侦查人员承诺从宽处罚是对法官、检察官权力的侵犯。当犯罪嫌疑人询问认罪后能够适用的具体量刑幅度时，侦查人员该如何回答？如果侦查人员不能承诺从宽处罚，那么他们就没有筹码换取犯罪嫌疑人认罪；如果侦查人员作出的承诺之后落空了，那么承诺就会变成欺骗，被告人很可能据此否定认罪的自愿性。从美国的实践来看，警察是不能与被告人进行认罪协商的，必须由检察官出面进行。但是，由于我国实行公、检、法三机关分工负责，检察机关提前介入侦查可能存在障碍。

（二）认罪认罚明知性保障的不足

被告人自愿地、明知地承认有罪，放弃接受普通程序审判的权利，首要的前提是知晓和理解指控他涉嫌的罪名及其主要的构成要件。虽然起诉书载明了检察机关指控的罪名以及被告人的主要犯罪事实，法官还是有义务向被告人解释关于指控罪名的刑法规定，被告人只有理解了刑法的具体规定是什么，才能确认自己的行为是否构成犯罪，防止被告人错误地认罪。《刑事诉讼法》《试点办法》并没有规定法官向被告人解释指控的罪名以及刑法规定的程序。其次，《刑事诉讼法》《试点办法》要求公安司法机关告知犯罪嫌疑人、被告人认罪的后果，但没有明确要告知哪些后果，要不要告知犯罪嫌疑人、被告人认罪认罚所要放弃的诉讼权利，要不要告知犯罪嫌疑人认罪的附带后果，比如承担附带民事赔偿等，要不要向犯罪嫌疑人、被告人解释认罪认罚后所要适用的速裁程序或简易程序，等等。认罪认罚后果的告知义务是否需要根据诉讼阶段的不同而有所区分，比如，使法官在审查认罪认罚有效性时承担更严格的全面告知义务，这些问题都没有定论。

三、值班律师制度的缺陷

认罪认罚从宽改革的试点催生了值班律师制度，由政府法律援助机构在看守所或者人民法院设立法律援助站点，派驻值班律师为认罪认罚的犯罪嫌疑人、被告人提供法律咨询、程序选择、申请变更强制措施等法律帮助。在侦查和审查起诉过程中，如果犯罪嫌疑人没有辩护人，侦查人员和检察人员都应当听取值班律师的意见。应当承认，值班律师制度对于保障犯罪嫌疑人、被告人认罪的有效性，维护他们的合法权益有一定的积极作用，但值班律师制度也存在一些缺陷。

首先，值班律师毕竟不是专门的辩护律师，值班律师的职责仅仅是提供法律建议，不可能像专门的辩护律师那样全程提供辩护，也不能陪同被告人参加法庭程序，提出实质性的辩护意见。值班律师的流动性很强，一般实行坐班制，某个值班律师今天当值，那么他负责给今天认罪认罚的犯罪嫌疑人、被告人提供法律咨询，但是他不一定从头到尾都负责这个案件，明天可能换了其他律师值班，不同律师对同一案件的意见、对同一法律问题的回答很可能不同。其次，值班律师发挥作用的时间相对滞后。在审前程序中犯罪嫌疑人最需要值班律师提供法律建议的时候是他作出认罪决定之前，此时犯罪嫌疑人需要听取值班律师关于是否认罪以及是否作出供述的专业法律意见，在此基础上，犯罪嫌疑人才能够更加理智地权衡认罪的利弊，作出最终决定；如果犯罪嫌疑人已经表明认罪甚至已经作出供述，那么值班律师的建议就没有多大作用了，很难想象值班律师会劝说犯罪嫌疑人撤回认罪。再次，值班律师本应当发挥向犯罪嫌疑人、被告人解释指控的罪名以及刑法相关规定并且告知诉讼权利和认罪认罚后果的作用。但是，《刑事诉讼法》《试点办法》没有明确这一关键职责，在这个意义上，值班律师的应有作用没有得到充分发挥。最后，值班律师能否提供有效的法律帮助值得怀疑。值班律师每天的工作量比较大，他们为嫌疑人、被告人提供法律帮助更倾向于"走过场"，值班律师不可能像专门的辩护律师一样尽职尽责，而且长期派驻看守所或人民法院的值班律师容易服务于公安司法机关的利益，倾向于建议和支持嫌疑人、被告人认罪认罚，如果值班律师不能从实质上发挥作用，很容易沦为"橡皮图章"，为公安司法机关"背书"。

四、对法官事实审查责任的忽视

被告人自愿认罪，对指控的犯罪事实没有异议，并不意味着法官不再需要审查确认案件的基本事实。法官依法行使对被告人定罪处刑的权力，在作出有罪判决之前，法官有义务审查认罪是否存在事实基础，即被告人承认实施的行为是否符合刑法规定的构成要件，是否构成检察机关指控的罪名。被告人错误认罪的可能性是有的，被告人可能并不知道自己的行为不构成犯罪，检察机关指控的罪名也可能存在错误，这些都需要法官进行审查予以纠正。如果法官发现被告人存在无罪可能性的，应当将案件转入普通程序重新审理，根据错误的认罪作出有罪判决将会严重损害司法公正与司法权威。与英美对抗式诉讼中的法官角色不同，我国法官在刑事审判中承担着一定的事实查明责任，这是审问式诉讼特征的一个重要体现，对于被告人认罪认罚的案件，法官当然也有义务审查确认犯罪事实。

然而，法官的这种事实审查责任在实践中并没有引起足够的重视。《刑事诉讼法》《试点办法》虽然要求法官对认罪认罚具结书内容的真实性、合法性进行审查，但具结书内容的真实性似乎不能完全等同于认罪的真实性，具结书是否必须载明具体的指控犯罪事实以及所依据的证据并不清楚，而法官必须审查确认被告人实施了他自己承认的行为并且该行为在主客观要件上构成指控的罪名；另外，法官可以采用什么方式审查具结书内容的真实性也不清楚，肯定不能仅靠阅读具结书来进行审查。从审查认罪是否具有事实基础这个角度讲，目前并没有统一可供适用的程序，法官是否必须讯问被告人逐一核实指控的每一项主要犯罪事实，是否需要审查检察机关提交的证据，必要时是否可以询问证人等相关人员，认定被告人认罪存在事实基础的证据标准是什么，是否必须一律坚持犯罪事实清楚、证据确实充分的有罪标准，这些问题目前都没有确切的答案。

第三节　被追诉人放弃律师辩护权的问题

一、审前程序中律师辩护权的放弃

由于我国并没有实现为每一个经济困难的犯罪嫌疑人、被告人免费指派法律援助律师提供辩护,法律援助辩护的范围还相当窄,所以犯罪嫌疑人、被告人放弃律师辩护权的现象不是很突出,因为大多数得不到法律援助的犯罪嫌疑人、被告人只能自我辩护,没有选择的余地。但是,不能忽视的是,司法实践中确实存在着犯罪嫌疑人、被告人放弃律师辩护权的现象,伴随着一些问题,特别是犯罪嫌疑人在侦查程序中放弃律师辩护权的自愿性容易受到质疑。

根据刑事诉讼法的规定,犯罪嫌疑人自被侦查机关第一次讯问或采取强制措施之日起,有权委托律师担任辩护人,对于在押的犯罪嫌疑人,其监护人、近亲属可以代为委托辩护律师。实践中犯罪嫌疑人在委托辩护人后可以解除委托合同,不再聘请律师担任辩护人,或者家属代为委托辩护律师后,律师在会见犯罪嫌疑人时,嫌疑人拒绝签署委托书,表示不需要律师辩护,犯罪嫌疑人的上述表示或行为构成对律师辩护权的放弃。由于侦查的不公开性和强制性,侦查措施的采用很容易侵犯犯罪嫌疑人的合法权益,犯罪嫌疑人通常处于孤立的羁押状态,特别在侦查人员控制的封闭性讯问中,更容易发生刑讯、变相刑讯、威胁、欺骗、引诱等非法取证行为,这些因素决定了犯罪嫌疑人需要律师作为他的利益的专门维护者,律师的介入也有助于监督侦查程序的合法性。另外,律师辩护权是法律赋予犯罪嫌疑人的,他们有权在自由意志的基础上权衡利弊,决定行使还是放弃律师辩护权,并不是所有的犯罪嫌疑人都愿意接受律师提供辩护,他们可能有自己的利益考虑。比如,犯罪嫌疑人对律师有不信任感,认为律师的辩护不会对自己的案件起到多大作用,或者犯罪嫌疑人有过与侦查人员打交道的经历,认为自己能够独立应付,或者犯罪嫌疑人为了向侦查人员显示自己真诚的认罪态度,不愿意聘请律师与侦查人员"对抗"。无论出于哪种动机,犯罪嫌疑人作为刑事诉讼的主体,他自主作出的放弃律师辩护权的决定应当得到尊重。因此,人权司法保障和维护诉讼公正的客观性需要与尊重犯罪嫌疑人自主选择权的主观性需要之间存在紧张关系。

值得注意的是,我国刑事诉讼具有"高羁押率"的特点,侦查开始后犯罪嫌疑人一般会被拘留或逮捕,处于孤立无援的羁押状态,处于侦查机关的控制之下,那么犯罪嫌疑人能够完全自愿地放弃律师辩护权吗?换言之,辩护律师的职责是维护犯罪嫌疑人的合法权益,作出无罪、罪轻的辩护,显然与侦查机关惩罚犯罪的立场是对立的,所以辩护律师在侦查阶段的介入肯定会让侦查人员感受到一种压力和阻力,侦查人员当然会有排斥律师介入侦查的动机,这种动机就可能驱动侦查人员向犯罪嫌疑人施加压力,促使其放弃律师辩护权。尤其在实施羁押性讯问的过程中,嫌疑人处于孤立隔绝的环境,侦查人员完全可以通过各种讯问技巧和策略强迫或诱导嫌疑人声明放弃律师辩护权或者解除与辩护律师的委托关系。由于我国现阶段犯罪嫌疑人还不享有要求律师讯问时在场的权利,辩护律师与侦查人员的关系还没有那么对立紧张,如果未来赋予犯罪嫌疑人讯问时律师在场权,那么侦查人员强迫或引诱犯罪嫌疑人放弃律师辩护权的现象肯定会更加普遍,对美国羁押性讯问和嫌疑人放弃"米兰达权利"的研究可以佐证这个论断。实践中,侦查人员可以告诉嫌疑人律师的辩护不会影响案件的处理结果,律师的业务水平不高但收取的费用很高，或者以获取从宽处理来引诱嫌疑人放弃律师辩护权，或者直接威胁嫌疑人让他解除与律师的委托关系。在 2012 年《刑事诉讼法》解决律师"会见难"的问题之前，就发生过家属委托的律师会见嫌疑人时，被侦查人员告知嫌疑人已经书面声明不委托律师的情况。由于羁押性讯问的封闭性，侦查人员的言行很难受到监督和审查，嫌疑人声明不委托律师的自愿性值得怀疑。因此，十分有必要在尊重嫌疑人自主选择的基础上，对嫌疑人在侦查程序中放弃律师辩护权予以适当的规制，保证权利放弃的自愿性。

二、审判程序中律师辩护权的放弃

（一）被告人声明不愿委托律师

由于刑事诉讼的阶段性，犯罪嫌疑人在侦查程序中放弃律师辩护权，并不意味着同时放弃了审查起诉和审判程序的律师辩护权，在审查起诉和审判程序启动时都要重新告知犯罪嫌疑人和被告人享有委托辩护律师的权利，符合法定条件的，检察机关和审判机关应当通知法律援助机构指派律师。审判程序是刑事诉讼的核心，是决定被告人是否有罪的关键环节。被告人在审判中享有最为丰富的诉讼权利，举证、质证、辩论、申请证人出庭作证和排除非法证据等诉讼权利也是至关重要的，非法律专业人士的被告人难以应对复杂的庭前准备程序、庭审程序以及技术性的证据规则。因此，比起审前程序，被告人在庭审过程中更加需要律师的专业辩护。但是，一些被告人愿意自我辩护，他们向法庭明确表示不需要律师提供辩护，原因是多种多样的，有的被告人根本不相信律师，有的被告人认为法律援助律师不够尽职，有的被告人认为自己的案件没有辩护的余地，还有的被告人自认为有能力为自己辩护。《最高人民法院、司法部关于开展刑事案件律师辩护全覆盖试点工作的办法》要求为适用普通程序审理的一审案件、二审案件、按照审判监督程序审理的案件的被告人指派法律援助律师提供辩护。审判程序中律师辩护的全覆盖会产生一个问题,被告人能够放弃获得法律援助辩护的权利吗?如果被告人当庭拒绝法律援助律师担任辩护人,法庭应当如何处理,是否一律予以拒绝,被告人的选择权和自我辩护权是否应当受到尊重,这些问题都是亟待解决的。

(二)被告人自我辩护的问题

被告人在庭审中放弃律师辩护权与自我辩护实际上是同一问题的两个方面,放弃律师辩护权必然意味着要自我辩护。美国联邦最高法院早就将自我辩护确认为一种宪法权利,在我国,自我辩护也是刑事诉讼法规定的辩护权的当然内涵。但是,实践中放弃律师辩护权往往被视为有损于被告人的利益,法官通常也不愿意被告人放弃律师辩护权,他们认为被告人自我辩护容易拖延诉讼效率,很多法律问题需要法官亲自向被告人解释,被告人也不一定理解。如前所述,被告人有多种放弃律师辩护权的动机,被告人作为诉讼的当事人,他作出的自主理性的选择原则上应当被尊重,如果能够提供正当的理由,那么他选择自我辩护应当得到支持。但是,是否需要对一些特殊的被告人放弃律师辩护权作出限制,比如,可能被判处死刑的被告人,尚未完全丧失辨认和控制行为能力的被告人等,这个问题值得探讨。此外,审判实践中时常会发生被告人就辩护的基本思路和策略与辩护律师发生冲突的情况,比如,被告人要求辩护律师进行无罪辩护,但是辩护律师坚持罪轻辩护,此时被告人如果提出解除与辩护律师的委托关系,按照自己的思路辩护,相当于放弃了律师辩护权,对此法庭一般会同意;但是,如果辩护律师是指派的法律援助律师,被告人符合指定辩护的情形,是否同意被告人自我辩护,法庭就比较难处理,既要考虑被告人的自主选择权,又要保证基本的程序公正,这两方面有些难以协调。

第九章
被追诉人放弃诉讼权利的保障与规制

第一节 强化对认罪认罚有效性的程序保障

一、认罪认罚自愿性和明知性的保障程序

(一) 自愿性的司法审查程序

由于认罪认罚构成对接受普通程序审判等重要诉讼权利的放弃,为了保证权利放弃的有效性,慎重对待被告人认罪认罚,我国应当在庭审过程中设置专门的程序审查和保障认罪认罚的有效性,包括自愿性与明知性。与美国相比,我国对认罪认罚有效性的审查保障程序应当更加严格,标准应当更高,我们对美国的辩诉交易和认罪答辩程序应该批判地予以借鉴,避免过度追求效率而超越了司法公正的底线,毕竟目前我国的第一审普通程序还没有美国的陪审团审判那么精密化和实质化,程序公正的基础还没有夯实,追求效率的前提条件还不成熟。

被告人在侦查程序和审查起诉程序中表示认罪认罚并不具备最终的效力,被告人在侦控机关控制的审前程序中容易受到暴力、威胁、引诱和欺骗,不自愿地认罪认罚。因此,在案件移送人民法院后,被告人必须在公开的法庭上面对法官亲自作出认罪认罚的表态。需要强调的是,法官不能不经审查就同意被告人认罪认罚并对被告人定罪判刑,法官在接受被告人认罪认罚之前,必须询问被告人是否自愿地承认实施了指控的犯罪,

对检察机关指控的犯罪事实有无异议，是否同意检察机关提出的量刑建议，是否受到过暴力、威胁、欺骗、引诱和不当承诺，上述问题必须逐一向被告人核实，询问过程应当记入法庭笔录。法官当庭通过与被告人对话，从被告人的回答、神情、态度等外在表现可以大体判断他是否自愿认罪认罚，这种方式的效率较高，不至于拖延诉讼。此外，法官还可以询问检察官和辩护律师（如果被告人委托了律师或者符合指定辩护的情形），了解被告人在审查起诉中签署认罪认罚具结书是否自愿。

如果被告人当庭反悔，否认指控的犯罪事实，或者声称认罪认罚是受到强迫、违背意愿的，在法官作出有罪判决之前，原则上应当允许被告人撤回认罪认罚的表态，此时法官应当裁定适用普通程序重新审理该案，这样做的目的是将程序选择权赋予被告人，尊重被告人的自主意志。即使被告人当庭表示认罪认罚，法官在询问被告人后对认罪认罚的自愿性仍然存有疑问，应当要求检察官提供证明被告人自愿认罪认罚的证据材料，比如，侦查讯问笔录、审查起诉过程中听取犯罪嫌疑人意见的笔录以及讯问的录音录像资料，必要时询问犯罪嫌疑人在签署具结书时在场的值班律师，以进一步确认被告人是否有受到强迫的合理可能性。如果法官经审查认为被告人确实受到暴力、威胁、欺骗、引诱以及不当承诺，或者有合理根据怀疑被告人认罪认罚是被强迫的，那么应当拒绝承认被告人在审查起诉程序中签署的具结书的效力，对案件适用普通程序重新审理。《刑事诉讼法》第226条规定，人民法院在审理过程中，发现有被告人的行为不构成犯罪或者不应当追究其刑事责任、被告人违背意愿认罪认罚、被告人否认指控的犯罪事实或者其他不宜适用速裁程序审理的情形的，应当适用普通程序或者简易程序重新审理。这条规定列举的几种情况都是案件事实存在重大争议，即存在被告人无罪的可能性,所以笔者认为应当一律适用普通程序重新审理,简易程序适用的前提是案件基本事实不存在争议,简易程序的法庭调查程序被简化,不利于查明被告人是否有罪这一关键事实。还需要指出的是,讯问时录音录像制度的强制适用范围应当得到扩展,最好适用于所有的刑事案件,如果犯罪嫌疑人在接受讯问时表示认罪认罚,录音录像可以作为法官审查认罪认罚自愿性的重要参考。

(二)诉讼权利和认罪后果的告知程序

为保证犯罪嫌疑人、被告人明知地和理智地认罪认罚并放弃诸多诉讼权利,侦查人员、检察官和法官都有义务告知他们诉讼权利和认罪认罚的后果。在开庭时,法官应当在询问被告人是否认罪认罚之前履行更加全面的告知义务,让被告人能够合理地权衡认罪认罚的利与弊。

首先,在公诉人宣读起诉书之后,法官应当就起诉书指控的罪名向被告人作出必要的解释,对于犯罪构成要件比较复杂的罪名应当告知被告人刑法关于该罪名的具体规定,被告人提出疑问的,应当予以释明。其次,法官应当告知被告人认罪认罚所要放弃的诉讼权利,比如,接受普通程序审判的权利,在审判中举证、质证、辩论、申请证人出庭作证和申请排除非法证据等权利,最重要的是要告知被告人有权利不认罪,不能被强迫认罪;此外,还要告知被告人享有委托律师辩护的权利或者要求法庭指派律师辩护的权利(目前是值班律师提供法律咨询),享有最后陈述的权利。再次,法官要告知被告人认罪认罚可能获得的量刑,包括主刑和附加刑,以及刑法关于从轻、减轻和免除处罚的规定,针对被告人的情况可能适用的量刑幅度以及从宽处罚的幅度。最后,法官还应当向被告人确认是否理解了上述被告知的事项,如有疑问,应当予以解释。在现阶段还不能为全部认罪认罚的被告人指派辩护律师的情况下，法官更应当全面充分地履行告知义务，确保被告人知晓和理解自己享有的诉讼权利以及认罪认罚的后果。

另外，还要推动目前的值班律师向辩护律师转化，实现认罪认罚案件法律援助辩护的全覆盖。在某种程度上，认罪认罚的被告人更加需要专业律师的辩护，因为被告人放弃了诸多重要的诉讼权利，他十分需要辩护律师作为其利益的专门维护者，律师能够帮助被告人更加理智地作出是否认罪的决定。同时，辩护律师的存在可以增强被告人认罪认罚的自愿性，监督侦控机关的行为，辩护律师也有责任向被告人解释认罪认罚的后果以及相关的法律规定，帮助被告人服判息讼，促进诉讼效率的提高，实现认罪认罚从宽改革的初衷。相比而言，值班律师没有出庭辩护的义务，由于派驻性、流动性等各种因素可能导致法律援助"走过场"、形式化等，因而有必要促使值班律师转变为专门的辩护人。

二、认罪认罚真实性的审查确认程序

（一）审查确认的必要性与可行性

所谓认罪认罚的真实性是指被告人是否确实实施了检察机关指控的犯罪事实，被告人承认实施的行为是否构成指控的罪名。换言之，真实性强调认罪认罚必须具备基本的事实基础，是否存在犯罪行为以及犯罪行为是否是被告人实施的关键事实必须查清和确认，否则就会发生错案，严重削弱认罪认罚的正当根基和司法的公信力。因此，被告人当庭向法官承认有罪，对指控的犯罪事实没有异议，并不代表法官可以据此直接作出有罪判决，法官有责任对认罪认罚的真实性进行审查，确认犯罪事实是否清楚以及证明被告人实施指控犯罪的证据是否确实充分。在美国，由于司法实用主义的深刻影响以及法官的消极性要求，法官一般不会依职权调查证人和其他证据，而是通常根据对被告人的当庭询问以及被告人的有罪答辩来作出有罪判决。虽然美国《联邦刑事诉讼规则》第11条规定法官有义务审查确认有罪答辩的事实基础，但是审查确认的具体方式属于法官裁量权的范围，没有强制性的程序规定。在司法实践中，对于没有争议的有罪答辩案件，法官通常也不会严格审查事实基础，这导致无辜者作出有罪答辩而被定罪的案例时有发生。我国刑事诉讼制度与美国相比存在不少差异，刑事诉讼法规定法官在必要时可以依职权调查核实证据，法官承担着一定的发现事实真相的职责，因此，法官依职权审查认罪认罚的真实性在法律上是没有障碍的。

还需要指出的是，美国对刑事指控实行完全的二元分流，被告人对指控作出有罪答辩的，构成对审判权利特别是接受陪审团审判的放弃，法官对有罪答辩自愿性、明知性以及事实基础的审查都属于司法听证，而不是严格意义上的对抗式审判，只有被告人对指控作出无罪答辩，案件才能进入正式的陪审团审判或者法官审判。但是，我国目前仍然对认罪认罚的被告人进行所谓的"审判"。笔者认为，至少对于适用速裁程序的被告人而言，难以称得上接受审判，因为速裁程序省略了法庭调查和辩论，审判已经名存实亡，而简易程序还可能就某些重要事实和法律问题进行法庭调查和辩论。就此而言，目前的认罪认罚从宽程序中法官对于被告人认罪认罚真实性的审查是十分有限的。

(二) 审查确认的方式

法官对认罪认罚真实性进行审查的基本目标是防止无辜的人被错误定罪，因此，法官经过审查能够确认被告人实施了指

第九章 被追诉人放弃诉讼权利的保障与规制

控的犯罪行为以及构成指控的罪名即可,这样要求既可以保证基本的司法公正,又符合认罪认罚从宽程序对效率价值的追求。具体而言,法官采用的主要审查方式应当是就起诉书指控的犯罪事实逐一询问被告人,法官可以要求被告人概括地回答有无异议,也可以要求被告人就某项事实作出具体的陈述,还要注意核实指控罪名的主观要件,对于故意犯罪,应当确认被告人实施行为时的主观状态是否构成犯罪故意。此外,法官可以视情况调查核实检察机关提交的证据,必要时可以传唤证人出庭接受询问,对于检察机关提交的证据,被告人及其辩护律师如果不提出异议,相当于承认了这些证据所证明的案件事实,从而为法官确认案件的基本事实提供了一种依据。值得注意的是,认罪认罚的被告人仍然享有最后陈述的权利,被告人在最后陈述过程中可能会提出与指控的犯罪事实不相符的事实主张,影响认罪认罚的真实性,法官应当注意倾听和辨别。

(三)审查确认的结果

如果法官经审查发现被告人有可能不构成犯罪,或者不应当追究刑事责任,或者被告人当庭主张自己无辜,否认指控的犯罪事实的,应当撤销认罪认罚具结书,裁定适用普通程序重新审理该案,而且在上述情况下应当通知法律援助机构指派律师为被告人提供辩护。如果法官认定被告人的行为构成犯罪,但不构成检察机关指控的罪名的,应当裁定适用普通程序或简易程序重新审理,不能直接改变指控的罪名,以其他罪名作出有罪判决。被告人认罪认罚针对的是指控的罪名,构成哪一个罪名是十分重要的法律问题,控辩双方在这个问题很有可能发生争议,适用普通程序或简易程序重新审理可以为检察机关变更指控的罪名提供机会,也可以为被告人及其辩护律师提供准备辩护的时间,使控辩双方的意见能够得到充分表达。

尽管从试点情况和司法实践来看，绝大多数认罪认罚的被告人不会提出上诉，但是仍然有极少数被告人上诉。首先，上诉是被告人享有的法定权利，不能因为被告人已经认罪认罚而不允许其行使上诉权进行救济。其次，无论被告人是针对案件事实问题提出上诉还是针对量刑结果提出上诉，如果理由成立，就不再符合认罪认罚这一前提条件。如果被告人对犯罪事实提出异议，则说明认罪认罚的真实性可能存在问题，第二审法院经审查认为案件基本事实不清的，应当撤销原判决，发回原审法院适用普通程序重新审理；认为案件基本事实清楚的，第二审法院应当维持原判。如果被告人认为量刑过重，不符合认罪的刑罚预期，那么第二审法院不能以被告人认罪认罚态度不好为由直接加重刑罚，否则就违背了上诉不加刑原则（除非检察机关同时抗诉）；第二审法院认为原判决量刑正确的，维持原判即可；认为原判决量刑确实不当的，应当撤销原判决的量刑部分，发回原审法院重新确定量刑。

第二节 律师辩护权放弃的规制与保障

一、对强迫被追诉人放弃律师辩护权的规制

我国刑事诉讼法将辩护权赋予犯罪嫌疑人、被告人，而且明确犯罪嫌疑人、被告人可以自己行使辩护权，因此，犯罪嫌疑人、被告人有多种原因[1]愿意放弃律师辩护权而自我辩护，他们自愿地、明知地放弃律师辩护权应当得到国家专门机关的尊重。为了保证权利放弃的自愿性和明知性，一方面，侦查机关、人民检察院与人民法院应当按照刑事诉讼法的规定切实履

---

[1] 关于犯罪嫌疑人、被告人自愿放弃律师辩护权的原因，参见第八章第三节。

第九章 被追诉人放弃诉讼权利的保障与规制

行权利告知义务,在侦查程序、审查起诉程序和审判程序开始时告知犯罪嫌疑人、被告人有权委托律师辩护,也有权申请法律援助机构指派律师为其辩护。如果犯罪嫌疑人、被告人明确表示不需要律师辩护,或者拒绝法律援助机构指派的律师为其提供辩护的,应当告知犯罪嫌疑人、被告人放弃律师辩护权可能导致其无法独立应付对他涉嫌犯罪的侦查、起诉和审判,确认犯罪嫌疑人、被告人是否真正意图放弃律师辩护权。

另外,有必要加强对审前程序特别是侦查程序中犯罪嫌疑人放弃律师辩护权自愿性的保障,对侦查人员强迫嫌疑人放弃律师辩护权进行规制。这里的"强迫"是广义的,既包括暴力、威胁,也包括欺骗、引诱、施加心理压力等可能削弱嫌疑人自主意志的行为。相比于公开的审判程序,封闭的侦查程序更容易发生侵犯嫌疑人律师辩护权的现象,尤其在对嫌疑人实施拘留后送交看守所之前的 24 小时内以及对嫌疑人采取指定居所监视居住时,嫌疑人完全处在侦查人员的控制之下,嫌疑人此时作出的放弃律师辩护权声明的自愿性非常值得怀疑。讯问时录音录像制度并没有被强制适用于所有刑事案件,而且录音录像由侦查人员控制,很容易出现只录合法讯问过程、不录非法讯问过程的问题。

然而,从我国目前的刑事司法权力配置和犯罪嫌疑人的诉讼权利保障来看,对侦查人员采用的强迫手段进行规制还存在很大的困难。如果侦查人员采取暴力、威胁、欺骗、引诱等手段促使嫌疑人放弃律师辩护权,那么相当于违法剥夺了律师辩护权,目前犯罪嫌疑人能够采取的救济措施只有向检察机关提出申诉、控告,由检察机关进行侦查监督,最终结果是建议侦查机关给予相关人员纪律处分,况且,实践中侦查监督的效果一直不佳,侦查监督失之于宽松软。要想对侦查人员采用强迫手段获取权利放弃形成有效震慑，就必须将律师辩护权与证据排除规则结合起来，以证据排除这个不利后果倒逼侦查人员保障嫌疑人自由地行使或放弃律师辩护权。我国刑事诉讼法规定了非法证据排除规则，但是实施效果并不理想，实践中不自愿供述都难以排除，更不用说违反法定程序收集的物证、书证了。非法证据排除难，一方面是由于审判缺少权威等司法权力的配置问题，另一方面也缺少完善的供述自愿性保障规则，供述自愿性的认定比较困难。从美国的做法来看，米兰达规则实际上设置了一个法律推定，即如果警察没有给予受到羁押性讯问的嫌疑人"米兰达警告"，那么推定嫌疑人作出的供述是不自愿的，应当排除，这种做法是美国的特色，在我国可能难以被接受。美国受到羁押性讯问的嫌疑人享有沉默权和律师在场权，在嫌疑人未有效放弃这两项权利的前提下，警察获取的供述是不自愿的，应当排除，这样做既规制了警察的侦查讯问行为，又为供述自愿性的认定提供了明确的标准，对我国有一定的借鉴意义。

我国要探索赋予受到羁押性讯问的犯罪嫌疑人律师在场权，律师在场权是律师辩护权在侦查讯问中的具体表现。当然，讯问时律师在场权是可以自愿放弃的，将权利放弃的有效性与不自愿供述的排除规则结合起来，侦查人员以明显违法的手段强迫嫌疑人放弃律师辩护权的，嫌疑人于律师不在场时作出的供述应当排除，从而倒逼侦查人员依法保障嫌疑人的诉讼权利。律师在场能够从实质上打破讯问的封闭性与孤立性，监督侦查人员行为的合法性，保障供述的自愿性，但是由于目前我国侦查机关的强势地位，赋予嫌疑人律师在场权的阻力是比较大的。实际上，早在2005年的时候，一些专家学者就赋予嫌疑人讯问

第九章 被追诉人放弃诉讼权利的保障与规制

时律师在场权进行过试验,[1]但是由于侦查机关的阻力、条件还不成熟等各种因素的影响,试验成果并没有对立法产生影响。讯问时录音录像制度必须与律师在场权结合起来才能发挥良好的效果。笔者认为,赋予嫌疑人讯问时律师在场权是我国侦查讯问程序改革的一个必然趋势。对此,侦查机关没有必要过度恐慌,因为从美国的羁押讯问实践来看,嫌疑人放弃律师辩护权(包括律师在场权)的有效性标准是可以从宽掌握的,而且嫌疑人作出放弃律师辩护权的决定不需要律师给予建议。

二、被追诉人自我辩护的保障与限制

犯罪嫌疑人、被告人放弃律师辩护权而自我辩护有两种方式:一是以书面或口头的方式明确声明不需要律师辩护,包括不自行委托律师作为辩护人,也不申请法律援助机构指派律师担任辩护人;二是没有明确声明不需要律师辩护,但是拒绝法律援助机构指派的律师担任辩护人,也不自行委托律师作为辩护人。第一种情形属于明示地放弃律师辩护权,第二种情形属于默示地放弃律师辩护权。对于后一种情形,虽然被追诉人没有明确表达放弃权利的主观意图,但是在法律上可以从被追诉人拒绝接受法律援助辩护且不自行聘请律师的行为,推定他主观上具有放弃律师辩护权的意图,构成推定的权利放弃。被追诉人放弃律师辩护权意味着自我辩护,自我辩护是被追诉人享有的辩护权的重要组成部分,是一种重要的诉讼权利。一个基本的原则是被追诉人行使自我辩护权应当得到尊重,公安司法机关原则上应当允许,但必须保证被追诉人自愿地、明知地放弃律师辩护权。此外,为了守住司法公正的底线,对于特殊的

---

[1] 参见樊崇义、顾永忠主编:《侦查讯问程序改革实证研究——侦查讯问中律师在场、录音、录像制度试验》,中国人民公安大学出版社2007年版。

犯罪嫌疑人、被告人放弃律师辩护权可以作出适度的限制，或者对于他们行使自我辩护的权利提供相应的保障，作出特别的程序安排。

由于刑事诉讼法规定的"应当通知法律援助机构指派律师为其提供辩护"的范围比较狭窄，仅仅包括可能被判处无期徒刑、死刑的人，盲、聋、哑人，尚未完全丧失辨认或者控制自己行为能力的精神病人以及未成年人。[1]这些人要么是涉嫌严重犯罪，要么生理、精神上存在缺陷或者能力不足，为他们指派法律援助律师：一方面体现了追诉和审判严重犯罪的慎重和公正，另一方面体现了对社会弱势群体的保护。那么当这些人明确表示放弃律师辩护权或者拒绝法律援助律师担任辩护人又不自行委托律师时，应当如何处理呢？刑事诉讼法对此没有明确规定，公检法三机关对这个问题的解释不太一致。《最高人民法院关于适用〈中华人民共和国刑事诉讼法〉的解释》（以下简称《高法解释》）第45条规定："被告人拒绝法律援助机构指派的律师为其辩护，坚持自己行使辩护权的，人民法院应当准许。属于应当提供法律援助的情形，被告人拒绝指派的律师为其辩护的，人民法院应当查明原因。理由正当的，应当准许，但被告人须另行委托辩护人；被告人未另行委托辩护人的，人民法院应当在三日内书面通知法律援助机构另行指派律师为其提供辩护。"同时，第254条第4款规定："被告人属于应当提供法律援助的情形，重新开庭后再次当庭拒绝辩护人辩护的，不予准许。"据此，最高人民法院原则上支持被告人行使自我辩护权，但是对于符合应当提供法律援助情形的被告人，有正当理

---

〔1〕 刑事诉讼法还规定人民法院应当通知法律援助机构指派律师为强制医疗的被申请人或被告人提供法律帮助，但由于强制医疗不同于审判，不涉及定罪量刑的问题，所以没有在主文中提及。

第九章 被追诉人放弃诉讼权利的保障与规制

由的，可以为其提供一次更换辩护律师的机会，被告人不能再拒绝第二次指派的法律援助律师。此外，《高法解释》第254条还规定，被告人当庭拒绝辩护律师提供辩护，要求另行委托律师或指派律师的，合议庭应当准许，重新开庭后，不属于应当提供法律援助的被告人再次拒绝新的律师提供辩护的，可以准许，但被告人应当自行辩护。上述规定实际上推定被告人放弃了律师辩护权，既避免了无限次更换律师拖延审判，也尊重了被告人的自我辩护权。《人民检察院刑事诉讼规则》第44条的规定与《高法解释》第45条的规定基本一致，对于应当通知法律援助机构指派律师的犯罪嫌疑人，给予其一次拒绝律师辩护的机会，但是，对于犯罪嫌疑人再次拒绝重新指派的律师提供辩护的，是否应当准许，没有明确规定。《公安机关办理刑事案件程序规定》第45条第2款规定："犯罪嫌疑人拒绝法律援助机构指派的律师作为辩护人或者自行委托辩护人的，公安机关应当在三日以内通知法律援助机构。"该规定未明确公安机关是否允许犯罪嫌疑人拒绝指派律师的辩护或者自行委托律师，但似乎暗含着同意犯罪嫌疑人自行辩护的意思。

公检法三机关的规定不一致容易导致不同诉讼阶段做法的混乱，不利于刑事诉讼法的统一实施，所以有必要对被追诉人行使自我辩护权作出一致的规定。首先应当分析符合指定辩护条件的被追诉人是否具备自愿地、明知地放弃律师辩护权以及实施自我辩护的能力：可能被判处无期徒刑或死刑的人通常具备健全的认知和控制能力；盲、聋、哑人虽然生理功能有一定缺陷，但是其认知和控制能力一般不会受到影响；未成年人由于年龄的原因认知和控制能力尚未成熟，但是未成年人有法定代理人；对于尚未完全丧失辨认和控制自己行为能力的精神病人，需要在个案中结合精神病鉴定意见具体确定其是否具备自我辩护的能力。因此，应当确立以下规则：第一，当被追诉人以口头或书面的方式明确表示不需要律师提供辩护，坚持自我辩护时，无论他是否符合法律援助的条件，公安司法机关原则上应当允许，除非被追诉人明显不具备诉讼行为能力，此处要求的是认知和控制能力，而不是法律专业能力。第二，未成年人放弃律师辩护权必须征得法定代理人的同意，法定代理人同意后，公安司法机关应当指定某个法定代理人担任未成年人的辩护人，精神病人不具备自我辩护的认知和控制能力的，不能允许其放弃律师辩护权。第三，可能被判处死刑的犯罪嫌疑人和被告人不允许放弃律师辩护权，这是为了保证死刑这一最严厉刑罚适用的公正性。第四，对于未明确表示不需要律师辩护的被追诉人，无论在侦查、审查起诉和审判的哪一个阶段，被追诉人拒绝法律援助律师辩护的，无论出于什么原因，首先都应当允许其自行委托律师辩护，被追诉人没有委托律师的，应当重新为其指派法律援助律师，被追诉人再次拒绝的，视为放弃律师辩护权，原则上由其自我辩护。如果是未成年人，则由法定代理人担任辩护人；如果被追诉人不具备自我辩护需要的认知和控制能力或者可能被判处死刑，那么由第二次指派的法律援助律师继续为其辩护。第五，认罪认罚的被追诉人可以放弃律师辩护权，但是被追诉人在作出认罪认罚的表态之前必须有律师当面提供是否认罪认罚的法律建议，供被追诉人参考。

除上述规则之外，由于审判程序是决定被告人是否有罪以及如何量刑的关键阶段，所以对于被告人在审判程序中自我辩护应当有特别的保障和程序安排。最基本的一项保障措施是，人民法院应当安排法律援助机构派驻的值班律师担任庭审辅助律师，为自我辩护的被告人提供必要的法律建议，在法庭认为必要时接替被告人进行辩护。在庭审中对于案件基本事实的质证、调查和辩论以及量刑等重要法律适用问题，被告人感觉难以应付时，有权申请法官暂时休庭，私下征求辅助律师的意见，当法庭认为被告人继续自我辩护会产生重大不利时，可以指定辅助律师接替被告人为其辩护。同时，在被告人自我辩护的过程中，法庭还应当发挥释明法律的作用，被告人对于重要的诉讼权利以及相关法律规定存有疑问的，法庭有义务予以解答。

第三节　沉默权的赋予与权利放弃规则

一、赋予被追诉人沉默权的思路

沉默权的重要性是不言而喻的，沉默权是无罪推定原则的当然要求，也是任何人不得被强迫成为不利于己的证人这一被联合国《公民权利和政治权利公约》所确认的基本诉讼权利的具体表现。既然被追诉人在被法院依法判决有罪前应当被推定为无罪，那么他就不承担证明自己有罪的义务，也就意味着不能强迫被追诉人成为供述等有罪证据的来源，也就可以推导出被追诉人享有保持沉默的权利，因为被追诉人所说的任何话都可能在审判中被用作不利于他的证据。沉默权和律师在场权也是犯罪嫌疑人在侦查讯问中自愿作出供述的两项重要保障，对于保障犯罪嫌疑人的诉讼主体地位、防止侦查人员滥用权力有重要的意义。

我国刑事诉讼法贯彻了无罪推定的精神，明确规定了不得强迫自证其罪，但是不得强迫自证其罪并没有被具体化和权利化。犯罪嫌疑人、被告人不享有沉默权，对侦查人员的审前讯问和公诉人的当庭讯问，犯罪嫌疑人、被告人负有如实回答的义务，如实回答的义务实际上强迫犯罪嫌疑人、被告人成为不利于己的证人，如果犯罪嫌疑人、被告人硬要保持沉默，很可能会被视为认罪态度不好，无法在刑罚裁量上获得优惠。但是，随着我国人权司法保障的加强，赋予被追诉人沉默权，弥补被追诉人诉讼权利体系的缺陷，在未来可能得到实现。

目前来看，赋予被追诉人沉默权的主要阻力来自侦查机关，侦查机关担心犯罪嫌疑人援引沉默权后就无法获得供述这一关键的有罪证据，从而影响对犯罪的追诉，因为目前检察机关履行证明被告人有罪的责任在很大程度上依赖侦查阶段获取的供述，物证、书证等其他证据一般是用来与侦查供述相互印证的。但是，从美国自米兰达判决作出之后半个多世纪的司法实践来看，沉默权的赋予和保障并没有导致供述率的大幅度下降，警察也没有因此丧失侦破犯罪的能力，反而，沉默权的赋予为侦查供述在审判中具备可采性提供了一种"背书"。之所以会产生上述结果，是因为美国联邦最高法院在个案中审查供述自愿性时，从宽掌握了沉默权放弃的有效性标准，使得警察更加容易获取有效的权利放弃，从而合法地获取供述。美国联邦最高法院通过调控沉默权放弃的有效性标准，进一步调整和平衡了打击犯罪与保障人权的关系。

美国的经验告诉我们，在我国赋予被追诉人沉默权并不可怕，也不会过度地阻碍侦查取得实质性进展，反而有助于倒逼侦查人员规范自己的取证行为。一方面，即使犯罪嫌疑人被明确告知享有沉默权，仍然有相当比例的嫌疑人明确表示愿意与侦查人员对话，愿意回答侦查人员提出的问题，有些嫌疑人是基于认罪、悔罪的心理自愿作出供述的，当然嫌疑人在接受讯问时也可能仅对个别问题保持沉默。另一方面，在赋予被追诉人沉默权的同时，当然也允许被追诉人自愿地、明知地放弃沉默权，如果沉默权的放弃是有效的，那么侦查人员获取的供述通常不会被认定为不自愿的。

第九章 被追诉人放弃诉讼权利的保障与规制

美国联邦最高法院在个案裁判中还容忍了警察采取的一些非暴力的带有欺骗、引诱性质的讯问策略与讯问技巧，比如，利用嫌疑人的宗教信仰、同情心、道德良心等心理上的弱点，通过带有技巧性的语言促使嫌疑人开口说话。这给我们的启示是，赋予被追诉人沉默权必然要将侦查供述的证据能力与沉默权放弃的有效性以及非法供述排除规则有机地结合起来，这样法院在审查被告人提出的排除非法供述申请时，就可以实现对侦查人员采用的讯问手段和讯问技巧的合法性进行附带审查，法庭可以根据案件的具体情况和司法政策的考量，裁量认定讯问是否合法，从而认定沉默权放弃的有效性以及侦查供述的证据能力。这样做既保障了供述的自愿性，又增强了审判的权威性，有利于法院实现通过实施证据排除规则审查侦查讯问合法性的目的。

值得注意的是，保持沉默的状态仅仅是沉默权的表象，沉默权的实质是中止讯问规则。试想，如果犯罪嫌疑人援引了沉默权，但是侦查人员并没有在意，而是继续进行讯问，那么就会向嫌疑人传递一个信号——沉默权没有任何实质意义，由于羁押性讯问的孤立性和高压性，犯罪嫌疑人的心理很可能承受不住侦查人员无休止的讯问而回答他们提出的问题，此时犯罪嫌疑人并不是自愿作出供述的。因此，在犯罪嫌疑人被拘留、逮捕或指定居所监视居住后，侦查人员实施讯问的过程中，犯罪嫌疑人援引了沉默权，那么侦查人员应当尊重犯罪嫌疑人对沉默权的援引，立即中止讯问，否则获取的供述应当被排除。中止讯问并不意味着不能恢复讯问，但是中间要间隔足够长的时间，给被告人一个足够的心理缓冲期，中止讯问的持续时间应当不少于12个小时。当然，中止讯问规则可能让侦查人员感到非常不适，毕竟长期形成的持续讯问的侦查惯性需要很长时间才能扭转过来，这也意味着我国要实现对沉默权的实质保障，还有一段漫长的道路要走。

二、被追诉人援引和放弃沉默权的规则

不仅犯罪嫌疑人在审前阶段接受侦查人员或检察人员讯问时有权保持沉默，在法庭审理过程中被告人也有权保持沉默，拒绝回答公诉人或审判人员提出的问题。被追诉人能够援引沉默权的前提是知晓和理解自己享有的沉默权，这就需要配套设计相应的权利告知程序，标准化的"米兰达警告"是美国特色的权利告知程序，我国不需要原样照搬，但应当借鉴其合理内核。具体而言，在侦查和审查起诉程序中，侦查人员或检察人员每次讯问犯罪嫌疑人之前，应当向其宣读书面的诉讼权利告知书，权利告知书应当载明沉默权和其他诉讼权利，并且载明放弃沉默权的后果，即犯罪嫌疑人作出的任何陈述都可能被用作不利于他的证据，这一点非常重要，知晓放弃沉默权的后果有助于犯罪嫌疑人理解沉默权的本质。宣读权利告知书之后，交由犯罪嫌疑人阅读并签字。在审判开始前，由主持庭审的法官口头告知被告人享有沉默权等诉讼权利以及放弃沉默权的后果，并记入法庭笔录。

关于沉默权的援引方式，应当允许犯罪嫌疑人以连续沉默的消极方式援引沉默权，即在讯问全过程都不回答问题，直到侦查人员或检察人员自行中止讯问。当然，如果侦查人员或检察人员认为犯罪嫌疑人长时间不回答问题是在援引沉默权，可以向犯罪嫌疑人确认是否援引沉默权。另外，犯罪嫌疑人也可以明确表达自己要保持沉默，或者明确拒绝与侦查人员、检察人员谈话或回答他们提出的问题，这种积极援引沉默权的方式是简单明了的，能够清楚地向侦查人员或检察人员传递信息。

第九章　被追诉人放弃诉讼权利的保障与规制

一旦犯罪嫌疑人援引了沉默权，讯问应当立即中止，中止持续12个小时之后可以恢复讯问。笔者认为，当犯罪嫌疑人未以积极方式援引沉默权，仅仅不回答问题时，侦查人员或检察人员可以继续进行讯问，因为此时无法准确判断犯罪嫌疑人是意图援引沉默权，还是仅仅暂时不想回答问题，当然，侦查人员或检察人员可以向他确认是否援引沉默权，但是这种确认不是必需的，不应当规定为一种义务，这是对获取供述作出的适度妥协，有助于平衡打击犯罪与保障人权之间的关系。然而，审判中并没有获取被告人供述的急迫需要，因为提起公诉的条件之一就是证据确实充分，所以法官在告知被告人诉讼权利之后，有义务主动向被告人确认是否要保持沉默，如果被告人自愿放弃沉默权，则应当接受公诉人的讯问，如果被告人援引沉默权，则省略当庭讯问被告人的程序。还需要注意的是，审判人员不能根据被告人在庭审中的沉默状态作出不利于被告人的推断，更不能将被告人在审前讯问中或审判过程中援引沉默权视为认罪态度不好而加重对被告人的量刑，或者不按照刑法的规定从轻、减轻或免除处罚，否则会导致犯罪嫌疑人、被告人不敢援引沉默权。

关于沉默权的放弃，侦查和审查起诉程序中的诉讼权利告知书应当设有专门的沉默权放弃条款，如果犯罪嫌疑人同意与侦查人员或检察人员谈话，或者同意就犯罪事实作出供述，可以在沉默权放弃条款后面签字，这是一种书面的权利放弃声明。即使犯罪嫌疑人拒绝在权利告知书上签字，也不妨碍他以口头声明的方式放弃沉默权，比如，侦查人员询问犯罪嫌疑人是否愿意与之谈论案情，犯罪嫌疑人明确表示同意，或者犯罪嫌疑人主动找侦查人员了解、询问和谈论案情，都构成对沉默权的放弃。犯罪嫌疑人的口头声明应当记入讯问笔录，如果对讯问过程录音录像，就更加有助于证明沉默权放弃的有效性和供述的自愿性。另外，在审前讯问程序中，应当允许推定犯罪嫌疑人放弃沉默权，比如，嫌疑人没有明确表示愿意接受侦查人员的讯问，但是对侦查人员提出的问题作出了回答，就可以推定他自愿放弃了沉默权，前提是他已经知晓和理解沉默权的本质，这样可以适度满足追诉犯罪对供述的需求。如果审判过程中被告人对供述的自愿性提出异议，申请排除供述，法庭在审查时可以根据个案的具体情况确定是否推定被告人在接受审前讯问时放弃了沉默权，采取个案司法裁量的方式可以更好地平衡打击犯罪和保障人权的关系。

参考文献

一、中文文献

（一）专著类

1. 程燎原、王人博：《权利论》，广西师范大学出版社 2014 年版。
2. 陈光中主编：《刑事诉讼法》（第 5 版），北京大学出版社、高等教育出版社 2013 年版。
3. 张文显：《法哲学范畴研究》（修订版），中国政法大学出版社 2001 年版。
4. 陈光中主编：《证据法学》（第 3 版），法律出版社 2015 年版。
5. 樊崇义主编：《证据法学》（第 6 版），法律出版社 2017 年版。
6. 卞建林主编：《刑事证明理论》，中国人民公安大学出版社 2004 年版。
7. 张建伟：《证据法要义》（第 2 版），北京大学出版社 2014 年版。
8. 齐树洁主编：《英国证据法》（第 2 版），厦门大学出版社 2014 年版。
9. 王进喜：《美国〈联邦证据规则〉（2011 年重塑版）条解》，中国法制出版社 2012 年版。
10. 王兆鹏：《美国刑事诉讼法》（第 2 版），北京大学出版社 2014 年版。
11. 陈卫东主编：《刑事审前程序与人权保障》，中国法制出版社 2008 年版。
12. 樊崇义、顾永忠主编：《侦查讯问程序改革实证研究——侦查讯问中律师在场、录音、录像制度试验》，中国人民公安大学出版社 2007 年版。
13. 孙长永等：《犯罪嫌疑人的权利保障研究》，法律出版社 2011 年版。
14. 孙长永：《沉默权制度研究》，法律出版社 2001 年版。
15. 孙长永：《侦查程序与人权——比较法考察》，中国方正出版社 2000

年版。

16. 易延友：《沉默的自由：反对强迫自证其罪的历史、价值与规则构建》（修订版），北京大学出版社 2015 年版。

17. 陈瑞华：《刑事辩护的理念》，北京大学出版社 2016 年版。

18. 顾永忠等：《刑事辩护：国际标准与中国实践》，北京大学出版社 2012 年版。

19. 陈光中主编：《辩诉交易在中国》，中国检察出版社 2003 年版。

20. 张智辉主编：《辩诉交易制度比较研究》，中国方正出版社 2009 年版。

21. 张文显：《二十世纪西方法哲学思潮研究》，法律出版社 1996 年版。

22. 张文显：《法哲学范畴研究》（修订版），中国政法大学出版社 2001 年版。

23. 张文显：《权利与人权》，法律出版社 2011 年版。

24. 陈光中主编：《21 世纪域外刑事诉讼立法最新发展》，中国政法大学出版社 2004 年版。

25. 陈光中等：《中国司法制度的基础理论问题研究》，经济科学出版社 2010 年版。

26. 樊崇义：《刑事诉讼法哲理思维》，中国人民公安大学出版社 2010 年版。

27. 樊崇义等：《正当法律程序研究——以刑事诉讼程序为视角》，中国人民公安大学出版社 2005 年版。

28. 《马克思恩格斯全集》（第 3 卷），人民出版社 1960 年版。

29. 《马克思恩格斯全集》（第 4 卷），人民出版社 1961 年版。

30. [美] E. 博登海默：《法理学：法律哲学与法律方法》，邓正来译，中国政法大学出版社 2004 年版。

31. [德] 黑格尔：《法哲学原理》，范扬、张企泰译，商务印书馆 1982 年版。

32. [美] 罗·庞德：《通过法律的社会控制·法律的任务》，沈宗灵、董世忠译，杨昌裕、楼邦彦校，商务印书馆 1984 年版。

33. [美] 康芒斯：《制度经济学》（上册），于树生译，商务印书馆 1962 年版。

34. [美] 马尔科姆·M. 菲利：《程序即是惩罚——基层刑事法院的案件

处理》，魏晓娜译，中国政法大学出版社 2014 年版。

35. ［美］约翰·W. 斯特龙主编:《麦考密克论证据》(第 5 版)，汤维建等译，中国政法大学出版社 2004 年版。

36. ［美］米尔吉安·R. 达马斯卡:《比较法视野中的证据制度》，吴宏耀、魏晓娜译，中国人民公安大学出版社 2006 年版。

37. ［美］乔治·费希尔:《辩诉交易的胜利——美国辩诉交易史》，郭志媛译，中国政法大学出版社 2012 年版。

38. ［美］吉姆·佩特罗、南希·佩特罗:《冤案何以发生:导致冤假错案的八大司法迷信》，苑宁宁等译，苑宁宁校，顾永忠审校，北京大学出版社 2012 年版。

39. ［美］詹姆斯·J. 汤姆科维兹:《美国宪法上的律师帮助权》，李伟译，中国政法大学出版社 2016 年版。

(二) 论文类

1. 郑旭:"律师辩护权的弃权与失权"，载《政法论坛》2013 年第 1 期。
2. 杨宇冠、董超:"论权利放弃——以无罪推定权利为视角"，载《杭州师范大学学报(社会科学版)》2008 年第 5 期。
3. 史立梅:"美国有罪答辩的事实基础制度对我国的启示"，载《国家检察官学院学报》2017 年第 1 期。
4. 祁建建:"美国辩诉交易中的有效辩护权"，载《比较法研究》2015 年第 6 期。
5. 陈光中:"认罪认罚从宽制度实施问题研究"，载《法律适用》2016 年第 11 期。
6. 陈瑞华:"认罪认罚从宽制度的若干争议问题"，载《中国法学》2017 年第 1 期。
7. 陈卫东:"认罪认罚从宽制度试点中的几个问题"，载《国家检察官学院学报》2017 年第 1 期。
8. 左卫民:"认罪认罚何以从宽:误区与正解——反思效率优先的改革主张"，载《法学研究》2017 年第 3 期。
9. 王敏远:"认罪认罚从宽制度疑难问题研究"，载《中国法学》2017 年第 1 期。

10. 陈卫东:"认罪认罚从宽制度研究",载《中国法学》2016 年第 2 期。

11. 顾永忠:"关于完善'认罪认罚从宽制度'的几个理论问题",载《当代法学》2016 年第 6 期。

12. 陈瑞华:"'认罪认罚从宽改革'的理论反思——基于刑事速裁程序运行经验的考察",载《当代法学》2016 年第 4 期。

13. 熊秋红:"认罪认罚从宽的理论审视与制度完善",载《法学》2016 年第 10 期。

14. 谭世贵:"实体法与程序法双重视角下的认罪认罚从宽制度研究",载《法学杂志》2016 年第 8 期。

15. 张建伟:"认罪认罚从宽处理:内涵解读与技术分析",载《法律适用》2016 年第 11 期。

16. 顾永忠、肖沛权:"'完善认罪认罚从宽制度'亲历观察与思考、建议——基于福清市等地刑事速裁程序中认罪认罚从宽制度的调研",载《法治研究》2017 年第 1 期。

二、英文文献

(一) 判例类

1. Miranda v. Arizona, 384 U. S. 436 (1966).

2. Colorado v. Connelly, 479 U. S. 157 (1966).

3. Michigan v. Tucker, 417 U. S. 433 (1974).

4. Oregon v. Elstad, 470 U. S. 298 (1985).

5. Dickerson v. United States, 530 U. S. 428 (2000).

6. California v. Beheler, 436 U. S. 1121 (1983).

7. Berkemer v. McCarty, 468 U. S. 420 (1984).

8. New York v. Quarles, 467 U. S. 649 (1984).

9. Illinois v. Perkins, 496 U. S. 292 (1990).

10. Pennsylvania v. Muniz, 496 U. S. 582 (1990).

11. North Carolina v. Butler, 441 U. S. 369 (1979).

12. Johnson v. Zerbst, 304 U. S. 458 (1938).

13. Berghuish v. Tompkins, 560 U. S. 370 (2010).

14. Connecticut v. Barrett, 479 U. S. 523 (1987).

15. United States v. Frazier, 476 F. 2d. 491 (D. C. Cir. 1973).

16. Wyrick v. Fields, 459 U. S. 42 (1982).

17. Michigan v. Mosley, 423 U. S. 96 (1975).

18. Edwards v. Arizona, 451 U. S. 477, 478~479 (1981).

19. Arizona v. Roberson, 486 U. S. 675 (1988).

20. Minnick v. Mississippi, 498 U. S. 146 (1990).

21. Oregon v. Bradshaw, 462 U. S. 1039 (1983).

22. Davis v. United States, 512 U. S. 452 (1994).

23. Maryland v. Shatzer, 559 U. S. 98 (2010).

24. Moran v. Burbine, 475 U. S. 412 (1986).

25. Missouri v. Seibert, 542 U. S. 600 (2004).

26. Colorado v. Spring, 479 U. S. 564 (1987).

27. Rhode Island v. Innis, 446 U. S. 291 (1980).

28. Kirby v. Illinois, 406 U. S. 682 (1972).

29. Escobedo v. Illinois, 378 U. S. 478 (1964).

30. Massiah v. United States, 377 U. S. 201 (1964).

31. Brewer v. Williams, 430 U. S. 387 (1977).

32. Michigan v. Jackson, 475 U. S. 625 (1986).

33. Patterson v. Illinois, 487 U. S. 285 (1988).

34. McNeil v. Wisconsin, 501 U. S. 171 (1991).

35. Montejo v. Louisiana, 556 U. S. 778 (2009).

36. Gideon v. Wainwright, 372 U. S. 335 (1963).

37. Powell v. Alabama, 287 U. S. 45 (1932).

38. Faretta v. California, 422 U. S. 806 (1975).

39. McKaskle v. Wiggins, 465 U. S. 168 (1984).

40. Godinez v. Moran, 509 U. S. 389 (1993).

41. Indiana v. Edwards, 554 U. S. 164 (2008).

42. McKaskle v. Wiggins, 465 U. S. 168 (1984).

43. Bram v. United States, 168 U. S. 532（1897）.
44. Salinas v. Texas, 570 U. S. _（2013）.
45. Griffin v. California, 380 U. S. 609（1965）.
46. Mitchell v. United States, 526 U. S. 314（1965）.
47. Rogers v. United States, 340 U. S. 367（1951）.
48. Garrity v. New Jersey, 385 U. S. 493（1967）.
49. Hoffman v. United States, 341 U. S. 479（1965）.
50. Ferguson v. Georgia, 365 U. S. 570（1961）.
51. Simmons v. United States, 390 U. S. 377（1968）.
52. Rock v. Arkansas, 483 U. S. 44（1987）.
53. Luce v. United States, 469 U. S. 38（1984）.
54. Portuondo v. Agard, 529 U. S. 61（2000）.
55. Brooks v. Tennessee, 406 U. S. 605（1972）.
56. McMann v. Richardson, 397 U. S. 759（1970）.
57. Santobello v. New York, 404 U. S. 257（1971）.
58. Brady v. United States, 397 U. S. 742（1970）.
59. Lott v. United States, 367 U. S. 421（1961）.
60. Hudson v. United States, 272 U. S. 451（1926）.
61. United States v. Norris, 281 U. S. 619（1930）.
62. Boykin v. Alabama, 395 U. S. 238（1969）.
63. Henderson v. Morgan, 426 U. S. 637（1976）.
64. Hill v. Lockhart, 474 U. S. 52（1985）.
65. Padilla v. Kentucky, 559 U. S. 356（2010）.
66. McCarthy v. United States, 394 U. S. 459（1969）.
67. Dixon v. Commonwealth, 161 Va. 1098, 172 S. E. 277（1934）.
68. United States v. Morrow, 914 F. 2d 608（4th Cir. 1990）.
69. Libretti v. United States, 516 U. S. 29,（1995）.

注：凡是正文中详细介绍和分析的美国联邦最高法院的判例文本，在以下途径都可以查到：1. 美国法学院两本权威的刑事诉讼法案例书

(Joshua Dressler & George C. Thomas Ⅲ, *Criminal Procedure: Principles, Policies and Perspective*, 6th edition, West Academic Publishing, 2017; Jerold H. Israel et al. , *Criminal Procedure and the Constitution: Leading Supreme Court Cases and Introductory Text*, West Academic Publishing, 2015.); 2. 美国的裁判文书网: https://supreme. justia. com.

(二) 专著类

1. Joshua Dressler & Alan C. Michaels, *Understanding Criminal Procedure: Adjudication*, 4th edition, Carolina Academic Press, 2015.
2. Joshua Dressler & Alan C. Michaels, *Understanding Criminal Procedure: Investigation*, 6th edition, Carolina Academic Press, 2016.
3. Joshua Dressler & George C. Thomas Ⅲ, *Criminal Procedure: Investigating Crime*, 6th edition, West Academic Publishing, 2016.
4. Wayne R. LaFave et al. , *Criminal Procedure*, 6th edition, West Academic Publishing, 2016.
5. Charles Alan Wright & Andrew D. Leipold, *Federal Practice and Procedure: Criminal*, 1A, 4th ed, Thomson/West, 2008.
6. Jerold H. Israel et al. , *Criminal Procedure and the Constitution: Leading Supreme Court Cases and Introductory Text*, West Academic Publishing, 2015.
7. Donald A. Dripps, *About Guilt and Innocence: the Origins, Development, and Future of Constitutional Criminal Procedure*, Praeger, 2002.
8. John Henry Wigmore, *A Treatise on the Anglo-American System of Evidence in Trials at Common Law*, Little, Brown, 1904.
9. William Blackstone, *Commentaries on the laws of England*, 4th volume, 1769.
10. Joshua Dressler, Encyclopedia of Crime & Justice, 2d ed. , 2002.
11. Ronald J. Allen, Richard B. Kuhns & Eleanor Swift, *Evidence: Texts, Cases, and Problems*, 3rd ed. , 2002.
12. Herbert L. Packer, *The Limits of Criminal Sanction*, Stanford University Press, 1968.
13. Joshua Dressler & George C. Thomas Ⅲ, *Criminal Procedure: Principles,

Policies and Perspective, 6th edition, West Academic Publishing, 2017.

(三) 论文类

1. Yale Kamisar, "The Miranda Case Fifty Years Later", 97 B. U. L. Rev., 1293 (2017).
2. Eugene R. Milhizer, "Miranda's near Death Experience: Reflections on the Occasion of Miranda's Fiftieth Anniversary", 66 Cath. U. L. Rev., 557 (2017).
3. H. Richard Uviller, "Pleading Guilty: A Critique of Four Models", 41, *Law and Contemporary Problems*, 102, 125 (1977).
4. Donald A. Dripps, "Ineffective Litigation of Ineffective Assistance Claims: Some Uncomfortable Reflections on Massaro v. United States", *Brandeis Law Journal*, Vol. 42, No. 4, August, 2004.
5. Richard Klein, "The Constitutionalization of Ineffective Assistance of Counsel", *Maryland Law Review*, Vol. 58, No. 4, August, 1999.
6. George C. Thomas Ⅲ, "History's Lesson for the Right to Counsel", *University of Illinois Law Review*, Vol. 2004, No. 3, June, 2004.
7. John F. Decker, "The Sixth Amendment Right to Shoot Oneself in the Foot: An Assessment of the Guarantee of Self-Representation Twenty Years After Faretta", 6, Seton Hall Const. L. J., 483 (1996).
8. Martin Sabelli & Stacey Leyton, "Train Wrecks and Freeway Crashes: An Argument For Fairness and Against Self-Representation in the Criminal Justice System", 91 J. Cri. L. & Criminology, 161 (2000).
9. Peter W. Tague, "An Indigent's Right to the Attorney of His Choice", 27 Stan. L. Rev., 73 (1974).
10. Albert W. Alschuler, "The Supreme Court, the Defense Attorney, and the Guilty Plea", 47 U. Colo. L. Rev., 1 (1975).
11. Robert E. Scott & William J. Stuntz, "Plea Bargaining as Contract", 101 Yale L. J., 1909 (1992).
12. Gabriel J. Chin & Richard W. Holmes Jr., "Effective Assistance of Counsel and the Consequences of Guilty Pleas", 87 Cornell L. Rev., 697 (2002).
13. Peter Westen, "Away from Waiver: A Rationale for the Forfeiture of Consti-

tutional Rights in Criminal Procedure", 75 Mich. L. Rev. , 1214 (1977).
14. Yale Kamisar, Brewer v. Williams, "Massiah, and Miranda: What is 'Interrogation'? When Does it Matter?", 67 Geo. L. J. , 1 (1978).
15. Francis A. Allen, "The Judicial Quest for Penal Justice: The Warren Court and the Criminal Cases", 1975 U. Ill. L. F. , 518 (1975).
16. Paul G. Cassell, "Miranda's Social Costs: An Empirical Reassessment", 90 Northwestern. U. L. Rev. , 387 (1996).
17. Richard A. Leo, "The Impact of Miranda Revisited", 86 J. Crim. L. & Criminology, 621 (1996).
18. Stephen J. Schulhofer, "Miranda's Practical Effect: Substantial Benefits and Vanishingly Small Social Costs", 90 Nw. U. L. Rev. , 500 (1996).
19. George C. Thomas Ⅲ, "Is Miranda a Real-world Failure? A Plea for More (and Better) Empirical Evidences", 43 UCLA L. Rev. , 821 (1996).
20. George C. Thomas Ⅲ, "Miranda's Illusion: Telling Stories in the Police Interrogation Room", 81 TEX. L. Rev. , 1091 (2003).
21. Peter Arenella, "Miranda Stories", 20 Harvard. J. L. & Public Policy, 375 (1997).
22. Paul G. Cassell & Bret S. Hayman, "Police Interrogation in the 1990s: An Empirical Study of the Effects of Miranda", 43 UCLA L. Rev. , 839 (1996).
23. Welsh S. White,"Miranda's Failure to Restrain Pernicious Interrogation Practices", 99 Mich. L. Rev. , 1211 (2011).
24. Yale Kamisar, "The Edwards and Bradshaw Cases: The Court Giveth and the Court Taketh Away", 5 *The Supreme Court: Trends and Developments*, 153 (1984).
25. Janet E. Ainsworth, "The Pragmatics of Powerlessness in Police Interrogation", 103 Yale. L. J. , 259, 262~264 (1993).
26. Richard A. Leo & Welsh S. White, "Adapting to Miranda: Modern Interrogators' Strategies for Dealing with the Obstacles Posed by Miranda", 84 Minn. L. Rev. , 397 (1999).
27. Saul M. Kassin et al. , "Police Interviewing and Interrogation: A Self-Report

Survey of Police Practices and Beliefs", 31 law & Hum. Behav. , 381 (2007).

28. James J. Tomkovicz, "An Adversary System Defense of the Right to Counsel Against Informants: Truth, Fair Play, and the Massiah Doctrine", 22 U. C. Davis L. Rev. , 1 (1988).

29. Erica J. Hashimoto, "Defending the Right of Self-Representation: An Empirical Look at the Pro Se Felony Defendant", 85 N. C. L. Rev. , 423 (2007).

30. Stephen J. Schulhofer, "Plea Bargaining as Compromise", 101 Yale L. J. , 1969 (1992).

31. Albert W. Alschuler, "The Defense Attorney's Role in Plea Bargaining", 88 Yale L. J. , 1179 (1975).

32. Albert W. Alschuler, "The Changing Plea Bargaining Debate", 69 Cal. L. Rev. , 652 (1981).

33. Albert W. Alschuler, "Personal Failure, Institutional Failure, and the Sixth Amendment", 14 N. Y. U. Rev. L. & Soc. Change, 149 (1986).

34. Stephanos Bibas, "Harmonizing Substantive-Criminal-Law Values and Criminal Procedure: the Case of Alford and Nolo Contendere Pleas", 88 Cornell L. Rev. , 1361 (2003).

35. Albert W. Alschuler, "The Prosecutor's Role in Plea Bargaining", 36 U. Chi. L. Rev. , 50 (1968).

36. Steven Schmidt, "The Need for Review: Allowing Defendants to Appeal the Factual Basis of a Conviction After Pleading Guilty", 95 Minn. L. Rev. , 284, 287 (2010).

37. Albert W. Alschuler, "Plea Bargaining and Its History", 13 Law & Society Rev. , 211 (1979).

38. H. Richard Uviller, "Evidence From the Mind of the Criminal Suspect: A Reconsideration of the Current Rules of Access and Restraint", 87 Colum. L. Rev. , 1137 (1987).

39. William J. Stuntz, "The Uneasy Relationship Between Criminal Procedure and Criminal Justice", 107 Yale L. J. , 1 (1997).

40. George Fisher, "Plea Bargaining's Triumph", 109 Yale L. J. , 857 (2000).

(四) 法规类

1. United States Code.

2. Virginia Constitution (1971).

3. Federal Rules of Criminal Procedure (2016).

4. Federal Rules of Evidence (2015).

5. United States Attorney's Manual (1997).

6. Michigan Court Rules (1985).

7. Texas Code of Criminal Procedure (1991).